U0885778

诗意应是人类高质量生存一个标签，艺术是人类实现诗意栖居的一种重要介质，艺术审美则是实现诗意栖居的一种方式。艺术审美就是给心灵一个空间，通过内视和自省，实现自我完善、自我发展；通过对负面情绪宣泄，让人少一点激愤，多一点平和；少一点呆板，多一点情趣；少一点郁闷，多一点快乐，让人作为人，感情丰满起来，让人作为人，学会欣赏并爱上生活。

吾爱吾师，吾

人诗意栖居在大地上

[德] 沃尔夫冈 · 韦尔施
易中天 等[著]

北京现代音乐节 · 中国美育论坛
中国当代美育研究系列丛书

叶小纲 [主编]
丁旭东 [执行副主编]

中国文联出版社

图书在版编目（CIP）数据
人诗意栖居在大地上／叶小纲主编．
北京：中国文联出版社，2010.12
ISBN 978-7-5059-6967-4

Ⅰ．①人… Ⅱ．①叶… Ⅲ．①美学－研究Ⅳ．① B83
中国版本图书馆 CIP 数据核字（2010）第 233530 号

书　　名	人诗意栖居在大地上
主　　编	叶小纲
出　　版	中国文联出版社
发　　行	中国文联出版社　发行部（010-65389150）
地　　址	北京农展馆南里 10 号（100125）
经　　销	全国新华书店
责任编辑	丁旭东
责任印制	杜景苇　丁旭东
印　　刷	北京东海印刷有限公司
开　　本	787×1092　1/16
印　　张	16.75
插　　页	2 页
版　　次	2010 年 12 月第 1 版第 1 次印刷
书　　号	ISBN 978-7-5059-6967-4
定　　价	88.00 元

您若想详细了解我社的出版物
请登陆我们出版社的网站 http://www.cflacp.com

序

在当下这个时代，美育是一个不甚引人关注的话题，却不是一个可有可无的论域。经济的发达未必带来人生境界的美好，物欲的膨胀可能导致的是心灵感受的失衡。马尔库塞所指出的“单面人”，道出了时代的人性弊端。越发加速的生活节奏使我们顿生疲惫，无所不在的信息干扰使我们无处逃踪。当此之时，海德格尔所言之“诗意的栖居”成了我们执着的期许；蔡元培倡导之“以美育代宗教”，越一个世纪掣响于今朝。审美在今天并非仅是少数精英的专利，而是成为进入大众日常生活的时尚。而审美的泛化和浅表化铺天盖地地弥漫在人们的日常生活之中，华丽的外表和浅薄的口采难说会有助于人生的境界提升或者是“完整的人”的形成。由200多年前伟大的德国思想家席勒首倡的“审美教育”，在当今却显得意义非凡。美育非但因了时间的流逝而偃旗息鼓，反而，由于现实的提醒，凸显出历久弥新的必要性。

美育的重提，或许是社会和谐、人格完善之有效建构途径。

美育之于美学，是题中应有之义，也是美学界理应注目的领域。中国素称美学的大国，中国研究美学的人，无疑是在世界诸国中最多的，美学成果堪称汗牛充栋，但是，平心而论，人云亦云的东西多，真正具有思想家气质的东西少；一般性的演绎多，切中现实的建设少。美育问题虽然时有声音，却远远未能切中现实，产生重大的影响。

我们认为，美育既是一种理论的建构，更是一种实践的介入，在目前阶段而言，我们更需要通过美育对和谐社会的建设，对美好人性的塑造，起到春风化雨般的作用。

出于此种初衷，由著名作曲家叶小纲先生担纲，年青的学者、编辑丁旭东先生具体操持的“中国美育论坛”于2010年5月23~25日在中央音乐学院举行。论坛特别邀请了国内外一些著名专家学者作了主题讲演，这其中有著名的美学学者、文化学者、艺术教育家，还有相当一批年青的专家教授出席论坛。一时间中央音乐学院“星光灿烂，若出其里”。如：国际上的杰出美学家、德国耶拿席勒大学哲学教授沃尔夫冈•韦尔施先生，波兰作曲家协会主席科尔诺维斯基先生，美国著名音乐家亚伦•杰•科尼斯先生、美国著名作曲家切斯特•比斯卡迪先生；国内的学者如著名美学家，山东大学文艺美学研究中心主任曾繁仁教授，著名音乐家、中央音乐学院副院长叶小纲教授、中国传媒大学艺术研究院常务副院长张晶教授，著名文化学者厦门大学易中天教授，长江学者、北京师范大学艺术与传媒学院院长王一川教授，中国艺术研究院音乐研究所所长田青教授，香港合唱团协会主席费明仪女士，著名音乐教育家、中央音乐学院副院长周海宏教授，著名音乐学家上海音乐学院副院长杨燕迪教授，著名音乐教育家高建进教授，音乐学家、中国音乐学院音乐研究所所长谢嘉幸教授等。这些学者为了这次论坛，作了充分的理论准备，从不同角度阐述了在新的历史条件下美育的重要功能，美育对于现代城市人的精神生活的重要价值，大众传媒在国家美育工程中的社会担当等问题。论坛还特地邀请了甘肃省教育厅主管艺术教育的厅长旦智塔（藏族）先生介绍了中国西部贫困地区的美育教育情况。连续三天的美育论坛，主讲嘉宾与其他与会代表进行了高峰对话，涉及内容包括日常审美理论、审美经济发展、社会美丑观、审美文化等重要话题。这次美育论坛，无疑会在近年来颇显疲软的美学界和艺术教育界搅起一股美育的热流。这些年，美学的研讨会开了不少，美育的话题却鲜见论争，也可以说罕有顾及；对于美学界来说，美育是一个并不时髦的论域，也许很多在理论的象牙塔上的学者对此觉得有些"小儿科"吧。而就我国的社会发展文化建设来说，美育其实是非常重要的途径，是可以预期的提升，是可以操作的举措，是关乎国民文明素养的大计。缘此可见，这次美育论坛，其绩虽劳，其功厥伟！

亲爱的读者，呈现在您面前的这本关于美育研究的书，是会给您一种全新的感受的。我即便是介入此中的一份子，但也同样有着很强的新鲜感。不言而喻，这部书里集中了一些学者或教育家对于美育问题的最新思考，有多篇关于美育问题的学理研究文章，还有很多关于当前美育的现状调研及积极对策。这一部分中，即便是对于美育的理论研究，也有别于以往的学究惯性，而体现出鲜明的现实感和实践性。鲜活的时代脉搏，是我们在阅读本书时处处可以触摸到的。易中天先生的《音乐是中国走向世界的捷径》、杨杰教授的《当代国家美育的语境与观念》、王一川教授的《当前学校美育新挑战与国民素养建设》、于隽博士的《电视美育导向与少儿身体意象建构的诗意导引》、姚恒璐教授的《音乐艺术创作中的美感》、田青教授的《"非物质文化遗产教育"应列入学校美育课程》等文章，都体现出明显的时代感、建构性和操作性，同时使美育落实到具体的操作途径之中。从本书的内涵中，我们可以深深体会到作者们对于美育现实的强烈责任感，对于国家美育事业的深切关注，对于美育发展的积极建设态度。即便如曾繁仁教授的《我国新时期审美教育的回顾与反思》和谢嘉幸教授的《中国古代哲学思想对当代韵审美教育的启示》这样的回顾与反思的文章，同样有相当的学术深度，有现实感和时代气息，是有感于我国当前的审美教育现实状况而作出的回顾与思考。

将2010年中国美育论坛的部分演讲的现场稿和会议中的高峰对话的整理稿纳入本书，是编者的创意，体现了与众不同的编辑思想。更重要的是，通过这部分内容，原生态地呈示了2010年中国美育论坛本然风貌。声口毕肖的文字纪录，使我们如同置身于论坛的现场之中。"精彩演讲"和"高峰对话"这两个板块，一下子将中国美育论坛的氛围捧献给读者。还有"环球掠影"这部分中，波兰音乐家科洛维兹·杰瑞的"波兰音乐美育现状"，香港音乐家费明仪的"香港音乐美育历程"和杨杰教授整理的"英美日现代艺术教育的实施模式"，通过个案的分析，将现今世界上一些国家或地区的美育状况加以勾勒，给我们的美育事业提供了相当有益的借鉴。书中还将国家有关美育和艺术教育的相关方案、规划、决定如2002年教育部颁发的《学校艺术教育工作规程》、2002年印发的《全国学校艺术教育发展规划》（2001—2010年）、2006年印发的《全国普通高等学校公共课程指导方案》等与美育相关的文件作为本书的附录，有着很强的文献价值。学术论文、演讲纪录和高峰对话，再加之域外美育扫描、美育相关文件的辑录，这些以美育为核心、却又是不同向度的文档处在一本书的和谐结构之中，宛如一座上下数层的立交桥，给人以非常精彩的感受。

美育的目的在于人，在于人性的丰富与美好，在于人的全面发展和快乐和谐。孔子讲“兴于诗，立于礼，成于乐”（《论语·泰伯》）指出的是诗、书、礼、乐这样的美育内容，人的成长和完善的必然途径。席勒的《审美教育书简》以完整的人性作为审美教育的终极诉求，其中说：“在人的一切状态中，正是游戏才使人成为完整的人”“然而他却同美游戏。”（第十四封信）马克思主张通过实践来创造着“人的本质的全部丰富性的人，创造着具有深刻的感受力的丰富的、全面的人。”（《1844年经济学哲学手稿》80页）而美育有着不同的方式和途径，如学校美育、家庭美育和社会美育。随着时代之变迁，美育的方式与途径当然也要有所变化。时代的变迁所引发的人性内涵之变化是在情理之中的。学校美育在我们的教育方针中已列为重要的一项，与德育、智育和体育并列而成为独立的教育方式。我国素来重视德育教育，而对美育的态度却是时冷时热。几经周折，现在将美育确定为独立的教育方式，这也是来之不易的。通过学校施行的美育，是按着教学大纲进行的，有很强的计划性和强制性。而从当下人们的情况看，除了学校美育，社会美育是非常重要的领域。当年蔡元培先生就已说过：“学生不是常在学校的，又有许多已离学校的人，不能不给他们一种美育的机会，所以又要有社会的美育。”（《蔡元培美学文选》156页）在今天看来，真是极切实际的美育思想。现在人们的生活越加丰富，物质生活水平是过去所不能同日而语的，高科技带来的便利和享受，也是以前所无法想象的。“日常生活审美化”作为当代生活的普遍趋势，使得我们的环境和自己的生活方式，有了无所不在的美的光环。尤其是大众传媒对于人们的审美风尚的引领作用，更是不可小觑。而人们的心灵果真就得到了安恬的慰藉了吗？人性就果真趋向完美了吗？事实上远非如此。高度发达的科技催生了更为强烈的物欲，巨大的压力产生了更多的“单面人”，就业的艰难、贫富差距的悬殊等种种不平衡造成了人们心态的焦虑与畸异。再则，“日常生活审美化”形成了某种审美假象，使人们满足于表层的浮华和炫目，认为这就是美的展现，其实恰如韦尔施所指出的，“我们不能忽略这个事实，这就是迄今为止我们只是从艺术当中抽取了最肤浅的成分，然后用一种粗滥的形式把它表征出来。美的整体充其量变成了漂亮，崇高降格为滑稽。”（《重构美学》6页，上海译文出版社2002年版）这在某种意义上恰是社会审美的现状。在很大程度上，它并非真正的审美。我们也许无法否认这种到处都存在的肤浅的审美经验，我们也无意株守康德的“审美无利害”的信条，然而，随着审美的泛化带来的是审美的滑坡，却也是不争的事实。

还有，电子技术支撑的大众传媒给受众提供了前所未有的审美方便，使人们随处都可以享受到高清晰度的图像和音响带来的真切美感。但是，粗制滥造的节目为数不少，为了迎合某些人的低俗欲望，为了得到更高的收视率回报，无聊的东西在荧屏上也时有出现。久而久之，这对于人们的感官多有侵害，对于人们的心灵多有麻痹！面对这些我们身边出现的种种不洁的迹象，我们尤为深切地感到“社会美育”是必须郑重提出的。其实，举凡文化艺术生产的主体都应该有更明确的美育意识，意识形态领导部门也应该更多地从这个角度来加以指导。和谐社会不仅以和谐的人际关系作为基础，和谐的、美善的心灵才是更为内在的深层的保证。海德格尔的命题借荷尔德林的诗对人的理想存在言说为“充满劳绩，然而人诗意地栖居在这片大地上。”（《荷尔德林和诗的本质》，见《荷尔德林诗的阐释》35页，商务印书馆2002年版）这当然是一种审美的状态，也是我们的生活价值之体现。叶小纲先生对此作了具有中国传统文化话语方式的引申：“中国传统文化的语境里，诗乐一体，其诗的精神实质就是乐，那乐的精神实质是什么呢？我用十六个字概括，就是五音调和，和而有序；八音相谐，和而不同。其中和谐、有序、不同、兼容而构成的‘和’的精神成为我国传统主流审美文化的核心。”叶先生以音乐之“和”的内涵上升到我国主流审美文化的核心价值，并认为审美是达到“诗意栖居”的主要途径，他说：“诗意栖居就是人富有丰富感性生活的一种提法，是实现人类质量生存的重要前提。审美是人类实现诗意栖居的一种方式，即通过审美，通过感情宣泄，情感表达，让人少一点激愤，多一点平和；少一点呆板，多一点情趣；少一点郁闷，多一点快乐；少一点执拗，多一点深思；少一点功利，多一点人性。音乐就是让人作为人，感情丰满起来，幸福着，生活着，审美就是让人学会欣赏并爱上生活。”叶先生所提出的“以审美为人类诗意栖居的方式”，可以视为艺术的美育本质，也是我们倡行美育的初衷所在。

关于社会美育，这是张晶在此次论坛的重点倡导的理论支点。张晶将大众传媒的美育功能作为美育思考的内容，认为“大众传媒在视觉和心理上给人的超真实的特征，使之在美育方面所发挥的作用远远大于传统的艺术形式。大众传媒中有大量的活生生的美的因素存在着、活跃着，这使得大众传媒理当成为当代美育的最为主要的途径。”（《大众传媒在国家美育工程中的社会担当》）能否真正开发人们的审美感觉，培养人们的审美趣味，这是大众传媒应该思考和担负的责任。社会美育的实施，大众传媒是其主导因素，必须予以深切的关注。

美育不是抽象的教训，不是外在的灌输，而是主动的、愉快地接受和创造。美育并非形而上的思辨，不是远离人们的生活，而恰恰是与我们的生活同行的。美育邻于德育，因而，美育多次遭遇被德育取代的命运。美育当然是要造就高尚的人格，也就有人主张有了德育就不需要再有美育了。蔡元培先生力主美育的独立地位，同时，又认为美育与德育在陶养完美人格上的殊途同归。先生有言：“美育者，应用美学之理论于教育，以陶养感情为目的者也。教育之目的，在使人人有适当之行为，即以德育为中心是也。做欲求行为之适当，必有两方面之准备：一方面，计较利害，考察因果，以冷静头脑判定之；凡保身卫国之德，属于此类，赖智育之助者也。又一方面，不顾祸福，不计生死，以热烈之感情奔赴之；几与人同乐、舍己为群之德，属于此类，赖美育之助者也。所以美育者，与智育相辅而行，以图德育之完成者也。”（《蔡元培美学文选》174页，北京大学出版社 1983 年版）从终极目的而言，德育与美育是一致而百虑，殊途而同归；而从方式或途径来说，二者则是不能互相替代的。这次论坛，德国著名的美学家韦尔施教授，不仅专程而来，而且为论坛撰写了专文《艺术如何改善我们的生活？》文章本身并未直接论述其美育观念，但其却是对于我们的美育路向，有非常深刻的启示意义的。韦尔施提出"美学和伦理学的一致性"命题，其深层动机却是让人们过上更好的生活，因此他说："美学和伦理学关系密切，它们是一对双生子。艺术品以及我们接触艺术品，其意义在于这将帮助我们过上更好的人类生活。"韦尔施从这个角度来阐发席勒的美育思想："近代，弗里德里希·席勒（我的大学就是以他的名字命名）热情洋溢宣称，艺术并不是指艺术形式，而是帮助我们塑造更好的、真正的人类生活。席勒概述了一个雄心勃勃的关于'美育'的计划，该计划的任务和目的在于，让我们人类——无论是我们的个人行为，还是我们的社会和政治存在，都成为真正的人。"（《艺术如何改善我们的生活？》）在韦尔施看来，艺术的目的是直接与人们的生活相关的，其意义在于帮助我们过上更好的生活，而不是其它，那么，艺术教育和美育的目的当然也不是在于形而上学的思辨，不在于高浮在云端的玄想，而在于回归到人们的日常生活，回归到人的本源，回归到人的实践层面。这是非常切合美育的本质的。作为一个世界著名的美学家，韦尔施教授此番来到中国北京，出席这次美育论坛，既代表了他本人对美育的重视，又传递了美学界对于美育事业的关注态势。而从举办美育论坛的初衷而言，也不在于一般的理论探究，而正在于对于美育的实践功能和现实推动的深入，将美育作为一种与现实人生密切结合的事业来做，探讨研究社会美育的理论建设和现实运行。

和谐社会之所以成为我们的努力方向，之所以成为我们的价值追求，并非是空泛的社会理想，而有着具体的人文内涵。没有人性的提升和完善，和谐社会只能是一句空话！而人性的提升与完善，美育是起着不可替代的作用的。曾繁仁教授以为，"人文教育"是当代美育的基本方向，在他看来，"美育的发展从其一开始提出就与人文教育紧密相关。1795 年德国诗人席勒发表著名的《美育书简》，第一次提出'美育'观念。其背景就是对于现代人性异化弊端的反思，力图通过美育对人性缺失进行补缺。"而从中国古代的思想来看，"也将诗教与乐教与人的教育紧密联系在一起。《论语》在谈到君子的教育途径时说道'兴于诗，立于礼，成于乐'，也就是说在孔子看来一个人即使接受了艺术教育之后才能够称得上是一个真正的'君子'。将美育提到'成人'的高度，非常有价值和远见。"（《我国新时期审美教育的回顾与反思》）曾繁仁教授还这样阐释了"人文教育"的内涵，"那么，'人文教育'的内涵是什么呢？目前有着各种阐释，我个人将其归纳为四个层次。第一是人的最基本的文明素养教育，各种文明礼貌生活规范的养成等等，将人和动物区别开来；第二是人的尊严、权利与平等的教育，使人活得像人；第三是对于他人的关怀的教育，表明人的社会属性，确立人应有的品质；第四是对于人类的终极关怀的教育，这是更高的要求。"这就阐明了人文教育作为美育的基本内涵，使美育和人性的提升与完善直接联系起来。王一川教授认为美育应作为国民素养的基本建设途径。他对当代大学生的人格特征作了具有鲜明时代感的分析，认为，“当代大学生对中外文化符号的感知呈现出高度的趋同性和理性化趋势，由此可见他们存在着双重文化人格和流体人格”。王一川又解释道：“隐性的双重人格或多重文化人格，是指大学生个体并存着两个以上相对独立而相互对立的文化认同取向。流体型文化人格，是指个体外在言谈举止与内心理想之间可以形成灵活而流变的多重关系。”（《当前学校美育新挑战与国民素养建设》）由此，王一川认为美育课题应该应对这种新挑战：“这时的美育课题就不得不做出改变：不再是以单纯的精神性审美去开启青少年的心智，而是要在精神性审美与物质性审美的对话中，去探索新的介乎无功利性审美与功利性审美之间的协调可能性，并且在个人化的物质性愿景与非个人化的集体性精神愿景之间寻求平衡和协调。”不言而喻，这确实是对当前美育状况的符合实际的分析，同时，也在提醒着我们对于美育的实施应有一个与时俱进的思考。美育的目标当然是完善人格的养成，而完善人格又包含了哪些内涵？周海宏教授对此作了理性的分析，他认为其中包括这样四种素质：一是理性素质；二是感性素质，三是情感素质，四是身心素质。周海宏对于感性素质高度重视，认为这是这是被遮蔽的重要问题。他谈到：“从个人的角度讲：没有感性素质就没有体验生活美好的能力。社会发展的根本方向是创造全人类的幸福，而幸福社会的前提是每个个体都具有体验幸福的能力，这就需要培养每个人的感性体验能力。”“从群体角度讲：没有感性素质的民族，就没有创造良好感性环境的能力，也就没有创造高水平物质文明的能力。”（《艺术教育的核心与感性素质的培养》）这可以说是从根本上抓住了问题的实质。感性素质的培养，是美育的关键。如周海宏所言：“创造文明环境的根本出路在于提高全社会的感性素质！提高全社会的感性素质是创造高水平物质文明的前提！”

本次美育论坛有现代音乐节的背景，是中国现代音乐节的最为重要的一个部分。因此，本书中颇为几篇是从音乐角度来谈美育问题的。如易中天教授、杨燕迪教授、高建进教授、姚恒璐教授的文章都以音乐为切入点涉及到美育的一些重要层面。著名文化学者易中天教授提出“音乐是中国走向世界的捷径”的命题，并从音乐审美共通感上来认识美育的路向。他从中国古代的礼乐文化——也即礼仪和艺术——谈到人类情感的共通感，指出：“礼仪和艺术，最早都是为了人类的交往、沟通、结合而诞生的。礼仪的作用，主要是规范人们的行为举止和外在的表现。心灵的沟通，还得靠艺术。”（《音乐是中国走向世界的捷径》）杨燕迪教授提出“音乐对于现代城市人精神生活的重要性”的问题，并认为，“在现代的城市文化中，音乐不再担任“审美之外的社会功能，而成为一种具有“自律性”的现代艺术体系的一员。杨燕迪教授明确指出目前音乐存在的危机：一是音乐的附庸化倾向；二是音乐的娱乐化倾向；三是音乐的工艺化倾向。他认为，“真正具有品质的音乐，显示出人与时代的生存境遇，保存着人与世界的真实状况。”（《音乐对于现代城市人精神生活的重要性》）针对当前的音乐生态，杨燕迪教授提出：“其一、应该持续而不妥协地关注音乐的人文意义和文化价值；其二，应该寻找这种意义和价值的当下性，并强调这种意义和价值与我们这个时代的关联感；其三、我们应该以各种可能的方式告知民众，并借此影响民众的音乐意识与观念。”（《音乐对于现代城市人精神生活的重要性》）作为一名著名的音乐教育家，高建进教授对于音乐教育的得失利弊是深谙其中三昧的。她颇具针对性地指出，当前的学校音乐教育过分智育化了。她力主音乐教育应该回归音乐的本质——美育化，并具体提出学术音乐教育的美育化途径：“了解音乐美；理解音乐美；体验音乐美；实现音乐美。”对于音乐教育的美育化，这种看法是特别切合实际的。

姚恒璐教授作为一个作曲家，系统地探究了音乐创作中的美感问题。认为美感取向的高低直接影响到学术成果的真实性和音乐作品成形的品位素质。他从美丑观的角度来分析协和与噪音的不同价值，又从人格素质方面透视作品的美感取向，从而将音乐的美感落实到具体的创作过程之中。

“非物质文化遗产保护”是我国近年来文化战略的重要支点。这次论坛，著名研究专家田青研究员从这个角度来切入美育的论题，他提出从教育入手，将“非物质文化遗产保护”列入美育教育的课程。他在其论文中提出：“让不同年龄段的学生在课堂上接触到我国博大精深的传统文化和自己家乡的非物质文化遗产，不但可以使中小学生从小就对家乡和祖国的概念有直观的了解，培养出深厚的感情，而且可以使我们民族精神的DNA一代一代传下去，使中华文化在不断的传承中发扬光大。”（《美育的重要组成——非物质文化遗产保护和继承》）这就补足了美育的一个重要的侧面。

中国古代哲学思想中有丰富的美育理论资源，而且对当代美育有着深刻的启示。谢嘉幸教授将中国古代哲学思想中的可以作为美育思想的资源内涵加以挖掘，如儒家的人格教育，道家的道法自然，佛家的唯识论等哲学思想等（《中国古代哲学思想对当代审美教育可能的启示》）。这种回溯是有着深远的根基和意义的，可以由此寻找到中国美育的文化根基，透视出中国美育发展的独特道路。

作为这次论坛的具体操持者，青年学者丁旭东对于我国的美育事业投注了全副精力和无比的热情。他将美育论坛的组织作为自己的责任，对于美育的过去、现在和未来，作了深入的回顾和深刻的思考。本书中所收入的《中国当代美育的回眸与求索——2010年中国美育论坛中国美育论坛述评》，并非是一般的会议综述，而是有着明确的理论自觉和使命感的重要文章。丁旭东对于中国美育事业并非一般的理论兴趣，而是从社会文化的整体提升和人性的升华这样的高度，投入了全力以赴的担当的。有感于美育研究多是停留在理论思辨的层面，丁旭东对于美育的战略性思考是在实践方面。在他看来，只有通过脚踏实地的美育实践，才能真正发挥美育的功能，践履美育对社会的承诺。因此，在这篇述评中，他的思考向度都是以美育实践为其落脚点的。如对当前美育工作存在的问题的追问，倡导美育的真正实施，等等。从某种意义上看，这也是本次美育论坛的宗旨所在。

2010年中国美育论坛的举办，在美学界应该是一件有独特意义、有深刻影响的大事。

美学会议这些年举办了许多，美学家们提出了很多具有创造性的思想成果；而美育作为一次集中的话题进行高层级的理论研讨，且有了这么多重要的理论结晶，据我所知，在近年来的美学活动中，不说是绝无仅有的，也是空谷足音！作为它的理论成果，也许现在还是不够系统的，不够完整的，但它开启了或者说是昭示了新的路向，美育要走一条实践化的道路，为中华民族的文化复兴，为中华民族的美好未来，贡献出切实的东西，而非仅是玄虚的思辨！我们更为重视社会美育这个路径，其原因即在于此。

完美的人生，是我们每个人的价值诉求；美好的世界，是我们每个人的精神家园。“美美与共，天下大同。”和谐社会的构建，最基本的元素便是人们的美善情愫。反思我们今天的存在状态，更加迫切地需要美育之风的吹拂；回望人类的文明历程，我们尤为深切地感到，席勒最先提出的“审美教育”，马克思高扬的“按着美的规律来塑造”，蔡元培倡导的“以美育代宗教”，对于今天人们的精神生态是何等重要。我们邀集很多国内外一流的专家学者，反思美育的现状，开掘美育的途径，规划美育实施工程，本身就是一件令人瞩目的“美丽的事”。“凯风自南，翼彼新苗”。为我们的民族精神生态，开创一片新的境界!

欣然有感，命笔为序，可与不可，诸君识之!

中国传媒大学审美文化研究所所长，教授，博导

2010 年 6 月 写于北京—台北

2010 年 8 月，改写于北京

目　录

思潮与观念《

音乐是中国走向世界的捷径

易中天 1947年生，湖南长沙人，1981年毕业于武汉大学，获文学硕士学位，现任厦门大学人文学院教授、博士研究生导师。易中天长期从事多学科和跨学科研究，著有《〈文心雕龙〉美学思想论稿》《艺术人类学》《闲话中国人》《中国的男人和女人》《读城记》《品人录》《大话方言》《费城风云：美国宪法的诞生和我们的反思》《破门而入：美学的问题与历史》《帝国的惆怅》《帝国的终结》《高高的树上》《品三国》（上下）《先秦诸子百家争鸣》《我山之石》《中国智慧》《书生傻气》等，其中部分著作被译为外文在国外出版，在欧洲、美洲、亚洲和大洋洲拥有众多读者。

礼仪的作用，主要是规范人们的行为举止和外在表现。心灵的沟通，还得靠艺术。艺术就是情感的交流与传达。音乐，是情感传达的最佳方式，是最典型的艺术。音乐传递人类共通性的情感，是中国文化走向世界的捷径。

我今天报告的题目，叫做《音乐是中国走向世界的捷径》。这个题目，严格的说，是不够严谨的。严谨的说法，应该叫“音乐是中国文化走向世界的捷径”。不过，我不想把题目弄得太累赘。何况，中国要走向世界，文化就得走出去；文化走得出去，中国也走出去了。

那么，我为什么要讲这个题目呢？

直接的原因，是在《南方周末》看到了一个故事。这故事说，我们国家的两个演奏员住在欧洲一家旅馆时，用大堂的钢琴弹奏了一些中国曲子。旅馆的老板娘听后感动得热泪盈眶。看完这个故事，我就想，这位老板娘对中国有多少了解呢？恐怕没有多少。她应该并不认识中国字，多半也没到过中国。但是，当她听到了中国音乐的时候，在那一瞬间，她和中国人心心相印了。

其实，我们中国人在欣赏其他民族的音乐时，也是这样。

这就能够引出一些结论来。

首先我们可以肯定，人类是有“共通性”的。没有“共通性”，我们就不会被一个陌生人演奏的、自己并不熟悉的、其他民族的艺术作品所感动。人类有此“共通性”，原因也很简单，就因为大家都是人。都是人，就有普遍人性。普遍人性，或者说，人类的共同性，是“共通性”的基础。但这种“共同性”，是很抽象的。要想真正“共通”，还得诉诸感觉，诉诸体验，这就是“共通感”。比方说，同感此爱，同感此乐，同感此美。

易中天先生说“同感此爱，同感此乐，同感此美”，这体现了一种美学理论——“审美同情说”。这一学说的代表人物是英国美学家休谟。他在其著作《人性论》中指出“道德源于快乐和痛苦的感觉，而这些感觉要通过同情才能发生作用，由此可见，同情对我们美的鉴别力有着巨大的作用。”

问题是，我们如何才能有此“同感”？

这就必须要有一定的形式。感觉、感受、感动，都是从一定的形式那里得到的。这种形式并没有什么特别的规定和限制。也许，它只不过是相逢时的微微一笑。也许，它只不过是告别时的轻轻挥手。也许，它只不过是你进门时他人的顺手一扶。但也许，当然，也仅仅是也许，这一切将感动你一生。

共通感，就这样通过一定的形式而实现、而生成。只不过，它带有偶然性。

于是，人类就产生了一个念头：为什么不能创造一种形式，一种既有效又专门的形式，来保证我们总能感受和体验到共通感呢？

当然应该，而且它们早就被创造出来，成为人类社会生活中不可或缺的一部分了。

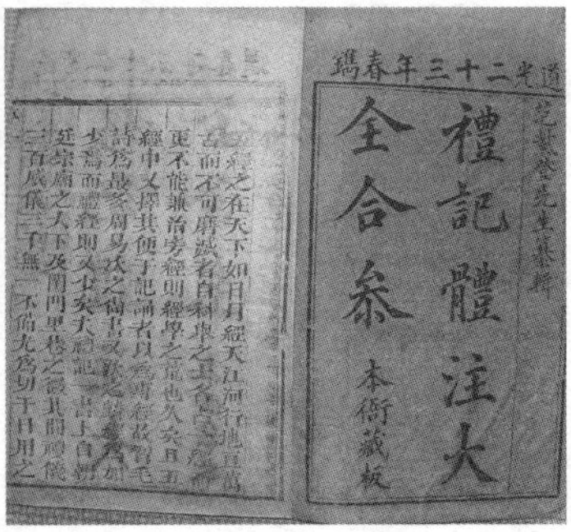

《礼记》书影

我们知道，这就是礼仪和艺术。

礼仪和艺术，最早都是为了人类的交往、沟通、结合而诞生的。因此，在人类社会的早期，艺术和礼仪往往密不可分。比如在中国的西周和东周，使节们觐见君主，或者签订盟约，都要“赋诗”（也就是吟唱诗句），甚至表演“乐舞”（也就是将文学、音乐和舞蹈融为一体的一种综合艺术）。现在，出席古典音乐会，听歌剧，也还得衣冠楚楚，着晚礼服。

然而，礼仪和艺术，又有很大的区别。中国古代最早的美学和艺术学著作《礼记·乐记》说得很清楚——“乐自中出，礼由外作”；“乐者动于内者也，礼者动于外者也”。也就是说，礼仪的作用，主要是规范人们的行为举止和外在表现。心灵的沟通，还得靠艺术。

事实也是如此。谁都知道，握手，是表示友好；鞠躬，是表示敬重。不过，也就是“表示”而已，不等于真的友好，真的敬重，不一定发自内心，更不等于心心相印。

心心相印，还得靠艺术。

体验“共通感”，也得靠艺术。

为什么得靠艺术？因为艺术非他，就是“情感的交流与传达”。所谓“交流”，说得直白一点，就是你的情感给我，我的情感给你；所谓“传达”，则是借助一个中介，来体验相同的情感。体验相同的情感，为什么要借助一个中介？因为每个人的情感都是“独一份”，是每个人自己的，装在心里的。你要把它传达出去，让别人也能体验到，就必须“对象化”，也就是把它变成一种可以感知的形式。这就好比你要请别人喝水，得有一个杯子一样。

心心相印，还得靠艺术。

艺术品就是这样一个“杯子”。这个“杯子”里面装的“水”，就是艺术家的情感。从理论上讲，有了这个“杯子”，每个人自己的情感，就可以在人与人之间交流和传达了。

不过，我们必须把话说清楚：这种可能性，只是“理论上”的；这个比喻，也是“蹩脚”的。因为如果只是喝水，用什么样的杯子，并无所谓；喝到的水，也一样。但是，艺术品采取什么样的形式，却至关重要；欣赏者体验到的情感，也未必总是跟艺术家相同。众所周知，有一千个读者，就有一千个哈姆雷特。究竟哪一个是莎士比亚心中的哈姆莱特？

恐怕一个都不是。

然而艺术之妙，却正在这里——尽管哈姆雷特有一千个，却都是哈姆雷特，不会是唐吉柯德，更不会是蒙娜丽莎。从这个意义上讲，欣赏者体验到的，仍然是和艺术家相同的情感。只不过，是“抽象”的相同。正如我们欣赏李煜的词“问君能有几多愁，恰似一江春水向东流”。我们体验到的“愁”，跟李煜肯定不一样。他是亡国之君，我们不是；他有亡国之恨，我们没有。但“恰似一江春水向东流”，又是一样的。

从理论上讲，艺术品就是这样一个“杯子”。这个“杯子”里面装的“水”，就是艺术家的情感，在人与人之间交流和传达了。

这就是艺术的特点了：艺术家“抽象表现”，艺术品“抽象传达”，欣赏者“抽象体验”。唯其抽象，才能传达，也才能共鸣。因为只有抽象的东西，才具有普遍适用的性质，即“普适性”。越是抽象，就越普适。概念最抽象，所以概念能普遍地适用于众多领域。同样，艺术语言（即艺术形式）越抽象，它传达情感的功能也就越强。

音乐，恰恰是诸多艺术中最抽象的。

音乐是什么？是乐音的运动形式。乐音啥特点？抽象。乐音是艺术语言中最抽象的，它甚至比概念还要抽象。概念还能表意，乐音却不能。其他的艺术语言，比如绘画语言、雕塑语言、舞蹈语言、建筑语言，都能造型，乐音也不能。乐音是既不表意，也不造型的。因此，音乐作品不能表现“月亮”，只能表现“在月下”；不能表现“黄河”，只能表现“在河边”。也就是说，音乐是表现状态和情调的。

这就跟情感相当一致。情感就是一种状态，而且任何情感都要表现出一定的情调。没有情调的情感是没有意义的，也不是情感。比如爱，是一种情感。怎样爱，爱成什么样子，是它的情调。请问，如果没有“怎样爱”，还有爱吗？

于是，音乐，就成了情感传达的最佳方式。也因此，它就成了最典型的艺术，成了艺术中的皇冠，就像科学中的数学。

当然，它也就成了中国文化走向世界的捷径。

为什么是捷径呢？因为音乐的语言是不需要翻译的。乐音原本既不表意也不造型，哪里需要“翻译”？没错，绘画语言、雕塑语言、舞蹈语言、建筑语言，也不需要翻译。但是，它们却需要“换算”，即“透过”其造型去体验情感。音乐，却是直截了当地表现和传达情感。这一点，亚里士多德早就指出来了。主张“模仿论”的亚里士多德说，音乐表面上看什么都不模仿，却其实是最具有“模仿性”的艺术，因为它“直接模仿情感”。

正因为音乐“直接模仿情感”，既不需要“翻译”也不需要“换算”，因此，它也不忌讳“讲方言”，也就是不忌讳“民族性”。相反，民族性还有可能为它增添魅力。当然，也只是“有可能”而已。实际上，音乐并不在乎你是"讲方言"还是"说国语"（其实大多数音乐作品都"讲方言"）。它在乎的是，你是不是说得最好，说得漂亮，说得好听。

这样一来，音乐就完全可以充当一个民族的"文化大使"了。无疑，其他艺术也可以来当，但都不如音乐方便。建筑搬不动，雕塑占地方，绘画和舞蹈并非随时随地都能看，戏剧和文学又需要翻译。唯独音乐，是可以无时不有、无处不在，大家得能接受的。

音乐在文化传播中的这种"超强功能"，早就被我们的祖先发现。我们知道，在汉语里面，所谓"文化"，原本是一个词组，由一个名词和一个动词组成。文，是名词，"文明"的意思；化，是动词，"教化"的意思。合起来，就是"文明教化"。或者说，用文明去教化。教化的手段，则有两种，一个就是"礼"，一个就是"乐"，叫"礼乐教化"。尽管这里说的"乐"，并不单纯是音乐，而是将文学、音乐和舞蹈融为一体的综合艺术，即"乐舞"，但它不被称为"文"或者"舞"，而是称之为"乐"，显然有一定的原因和道理。

锄头比发明锄头的直接动机，要更高贵些。所以，当年用于教化的手段，也可以用于传播。

时过境迁，礼乐教化已经过时，文化传播却方兴未艾。黑格尔说过，形式高于内容，手段高于目的。锄头比发明锄头的直接动机，要更高贵些。所以，当年用于教化的手段，也可以用于传播。但需要强调三点：第一，文化与文化是平等的。在文化交往中，不能有"文化优越感"，当然也不必有"文化自卑感"。过去那种自以为是、居高临下的"礼乐教化"，是要不得的。第二，中国文化要走向世界，关键是"共通感"。也就是说，我们的作品，应该表现人类"共同追求的理想"和"普遍适用的价值"（比如小提琴协奏曲《梁祝》就是），这样才能为世界所接受。第三，音乐虽然无所谓"方言"还是"国语"，却有一个"文言"和"白话"的问题。我个人的意见，是主张"讲白话"。至于怎样做，这是另一个话题，就此打住，并感谢诸位耐心听完了我这些"百无一用"的议论。

艺术审美是人类诗意栖居的一种方式

叶小纲 1955年出生于上海。1983年毕业于中央音乐学院作曲系，1992年毕业于美国伊斯曼音乐学院，获硕士学位。2009年起任中央音乐学院副院长；同时任中国人民政治协商会议常务委员会委员、全国文联委员、中国音乐家协会副主席、外事委员会主任、中国电影家协会理事；是国务院特殊政府津贴获得者、中宣部首届“四个一批”人才入选者。创作代表作品有：《最后的乐园》《地平线》《大地之歌》《西藏之光》《和平祭》《马九匹》《纳木错》，舞剧《深圳故事》《澳门新娘》《停车暂借问》，歌剧《咏别》等。曾获得众多国际性与国家级大型作品委约，举办过多场个人作品音乐会，其中包括在“香港国际艺术节”“上海之春音乐节”“北京国际音乐节”和“澳门艺术节”上的专场演出；从1995年起，作品被世界著名的音乐出版公司Schott出版和代理。

我国古代诗乐一体，诗乐一体，其诗的精神实质就是乐，乐的精神实质就是五音调和，和而有序；八音相谐，和而不同。其中和谐、有序、不同、兼容而构成的“和”的精神成为我国主流审美文化的核心。西方古代诗学体现了一种美学观念，诗意应是人类高质量生存一个标签，艺术是人类实现诗意栖居的一种重要介质，艺术审美则是实现诗意栖居的一种方式。艺术审美就是给心灵一个空间，通过内视和自省，实现自我完善、自我发展；通过对负面情绪宣泄，让人少一点激愤，多一点平和；少一点呆板，多一点情趣；少一点郁闷，多一点快乐，让人作为人，感情丰满起来，让人作为人，学会欣赏并爱上生活。

海德格尔：我们必须凭借一个区域，在这种区域里通过“仰望”贯通天空与大地’之间”，置身于这种“之间”实现自身栖居的诗意。

诗意栖居是著名德国存在主义哲学家海德格尔提出的一个人生命题。他说：人类应该诗意栖居在大地上。关于如何诗意栖居，他阐述说，“我们必须凭借一个区域，在这种区域里通过“仰望”贯通天空与大地’之间”，置身于这种“之间”实现自身栖居的诗意。至于如何找到“之间”，他又进一步解释说，“为了实现在大地栖居的诗意，必须借助某种“尺度”，这种“尺度”就是贯穿天地的“天空之物”即神性。”

如果大家对海德格尔的这段话感到费解，是可以理解的。海德格尔在学习哲学之前从事神学研究，用他的话说，是神学引他走上了哲学的道路，他这段话带有他一贯的浓重的神秘主义色彩。可是作为现代人，置身于科技技术包裹的时代，置身于物质和消费的时代，他的这句带有理性批判的名言，是值得反思的。

如何保持我们人的生命质量的问题。作为一名作曲家，我无法像哲学家、美学家一样从学理上深刻解释这个问题；毛泽东说，“没有调查没有发言权”，虽然我没有去调查，但作为一名艺术工作者，我想我应该是被调查的对象，所以，在这里提供一些一手资料，和大家分享一下我的个人体会和思考，以便大家能进一步深入研究和探讨。

栖居很容易理解，可以说就是人类生命普遍的存在状态。哪什么是诗意呢？这其中“诗”的含义就时时不同、中西有别。

一、在中国文化传统中，诗乐一体，其诗的精神实质就是“乐”

何谓诗？所谓“诗言志，歌永言”，诗表达志向，或者说诗是表达思想的。歌永言，永有长的意思，歌就是延长语言，当然延长的是诗的语言。这只是多数人的共识。其实未必准确。在古代，永和咏可以通用，这样永就成为一个表达方式。“初唐四杰”骆宾王，7岁时写了一首《咏鹅》诗，可见古代诗是用来咏的，这个咏类似戏曲中的韵白，歌剧中的宣叙调，是一种艺术表演方式，和演奏、演唱一个道理，我想也是应该有旋律的，只不过比较简单，而且因为当时记谱法不够完善，所有会有较多即兴演唱的成分。可见音乐作为美育的一种重要形式，是古代知识阶层的一种必有的职业素养，亦是他们核心必修课程之一。有书为证，《周礼·保氏》记载："养国子以道，乃教六艺。"用现在的话说，培养社会社会合格公民，就要传授六艺，即礼、乐、射、御、书、数六种职业技能。

关于我国艺术教育的渊源，我想断言，先秦时期，国民主要的艺术素养就是音乐素养，国民美育主要就是音乐教育，那时音乐舞蹈不分合称乐教，所以更准确地说是音乐舞蹈教育，古代音乐教育主要内容是传统音乐，有六种，曰"六乐"，即云门、大咸、大韶、大夏、大镬、大武，分别对应上古黄帝、尧、舜、禹、商汤、周武六个时期的音乐。可见古代音乐美育工作之所以做的不错。另外重要的一点是他们还有制度保障：从学制上来说，国学教育不仅注重我前面谈到音乐技能传授即艺术实践；还注重美学理论学习。

乐官最高领导称为"大司乐"，他不仅是音乐管理者，也是音乐家，音乐教育家。现在我们在政协提案中常看到"专家治校"的提法，其实比前秦时期还要落后，因为那时候乐教是专家治校，专家治国，专家治团三位一体。

中国古代教育界有句话，叫学五经，习六艺。实际上先秦时期是六经，包括《易》《诗》《书》《礼》《乐》《春秋》，其中乐就是《乐经》，是一本音乐美学理论专著。后来秦始皇焚书坑儒，《乐经》经秦火一炬，化为灰烬，从此只剩下《五经》。

从管理制度上来说，先秦最高音乐管理机构是乐司，相当于我们现在所说的艺术教育司，虽然从范围上不如现在广，但内容却比现在要丰富，包括社会音乐管理、社会音乐教育、社会音乐演出三个方面，相当于现在的国家教育部艺术教育司、中央音乐学院和中央民族乐团三位一体。乐官最高领导称为"大司乐"，他不仅是音乐管理者，也是音乐家，音乐教育家。现在我们在政协提案中常看到"专家治校"的提法，其实比前秦时期还要落后，因为那时候乐教是专家治校，专家治国，专家治团三位一体。从秦经汉到隋，乐司改为乐府，管理内容就更广泛了。众所周知乐府还负责收集、整理民歌等，实际上，又把中国艺术研究院的加了进来，成了四位一体的国家最高音乐机构。

读者可能会奇怪，开始在谈诗，怎么现在谈乐府。这就是要重点探讨的一个观点：诗乐一体论。也许有人说，这没什么奇怪，我国古代就是诗乐一体，诗经 300 首，就是一本歌词集，其中风就是民间音乐，雅就是古典音乐，颂就是现在主旋律音乐，其中尚有乐舞部分，只不过遗失了而已。不过，这是一般见识，而我认为，诗乐一体，诗的精神实质就是乐，吟诗就是音乐表演，古代诗歌的格律就是遗失音乐部分的遗迹。

大家知道，格律诗最关键的两点，是押韵和平仄。我们看这段歌词：

小时候，妈妈对我讲；（ang，江阳辙）（启）大海就是我故乡（还是江阳辙）（承）。海边出生，（eng，变成了中东辙，这是转）海里成长（回到江阳辙）（合）。再回头随便看一下绝句，如柳宗元的《江雪》：千山鸟飞绝（也斜辙），万径人踪灭（也斜辙）；孤舟蓑笠翁（中东辙），独钓寒江雪（也斜辙）。

在这首绝句中我们看到他的平仄规律是：平平仄仄平，仄仄平平仄；平平平仄平，平仄平平仄。从中我们可以体会到，这首绝句音乐应该是一个三拍子的节奏。

前面讲了“诗”，那乐的精神实质是什么呢？我用十六个字概括，就是五音调和，和而有序；八音相谐，和而不同。其中和谐、有序、不同、兼容而构成的“和”的精神成为我国主流审美文化的核心。

二、在西方古代传统观念里，诗是一个美学范畴上的概念

从希腊文的词源考证来说，“诗”有“创制”的含义，泛指一切艺术创造。古希腊思想家、哲学家亚里士多德曾著有《诗学》一书。在这部著作中，“诗”作为一种美学观念被正式提出来的，与诗的本义关系不大。该书的主要美学思想可以概括为摹仿说、悲剧论、净化说。

苏珊·朗格，美国符号论美学家。她系统地发展了卡西尔的符号论，使符号论美学自成一家。她把艺术视为具有表象形式的符号，即表现情感意义的符号。

亚里士多德指出，“一切艺术源自对自然生活的模拟。音乐中的不同旋律、节奏、音程、声乐和器乐，为何能造成不同的艺术效果。是因为，音乐中旋律和节奏的运动，同人们的行为相关，最易表达人的情感和品性。” 概括而言，音乐是模拟人类感情的艺术形式。他的观点和美国著名女文艺美学家苏珊·朗格的观点是一致的。这也是，“音乐是情感的艺术”说法的早期来源。

悲剧论是亚里士多德另一重要美学思想，他认为，只有悲剧才能塑造富有魅力的艺术形象，使人体验悲壮与崇高，体现特殊的审美价值。另外他还提出净化说，即艺术具有净化情感、陶冶品性、教化风习的功用价值。

亚里士多德的美学思想对西方艺术创作影响深远。直接促成了艺术写实主义风格的产生，促成了音乐模拟情感的创作思想。他对审美功用的阐述，在今天看来也具有一定的价值。

三、通过前面对中西古代或者说是传统诗学中审美观念的考证和分析，我们加以比较对发现：二者合而不同。

我这里用的“和”不是乐制中提倡的和谐的和，而是吻合、汇合的合。

在公元791年前，也就是元太祖第一次西征之前，或再缩小一下范围，在2332年前，即亚里士多德离世之前，历史上还没有留下蛛丝马迹说明华夏文明和欧洲希腊文明有过广泛的对话和沟通（孔子比亚里士多德大167岁，更别说在孔子生活的年代了），都是在一种孤立地自我发展的状态之中。但两个文明先哲代表，却不约而同地在各自的诗学审美理念中谈到艺术，可见，艺术是人们实现诗意生活的主要媒介。

但艺术和艺术不同，尤其是对待艺术态度和体现艺术的功用方面更为不同。我国古代先贤学习艺术是向后看，所以，我们看到孔子教门生习六艺，学的音乐都是上古时期的音乐即云门、大咸、大韶、大夏、大镬、大武，所以孔子听了周朝音乐《大武》说，“尽美矣，而不尽善矣！”，听了更早的舜时音乐《韶乐》说，“尽善尽美矣”，听了当时民间流行音乐则态度大变，说“郑声淫，佞人殆”（郑的音乐淫奢，像小人一样去死吧）。

中国美育传统提倡教喻，这个教育的育不是education，而是暗喻的喻，隐喻的喻，比喻的喻。

总之，我们的古人学艺，重视的是传承。现在提倡非物质文化遗产保护与传承，是对这种精神的继承与显现。与此相反，西方古代先贤学习艺术是向前面，强调“创制”就是艺术创造、文化创新。因为强调创新，所以能够激发人的创造力（这和北京现代音乐节办节秉承的理念相近）。这是中西传统美学观的第一个不同。

第二个不同，源于第一，那就是中国美育传统提倡教喻，这个教育的育不是education，而是暗喻的喻，隐喻的喻，比喻的喻。不是外观，而是内视，强调自省。强调人的联想能力和思考能力。举一反三，触类旁通就是对具有很强学习能力的人的一种判断标准。因为强调喻，所以，我国传统乐教能够实现德育和政治教育的功能，能够让人在音乐审美中，领悟到做人的原则，处世的道理。所以能够乐与政通，实现乐治。

当然，这也对艺术创作表演提出了一个美学要求，就是能够喻德、喻善。举一个例子，我国古代美学名著《乐记·乐象篇》记载，“德者，性之端也，乐者，德之华也！”就是说，人之初，性本善，而音乐则要把这种美德表现出来，英华发于外。言外之意，除此之外就不是好的音乐。所以，《乐记·师乙》又说“夫歌者直己而陈德也。”

为了进一步说明问题，我们共同品读一下这句话：“直而温，宽而栗，刚而无傲。”意思是就是要正直、温和，宽大、谨慎，刚毅而不骄傲。这段话是教为人处世，原型是在评乐，是《书经·舜典》里孔子听了让他三个月没有食欲的《韶》之后，发表的评论。

中国古代美育提倡“喻德”“扬善”

反观西方，我认为西方注重的是美育的体验和表达。比如亚里士多德的“情感净化论”。人们常说音乐净化心灵。净化什么心灵？如何净化？很多人不清楚，亚里士多德也没深入阐述。

我在这个话题上做一点探讨。大家常说人有七情六欲，即喜、怒、哀、乐、爱、恶、欲。实际上概括并不全。从心理学来说，人主要是两种心理状态，一种积极的，正面的；一种是消极的，负面的。积极的是我国美育传统提倡的，是扬善。对待消极没有论述，但对待那些已经病变的消极情绪，达到恶的程度的时候，则采用专制暴力手段，即惩恶。

现在我们来看看西方美育传统中如何对待人的消极情绪。经过研究发现，有五种负面情绪对人影响最大，即“畏、愤、怨、侮、忧”。我们经常听到这个词汇，畏罪自杀。实际上这些人大都罪不致死，最后因为畏惧情绪不得排遣，结果导致悲剧发生。愤，更容易理解，许多人愤愤不平，经常会失去理智，行为过当。怨，怨声载道，往往会导致社会环境的不稳定。侮，因为人感到侮辱，不得排遣，往往会打击报复，发生暴力事件。忧，人常常积忧成疾，失去健康。在艺术活动中，尤其是音乐表达时，就可以把这种情绪投射到表达的过程之中，从而使负面心理情绪得以宣泄和排遣，逐步减轻和恢复人的心理健康。

这道理很容易理解，比如说侮，人为什么要报复行为，实际上也是要把这种情绪宣泄出去，只不过它和艺术的宣泄相比，一个造成恶劣的影响；一个不会对外界产生任何负面影响，仅仅体现为个人的心理变化过程。

地球已成为“村落”。

2008 年 11 月 15 日，日本德岛县神山町“幸福神社”，曾举行了发气仪式，就是让人对着一张长着苦瓜脸“穷神”的木神尊像拳打脚踢。据说广受欢迎，参加活动的人自述自己减轻了压力，心理变得轻松。可以说这也是一种负面情绪的宣泄，只不过采用其他方式。

作为一名作曲家，我认为这种论述有一定合理性，但也有一定的片面性，不能一概而论。我从个人艺术经验来看，音乐的确表现感情的运动状态，但人们要想通过音乐表达的方式宣泄负面情绪，需要选择与此情绪相近的音乐，比如一些具名《悲怆》的标题音乐等。

几点思考：

追本溯源，诗学体现了一种美学观念，诗意应是人类高质量生存一个标签，怎样做到诗意栖居，我选择了从古人观念出发，谈个人的浅显理解。东西方古代先贤智慧恰似矗立于东西两面的两座灯塔，在人类历史“航行”早期便指出了未来的航向；随着现代交通、通讯的发展，地球成为了“村落”，这两座灯塔就成了校正和确定我们人类航行的坐标。同样，科学发展当今美育，古为今用、洋为中用、东借西鉴、继往开来是必不可少的。

无论如何，诗意栖居是人类理想的生存状态，艺术是人类实现诗意栖居的一种重要介质，艺术审美则是实现诗意栖居的一种方式。艺术审美应是伴随着生命延续的一条道路，人生活着就应时不时走到这条路上来，给心灵一个空间。通过内视和自省，实现自我完善、自我发展；通过对负面情绪宣泄，让人少一点激愤，多一点平和；少一点呆板，多一点情趣；少一点郁闷，多一点快乐，让人作为人，感情丰满起来，人作为人，学会欣赏并爱上生活。

艺术如何改善我们的生活

沃尔夫冈·韦尔施 生于1946年，曾在慕尼黑和维尔兹堡大学学习哲学、艺术史、心理学和考古学。他1974年获得博士学位，1982年获得教授资格。在1988年到1993年年间，沃尔夫冈·韦尔施担任巴姆贝格大学的教授，在1993年到1998年年间，他担任马格德堡大学的教授。目前，韦尔施在德国弗里德里希·席勒·耶拿大学哲学院执掌教席。沃尔夫冈·韦尔施还先后在埃尔兰根·纽伦堡大学（1987年）、柏林自由大学（1987 – 1988年）、柏林洪堡大学（1992 – 1993年）、斯坦福大学（1994 – 1995年）和埃默里大学（1998年）担任客座教授。所获奖项：1992年获得马普研究奖。所获奖学金：1985-1987年，人文科学研究所，维也纳；1996年，日本学术振兴会；2000-2001年，斯坦福人文中心；2003年夏，德意文化交流中心 Villa Vigoni。主要研究领域：认识论、人类学、文化哲学、美学和艺术理论及当代哲学。

美学和伦理学关系密切。它们是一对双生子。艺术品以及我们接触艺术品，其意义在于这将帮助我们过上更好的生活。美学和伦理学具有一致性是西方美学的一个基本主题和恒久信念，对亚洲美学而言也是如此。无论是伦理学上的成功还是美学上的成功，关键在于个体元素不仅为自身而存在，并且能以其行为为它们的整体做出贡献。这种整体性特征就是和谐。政治文明的建设和美学活动一样，是关于部分和整体之间的自由互动的问题。对政治而言，整体必须为个体服务，只有这样，个体才有义务，甚至说才可能服从整体。

在此，我将不可避免地引入西方的视角，但是我希望你会发现，它在本质上和贵国的伟大传统是一致的。

美学和伦理学的一致性

我从西方两千多年的美学传统中学到的知识如下：

艺术并非局限于艺术本身，甚至可以说，主要不是艺术本身，相反，它主要和适合的生活方式有关。美学和伦理学关系密切。它们是一对双生子。艺术品以及我们接触艺术品，其意义在于这将帮助我们人类过上更好的生活。

艺术也和艺术本身有关。一件艺术品，只有在它符合美学标准时才能取得成功。但是，归根结底，美学标准和好的生活形式是一致的。

诚然，在过去两百五十年中，西方存在一种趋势，即将美学从伦理学中分离出来，并将艺术理解为一种独立存在。其中十九世纪的口号——“为艺术而艺术”尤为著名。但是，从整体上而言，西方的传统和亚洲一样，占主导地位的信条是，艺术应当以追求更好的生活为目的。

德国启蒙文学代表人物，
“狂飙突进运动干将”
——弗里德里希·席勒

1. 例子

当我们注意到“美丽”（“beautiful”）的希腊语“kal ó n”同时还有“美好”（“good”）的含义时，我们就能发现古代将这种联系视为理所当然。真正的美丽不仅仅是指美学意义上的成功，同时它在伦理上也是完美的。

中世纪秉承了这种联系：美的事物被称为好的事物，反之亦然（pulchrum et bonum convertuntur）。

近代，是弗里德里希·席勒（我的大学就是以他的名字命名）热情洋溢地宣称，艺术并不是指艺术形式，而是关于改善“生活的艺术”。艺术帮助我们塑造更好的、真正的人类生活。席勒概述了一个雄心勃勃的关于“美育”的计划，该计划的任务和目的在于，让我们人类，无论是我们的个人行为，还是我们的社会和政治存在都成为真正的人（最后

约瑟夫·波伊斯：并非为了艺术而艺术（常常超出了艺术本身），而是为了生活而艺术

我还会回到这一点上来）。

在 20 世纪，很多艺术家从 Monte Verita 到约瑟夫·波伊斯都认为并非为了艺术而艺术（常常超出了艺术本身），而是为了生活而艺术。赖内·马利亚·里尔克认为，古希腊雕塑的沉思典型地在劝诫我们“你必须改变生活”。美籍俄国诗人约瑟夫·布罗茨基在其 1987 年诺贝尔获奖演说中强调，美学和伦理学紧密相连，他甚至宣称美学是“伦理学之母”。

2. 有无例外?

诚然，也存在一些美学运动和美学理论，它们在表面上反对美学和伦理学并行的主张。但是，如果我们仔细研究，便会发现，他们之所以这么做是因为他们也认为美学应该预见美好的生活，甚至在某种程度上可能实现这种美好的生活。尽管在他们看来，当时盛行的伦理观完全错误，它所起的作用并非是促进我们实现美好的生活，而是阻碍我们实现美好的生活。因此，他们不得不反对这些伦理道德规范，其目的正是为了更好的生活，而艺术的任务就在于实现更好的生活。

约瑟夫·布罗茨基：美学是“伦理学之母”

美学和伦理学为何会一致

美学和伦理学具有一致性是西方美学的一个基本主题和恒久信念。毫无疑问，亚洲美学也是如此，无论是儒家传统还是道家传统。

1. 古人类学：艺术是社会黏合剂

第一个理由在于自然进化史。在人类历史上，艺术出现的目的在于创造或加强团体凝聚力。古人类学告诉我们，宗教仪式和史前古器物是创造社会的最初方式。因此，人类共处的链条已经被记录在远古时期的艺术当中。美学与伦理学的共生关系构成美学“染色体”的一部分。

2. 美学上的成功和伦理学上的成功在结构上是一致的

但是，更为重要的是，美学上的成功条件和伦理学上的成功条件存在一致的结构关系。

a. 伦理整体论

伦理学要求，个人在追求自我实现时不得反对共同体或者以牺牲共同体为代价，相反，他首先应当为共同体的整体成功做出贡献，这也将最有效地为其自身的进步做出贡献。改善共同体的福利是确保个人自身福利的最佳策略。

aa. 亚里士多德

亚里士多德是西方传统中最早也最重要的哲学家之一，他在其著作《政治学》中明确表达了这一伦理——政治原则。他在书中称，共同体的领导人将立足于为授权给他们的人民谋取福利，而不仅仅是为了为他们自己的利益。如果他们给予自身以特权，他们就将破坏共同体，并因此最终给他们自身带来损害。但是，如果他们为了整个共同体谋取福利，他们作为共同体的一部分也将受益。这就如一艘船的船长。他必须确保整艘船正确地前进，所有人都将正确地前进，这样他自己也将快速并且安全地达到目的地。不谋求私利，而是关心整个共同体，这是最实用、最有效，当然也是更好、更正当的方法。

亚里士多德：共同体的领导人将立足于为授权给他们的人民谋取福利，而不仅仅是为了为他们自己的利益。如果他们给予自身以特权，他们就将破坏共同体，并因此最终给他们自身带来损害。但是，如果他们为了整个共同体谋取福利，他们作为共同体的一部分也将受益。

b. 道教

这一原则来自于亚洲的道教传统。《道德经》第七章曰："圣人""后其身而身先…非以其无私邪？故能成其私。"我们的行为和思想不能自私自利，而应当将行为和思想置于社会和历史当中。我自己"my I"不能按照"itself"去理解，而应当按照永恒的"道"来理解；我只是"道"在这里体现出的形式，以我的形体和我所处的特定空间体现出来而已。我是永恒的"道"的"外在形式"，如果我认识到我的真实构成并且照此行为，那么我的行为就符合道的精神，不会自私自利。这样，在我所处的此时此景，道就拥有了最好的表现形式，而我将因此"身存"。

bb、美学整体论

类似的结构对取得美学上的成功至关重要。图像的元素之间必须和谐共处；个体元素必须对整体起促进作用，并且其促进的整体程度可以衡量其正确性。或者说，交响乐的乐章必须相互协调一致，成为一个连贯的整体。这样，尽管细节上可能有多种变化，熟悉这件作品的人听到的实际上是一个统一的整体。总而言之，无论是伦理学上的成功还是美学上的成功，关键取决于个体元素不仅为自身而存在，并且以其行为为它们的整体做出贡献。这种整体性特征是古典美学所要求的一致性，或其所指向的和谐。

美学和伦理学这种结构同一性解释了为何艺术作品能够预示好的生活以及我先前所说的，为何美学标准本身和成功的生活形式是一致的。

c、组织特征——自由——自组织

我想更为详细地说明部分和整体、个性和共性之间的这种关系，因为它同时表现了美学和伦理学上的成功。在有机体中可以找到这种关系的原型。有机体的特征在于，它们的部分并不为独立于它们所属整体的自身而存在，事实上，它们是作为该整体的一部分出现的，而且只能作为该整体的一部分出现。相反，该整体也取决于它各部分的正常运转。我们的心脏并非完全成型于外部并进入到我们的身体当中；一开始它就是身体的一部分，而身体对它也有依赖作用：如果心脏停止跳动，有机体的生命也将结束。因此，在有机体中，部分和整体之间紧密相连；各部分之间相互依赖并且部分因此而依赖整体，而相反，整体也依赖于各部分的正常运转。

作为美学成功的原因，整体和部分之间的关系很明显能在有机体中找到原型。相应地，很多表明美学成功的属性词来源于生物界。因此，当某件作品各部分之间以及部分和整体之间真正结合时，我们认定该作品富有“生机”；在此情况下，我们还会说，某件作品拥有自己的“灵魂”；或者我们说“各部分之间自由发生相互作用”甚至是“自由的”，所有这些词的真正源头并非美学，而是从有机体的存在中借得的。

作为美学成功的原因，整体和部分之间的关系很明显能在有机体中找到原型。

让我们进一步进行分析。通过有机体证明以及通过美丽的形式显示的物理基本原则在于自组织原则。近几年来，美学理论越来越多地认识到，我们对美学成功的感知主要在于我们承认形式是通过自组织过程产生的。

最显著的例子可以在有机自然界领域找到，其范围从松果的螺旋形生长到孔雀的盘旋飞行。但是，自组织原则甚至还可以脱离有机自然界领域，它也发生在无机自然界王国。自组织是自然生产出有序结构的普遍原则——想想银河系就知道了。

3. 本体论背景

有了关于美学和伦理学成功标准的看法，我们将揭示各种形式成功的根本原因——一种普遍的、物理的，实际上是宇宙的原则。自组织是这个世界上一切事物（自宇宙大爆炸以来）形成的普遍原理；它是最主要的本体论法则。它引领各种形式本身的一致性（各部分之间、部分和整体之间的一致性）。而这种一致性正是它们存在的条件，无论什么事物，如果缺少这种一致性，它就无法继续存在。它是一个在重力关系（一方）、轨道和速度（另一方）之间存在理想均衡与一致性的体系——这个体系是在45亿年以前通过自组织过程产生并且达到平衡状态的，由于其平衡的精确性以及它本身不断地进行调节，该体系持续了如此长的时间跨度。

现在，如果美学和伦理学的一致性在于一个更深层次的原理，即，在于本体论或宇宙论的自组织原则，那么这就意味着美学和伦理上的正确性反映了宇宙的基本秩序。因此，布罗茨基所说的“美学是伦理学之母”是不对的；伦理学也并非美学之母；它们都是宇宙基本秩序的产物。尤其不能认为，美学和伦理学原则纯粹是针对人类构造而存在；表面上看可能如此，但是，如果认为真是这样，那就大错特错了。相反，它们反映了宇宙的一个基本原则（说到底，美学和伦理学本身就是这个宇宙的一部分）。有关美学和伦理学反映宇宙秩序的想法和亚洲的思想非常接近，亚洲的这种思想可能会再次为西方思想所熟悉（现代化在很大程度上导致这种关于世界的观点迷失并遗忘）。

4. 伦理学和美学活动深深扎根于一个更深层次的原则

这也意味着伦理学和美学活动并非绝对独立存在的；它们不能简单地自行制定规则并任意妄为，因为它们深深扎根于本体论原则。

就规则中体现的伦理而言，我们不能试图将我们的私心强加于这个世界，相反，我们的行为应当改善自然进程。至少从道教的角度来看，这一点是站得住脚的。《道德经》第六十四章曰：“圣人”“以辅万物之自然而不敢为”，这就是“无为”的意义所在。 其关键在于促进自然发展，而不是命令或者控制自然。

老子的“无为”思想意义在于促进自然发展，而不是命令或者控制自然。

很多艺术家也通过各种方式，表明他们并没有将自己看成独立存在的创造者，而是看成作品形成的助产剂或工具。这一点在东方可能更为常见，但是，我们在西方也能够发现。例如，古斯塔夫·马勒认为“自己是被宇宙演奏的一个乐器”；他越来越认识到“并非是你在作曲。你是在‘被’作曲”。诸如马勒的艺术家希望忘记他们自己的意图和艺术性，以达到保罗·塞尚所说的“只是记录装置中…记录感觉的一个插座…。画家的整个意志必须沉默不语。他必须压制自身的所有偏见。他必须遗忘、遗忘、保持安静并且完全成为一种附和。”在中国美学传统中，彭峰也表明了类似的观点，“只有当艺术家忘记他的意图、技巧、规则，甚至是他的创作能力时，他才能创作出杰出的艺术作品。”艺术的最高境界就是远离所有明显的艺术性的痕迹。在十二世纪或者十三世纪，中国有一个非常著名的比喻，称之为“如羚羊挂角、无迹可寻”。

美与艺术的特殊地位

现在让我们说明美与艺术的特殊地位：

1. 美让我们体验宇宙的原则

美是一种现象，美之中体现的宇宙自组织和一致性的基本法则能够通过感觉感知。这就是美的特殊地位。世界上出现并且持续存在的一切都具有自组织和一致性的特征。正是由于这个原则，自组织和一致性也是构成成功行为的特征。但是，在美这种现象中，这种通用矩阵变得容易让感觉感知，并且比起其它任何情况，更加容易获得、更加明显，也因此更加容易立即触及。

柏拉图就持这种观点：他从其它所有思想中挑出美，将其定义为“最明亮并且最迷人”。他的思想是：尽管在表象的世界里，通常思想存在的形式都让其晦涩或者模糊，但有一个思想即使在表象的世界里也光芒四射：那就是关于“美”的思想。他借此说出一个永恒的真理，即使出自表象的世界，美也能够上升到思想世界当中，并以此体现出美难以估量的价值。（美并非最高的思想，但是它最有效——它能够将我们强有力地从堕落的境地中提升出来。）

2. 艺术：清楚表达和多样性

那么艺术的特殊性在哪里？

自然形成的形式相反，艺术作品是有意塑造出部分和整体的相互依赖性，使得它能够通过自身的正确让我们感知。部分和整体的一致性来自一开始便指导作品起源的法则。每一步行动都要同时观察已经存在的因素以及艺术目标。因此，每一个因素都参与其它因素的形成过程。这就是为什么说艺术作品的各个部分在其本来意义上都只是瞬间：它们使其它部分的形式和意义成型，反过来它们又依赖于这些部分以及它们所要产生的整体。（这就是为什么，例如，同一个音符，由于其前音符的不同以及其它表演音符的不同，其质量会不一样。）这种部分和整体之间相互创造的动态性贯穿整个创作过程，并且在成品中依然可辨，也就是所有瞬间不可思议的和谐以及作品的生机，即使是最终作品的表现形式为静态，如一幅画作，情况也是如此。如果是时间艺术形式，例如音乐，那么这种部分和整体之间的交织在每一刻都将明显显现。

在艺术作品中，明显体现的不仅是一致性法则，而且还有自组织。一件好的艺术作品并不复制事先预定的计划（某个“想法”），而是随着其自身艺术逻辑的发展逐渐呈现出来（“路是走出来的”也许能够较好地描述艺术创作过程）。

如果是时间艺术形式，例如音乐，那么这种部分和整体之间的交织在每一刻都将明显显现。

因此，一件成功的艺术作品通常会体现自由：它的各个元素并非通过外力或者限制组合在一起，它们是自己走到一起的。艺术作品的形成模式并非征服，而是互动。顺便说一句，这是由弗里德里希·席勒最先提出的。他认为，在美学世界里，每个单一的元素就其本身而言已经终结；它和其它元素拥有等同的权利；一定不能强行将它加到其它元素里面，而应当自由与它们形成一个整体——有了这种想法，席勒将美定义为自由的表象。

最后，艺术引出多样性。因为它以多种形式进行自组织并体现一致性。正如这些原则在自然界中以各种不同形式存在一样。银河系明显有别于贝纳尔德对流或 DNA 中的螺旋结构——它们的艺术实现形式也具有多种形式。艺术不仅仅仿效已经熟知的自然界；它还能够以无限的风格和模式具体体现形式的基本规则。

正是这种多样性（迄今为止，西方世界好像要多于东方世界）表明有关这个世界的下述事实：首先，它向我们表明这一宇宙原则的不可穷尽性，其次，它向我们表明这些表面上千差万别的所有现象的共同性（借用哲学术语：多样性的统一）。

因此，艺术可以提供让我们了解多样性的环境 .. 艺术清楚地表明，同一原则可以产生多种实现方式，所有这些享有同等权利。 因此，艺术也确实成为了学习生活事物的学校。它唤醒并且培养我们的敏感性、我们的理解能力以及我们对待这个世界态度和方法，对待人生的态度。我们开始理解，不仅物体或艺术层次上存在不同的形成模式，生活事务也是如此——具体形式虽有不同，但都是人们获取快乐的重要途径。

艺术也确实成为了学习生活事物的学校，它唤醒并且培养我们的敏感性、我们的理解能力以及我们对这个世界的看法。席勒声称，就教育学和政治而言，整体必须为部分服务，只有这样，部分才有义务，甚至说才被允许服从整体。换句话说，席勒要求整体的政治代表必须尊重个人权利——正如个人应当以整体的需要作为其立足点一样。

艺术对塑造政治生活的影响

最后，我想回到席勒有关艺术活动和政治存在之间联系的看法上来（正如之前我所承诺的那样）。

席勒杜撰了“政治艺术”一词，理由很明显，因为政治也是一种有意的塑造，当然在塑造生活时体现得最为明显。如果说自组织是世界以及所有成功塑造的一项原则，那么很明显，政治的塑造也必须如任何艺术活动一样，是关于部分和整体之间的自由互动的问题。席勒指出，无论是工匠还是美学艺术家，在工作时都不需要大量的材料。相反，“教育和政治艺术家”必须仔细考虑并且关心他们的目标，因为从他们所处的情况看，他们的工作对象并非是没有生命的事物，而是活生生的人。席勒甚至声称，就教育学和政治而言，整体必须为部分服务，只有这样，部分才有义务，甚至说才被允许服从整体。换句话说，席勒要求整体的政治代表必须尊重个人权利——正如个人应当以整体的需要作为其立足点一样（席勒所用的模型显然并非西方个人主义）。席勒的政治目标在于部分和整体之间的相互交织，并正是如此形成我前面描述为美学成功和自由结构的形式。在整体和部分之间相互尊重当中，也许你可以发现社会和政治生活的理想模型。

何谓美育 美育何为 ——关于美育观念的一些本体思考

李学明 笔名亦村。中国作家协会会员。中国人民大学美学硕士。中国人民解放军后勤工程学院美学教授。参与并主持全国教育科学国防军事教育学科军队级重点课题“军事美学与军人审美教育研究”、国家社科基金课题“军事美学研究”，以及省部级规划课题“红岩文化审美价值研究”“抗战文化审美价值研究”等科研课题。主要代表作有军事美学和红岩文化审美价值研究与创造系列《军事美学》《军事美学原理》《回眸红岩》《诗画红岩》和长篇小说《世界三部曲》（《世界在爱情中成长》《国色》《云雨江南》）等，曾先后十数次获得军队级教学成果奖、解放军文艺奖、总后勤部军事文学奖。

审美教育不是艺术教育，或远远不仅仅止于“艺术教育”。几乎没有什么教育不牵涉美育，或从根底上看不是真正的美育，但从它们那里可以通向真正的美育。世界上的任何一门学问，只要是真正的学问，支撑它们的依据和骨架是哲学。而哲学一旦和形象的公式定理联系起来，就是诗学，也就是最古老的美学。

所谓美育，顾名思义，即关于美的教育。但这个概念并不周严。第一，什么是美，答案还不能肯定。什么是教育，答案也不能十分肯定。不一定只要老师教，学生学，就是教育，或才是教育。教育也不一定只有在学校和课堂里才能展开。大千世界、社会人生，都可以是教育的课堂，也可以是美育的课堂，而且是更好、更重要的课堂。

李白“读万卷书，行万里路”

古人云：“读万卷书，行万里路。”像李白、苏东坡、毛泽东、周恩来等等，他们在山川、河流、大地、自然、马背，甚至厕所上学来的东西，令我们多少教育家汗颜。——因为我们永远也没有能力教会他们如何懂得和如何创造那些社会历史、精神文化产品。相反，有宽敞、漂亮、气派、宏伟的课堂和校园，不一定就是教育，或者不一定就是最好的教育。比如，我们教学生死记硬背、课堂上空话连篇，考试废话累牍，这种窒息学生创造思维、摧毁学生的创造能力的行为，就不仅不是教育，或好的教育，而是危害国家民族前途的犯罪行为。当然我们这是进行学术探讨，不是代表法院给某些教育工作者下判词。更不是一概否定我们在宽敞明亮的校园和课堂，以及在越来越宽敞明亮的校园和课堂里进行的正常的教育和美育。

“德、智、体、美、劳”全面发展——如果严格地、仅仅从学术意义来看，这个方针也是不十分周严

根据党的教育方针，学生要“德、智、体、美、劳”全面发展。我们当然完全应该按照党的教育方针办教育。但是，如果严格地、仅仅从学术意义来看，这个方针也是不十分周严。

第一，“德、智、体、美、劳”，不能完全截然分开。德育、智育、体育和劳动教育，都可以是最好的美育。德育的思想美、品格美；智育的智慧美、思维美；体育的人体美、意志美；而劳动的历史美、文化美。根据马克思主义经典作家的观点，“是直接创造美”。他们在《手稿》

中的著名论断："人按照美的规律塑造物体"，就是劳动创造美的最好证明。真正的美育工作者，在抓住美育特性的同时，完全不应该把"德、智、体、美、劳"教育决然分开。

第二、美育也不仅仅是教育学生如何欣赏美、鉴赏美的问题。明确地说，审美教育不是艺术教育，或远远不仅仅止于"艺术教育"。几乎没有什么教育不牵涉美育，或从根底上看不是真正的美育，但从它们那里可以通向真正的美育。古今中外文学艺术作品审美欣赏不用说了，文科教育包含美育、自然科学教育，比如物理、化学、生物，乃至会计学、计算机学，还有管理学、法学、宗教学等，都有美不美、如何美的问题。为什么？因为世界上的任何一门学问，只要是真正的学问，支撑它们的依据和骨架，是哲学。而哲学一旦和形象的公式定理联系起来，就是诗学，也就是最古老的美学。只要真正的学问，"内化"在人类心灵深处，或者任何一种教育，只要能进行和完成对人心灵和情感的塑造，就一定是美育。因为在这样的教育过程中，一定就有审美价值的产生并相随相伴。

据我看来，自然科学教育，也可以是另一种形态的、更深层次的、更根本、更透彻、更完美的美育。"自然宇宙是一首和谐完美的诗篇"，在老子、庄子、牛顿、爱因斯坦、康德、黑格尔等，这样一些人类自然、社会科学巨匠心中，决不仅仅是一句充满诗意的话，而是他们穷尽毕生精力探讨，并写出宏篇巨著加以证明，得出了十分可靠的理论结晶，滋养着一代又一代人类心灵至理。为什么？因为他们阐释、认识、创造世界的思维方式，是诗性的，哲意的，也就是美的。美并不复杂。

美就是世界万事万物的价值和意义，或世界万事万物的价值和意义就是美。这就是海德格尔"Be"和"Thing"的关系问题。"Be"是本质、是哲学。"Thing"是现象、是事物、是内容。把它们连接起来的价值和意义就是美。所以，老子"道生一、一生二、二生三、三生万物"、庄子"天地有大美而不言"、牛顿的热学定律、爱因斯坦的相对论、康德的物自体、黑格尔三段论演绎的自然宇宙绝对精神等，他们试图想揭示的自然宇宙图谱，同时也是人类精神图谱。在他们阐释世界的最深思维结构上，是诗性的审美的，也是相同和相通的。

任何一种教育，只要能进行和完成对人心灵和情感的塑造，就一定是美育。

审美价值包含在自然科学和社会科学的理论架构和思维体系之中。杨振宁说数学物理化学的方程式，其排列组合分解的形式规律，完全有押韵、平仄、补救、和谐等诗歌的韵律。宇宙排列组合也是诗的组合。

为什么我们解了一天的数学方程式。如果解得流畅而圆满会产生快感？那种快感就包含着自然科学本身的美感。纯粹的理论，无论是自然科学还是社会科学，本身就是诗性的、哲意的，也是美的。理解它、研究它、创造它，为什么能够给人幸福、给人美感、人类科学巨匠一代又一代对它们的研究创造为什么乐此不疲、啖之若饴，原因就在于此。

“美是人类物质与精神创造的动力之源”。人活在这个世界上，只要有正常的思维，只要进行物质与精神创造，无论参与什么样的社会生活实践，都有美和审美价值相伴终生。为什么？因为“审美即选择，选择即判断，判断即创造，（或判断了就要创造，或判断的目的是为了创造），创造即审美”。罗曼·罗兰说：没有创造的生命，不是完美的生命，不像创造的生命，满载着春花和爱情的。像李白、杜甫那样写诗、像莎士比亚、贝多芬那样表演、谱曲，是一种创造；像海德格尔、维特根斯坦那样写理论探求人与美和自然宇宙的终极意义，是一种创造；像牛顿、爱因斯坦那样解方程，是一种创造，像拿破仑、毛泽东那样领兵打仗，是一种创造。把他们连接起来的最终意义就是文化、价值、自由与美。庄子写庖丁解牛，一个厨子也能够创造如此自由灵动的美。因为他明白了他所从事的工作（解牛）的规律与“道”。“得道多助”是社会历史发展规律，“得道就能获得自由”是审美创造规律。一般的拙劣的创造不是美，因为他们没有得“道”，只有自由灵活的创造，才是美。

法国文学家，艺术评论家罗曼·罗兰：没有创造的生命，不是完美的生命。

“世间万物皆有道”。只要你得到了、悟到了该门工作包含的“道”，无论你做什么，写诗作画不用说了，哪怕你当会计、当律师、做工、种田、打仗、剃头、擦皮鞋，你都可能比一般人做得好，做得比其他人更有灵气、自由和眼光。当年在空中飞来飞去指挥的蒋介石，为什么从极盛到极衰？而拄着拐杖钻山沟的毛泽东，为什么能够从极衰到极盛？他们打仗有无自由、有无灵气、有无眼光，究竟谁更明白中国革命战争取胜之“道”？一眼就能明白的嘛！什么“步步为营”，什么“御敌于国门之外”，从战略思想就是笨拙的、拙劣的，而“打得赢就打、打不赢就走”；“隔而不围、围而不打”、“伤其十指、不如断其一指”、“打一个、携一个、看一个”以及朝鲜战争的“零敲牛皮糖”等等战略战术思想的制定，就具有自由灵活与不同常人的战略眼光。

我常常思考，美何为？审美何为？美育何为？也就是问人类拿“美、审美、美育”这些“理论价值、实践培育养育活动”来究竟做什么？我们的回答是，既然美和审美来自于得“道”的自由，那么，“美、审美、美育”就是用来训练，更多时候是自己“悟道”。

人类创造物质、精神成果需要“自由灵气与眼光。”只要具有自由、灵气与眼光，就不会在那一领域创造不出美来。学习需要灵气、打仗需要灵气，写作、唱歌、搞理论、开公司需要灵气，打乒乓、踢足球、跳高跳远需要灵气。为什么平常在足球场上看不到罗纳尔多，一旦看到他马上可能就要进球了？而我们的运动员满场跑，跑得差点虚脱了，至多也只能踢个球道门框上还要弹回来？原因就在于我们没有悟到足球这项运动的独特之道。

没有悟道，又勉为其难地进行创造，自由、灵活、眼光从何而来？美从何而来？没有眼光，灵气从何而来？没有灵气，自由从何而来？没有自由，美从何而来？高尔泰有一个观点，美是自由的象征。这个观点大约就来自于人类生命与美、创造与自由的深层连接。

没有悟道，又勉为其难地进行创造，自由、灵活、眼光从何而来？美从何而来？没有眼光，灵气从何而来？没有灵气，自由从何而来？没有自由，美从何而来？

审美教育是创造力教育、是丰富心灵和陶冶情感的教育、是训练和培养自由创造的灵气和眼光的教育

上面，我们阐述自然科学和社会科学之间的审美思维连接，最终要说明的是什么是科学完整的美育观念的本体问题？

首先，要明白什么叫美育，必须明白什么叫美。据我看来，美是洋溢在我们周围的一种积极健康向上的精神，一种历史文化价值。这种价值包含在人类一切物质创造与精神创造的产品及其创造过程中。物质创造构成自然科学，精神创造构成社会科学。联系物质成果和精神成果的自然社会科学思维纽带就是美与文化。因此，我们的教育，只要是开发学生的创造性思维、只要教育的过程能够理解到人类思维结构和精神结构的方式及其表现形态、只要教育的内容和方式能够作用于学生心灵的丰富和情感的陶冶、只要教育的目的是培养学生的创造力思维、自由灵动、灵气和创造力，无论我们教育学生听一段音乐、观赏一幅图画，还是解一个方程、推论一个定理，都是美育。比如，我们从孟浩然“春眠不觉晓，处处闻啼鸟。夜来风雨声，花落知多少”的诗句里感悟到“惜春、伤春”——人类自然生命节奏；在牛顿的热学定律、爱因斯坦的相对论里面感悟到的自然宇宙生命的节奏，以及某种必然的对应关系，那么我们所感悟到的就是美和审美；这个感悟过程，就是美育的过程。

爱因斯坦的相对论里面感悟到的自然宇宙生命的节奏，以及某种必然的对应关系，那么我们所感悟到的就是美和审美；这个感悟过程，就是美育的过程

我们不要仅仅认为只有我们高等院校的文科、文学艺术审美教育工作者，才是美育工作者。既然美是人类物质创造与精神创造的根本动力之源，那么，凡是理解和开发、培育和养育人类这种物质与精神创造动力的一切教育行为及其过程，就是美育。同时，作为我们高等院校美育工作者，绝对不要认为美育就是仅仅教会学生欣赏文学艺术的美。美育绝对不仅仅是审美知识课，也绝对不仅仅是审美实践课，美育也绝对不是仅仅提高学生审美文化修养、素养和涵养，绝对不要仅仅认为教会学生分析一首小诗、观赏一幅图画、观看一部电影。如果我们在引导学生在对诗歌、绘画、电影等的观赏欣赏过程中，没有开发养育出一种审美创造力思维，没有在这些作品中找到美之为美的独特答案，没有养成一种发现和创造美的灵气、自由创造的眼光，那么，我们就没有看到美，

也不能算做真正的美育。

在某种程度上，美和美育是一回事。美在哪里都不知道，美育从何而来？比如，我们理解李白的诗："床前明月光，疑是地上霜。抬头望明月，低头思故乡"，仅仅明白月夜的朦胧美、思乡的意念美，还远远不够。还要明白一种融入深刻浩大自然宇宙生命的伟大而美丽的孤独、洗练、缠绵、悠远、痛苦的思归之心。"孤独与思归"，构成人类永恒的文化母体和情感母体，与世界绝缘的审美情思，与自然宇宙融为一体的思想，构成中国传统审美文化的宇宙观念。理解了它，就理解了美。理解了真正的美，也完成了美育。

《静夜思》通常给人"夜的朦胧美，思乡的意念美"的意象。

美育是一种创造力教育，这里的欣赏也是创造。当然，美育的创造和美的创造，又不完全是一回事。我们创造性的理解，并不等同于李白对文化的创造。如果我们能够像李白一样，通过独特的审美文化范本，（李白用了二十个汉字排列组合）创造出一种个体情思与崭新的文化宇宙合二为一，那我们就是进行审美文化创造，而不是美育了。但是，美育过程中的创造力思维开发，一定会给从事新型审美文化范本的创造带来决定性的深远影响。只要有了和通过美育培养出这种创造力思维和能力，你怎么不可能创造出美来呢？

第二，归根结底，审美教育是创造力教育、是丰富心灵和陶冶情感的教育、是训练和培养自由创造的灵气和眼光的教育。创造社会、创造自然、创造人生、创造社会物质成果与精神成果，因此，审美教育也是艺术化与美化人生的教育。没有哪一个具有创造力的人生，不是审美的（艺术化与美化的）人生。政治家、自然科学家会写诗、作画、书法、弹琴的比比皆是。电视上播出过一位医学成就卓著的学者，其背后书房排列着不少哲学、美学、艺术方面的书，因为在创造力思维那个层次上，一切学问及其创造力的源头活水，终归为一。全世界有多少人在写小说、写诗歌、作曲和拍电影，全世界有多少人在搞自然科学，为什么仅仅只有那屈指可数的几个人，他们创造的物质成果和精神成果能够代表人类精神文化极峰，并代代相传？原因在于他们富于创造的心灵动力之源不一样。他们悟"道"和悟了"道"，具有自由创造的灵气、眼光，所以他们同类芸芸众生不一样。美给人智慧、给人技巧、给人创造的自由、灵气和眼光，因此，美育也是给人智慧、给人技巧、给人创造的自由、灵气和眼光的教育。我们把这个观点上升到理论的高度，给美育下的定义就是：

日出·印象（法国，莫奈）

所谓美育，就是审美价值的内化与复现。所谓内化，即心灵化、情

感化、艺术化、审美化。复现即自由灵活的创造，艺术创造、学术创造和人生创造。

美和美育的审美价值，对人类心灵的内化，更多时候是在“薰淘、浸染、顿悟”的状态下进行。

不知大家以为然否？最后，我们还要着重强调，必须明白一种“美育”和不是美育的“美育”课堂审美教育是一种美育，而课外的广大社会和人生、自然课堂，只要你明白了什么是美，时时处处，山川大地，都可以是美育的最佳时间和场所。审美价值的“内化”，绝对不可能在灌输、填鸭的方式下进行。美和美育的审美价值，对人类心灵的内化，更多时候是在“薰淘、浸染、顿悟”的状态下进行。孔子虽然没有提出过什么叫美育，但是，他和他的学生们洗完澡，迎着大风，唱着歌回去，“咏而归”，据我们看来，就是一种最好的美育，因为从那里，他们能彻底感受到融入自然宇宙本体生命的惬意、自由与和谐，这就是最高境界的审美教育。

当代国家美育的“语境”与观念

杨杰 文艺学博士，艺术学博士后，济南大学校聘特岗教授，硕士研究生导师，文艺学学科带头人，文艺学硕士点负责人；山东省写作学会副会长，中国中外文艺理论学会理事。近年在《文艺理论研究》等 CSSCI 核心期刊发表学术论文 30 余篇，被人大报刊复印资料全文转载 10 篇；出版学术专著 1 部，主编“21 世纪中国文学通用教材”《写作学教程》（人民大学出版社）；主编、参编其他学术著作 10 余部；主持国家社科基金项目“海登 · 怀特的历史书写理论与中国当代文艺学研究”（项目号：09BZW009）以及省部级重点项目 2 项，分别主持国家社科基金重点项目、国家社科基金一般项目以及教育部社科项目等子课题 6 项。获山东省社会科学优秀成果奖 2 项、山东省首届研究生教育成果奖 1 项、山东高校优秀科研成果二等奖 1 项；主持的“美学”课程被评为山东省精品课程。

回顾自第二次世界大战之后的世界各国社会发展模式的演变，我们便可以清醒地意识到，发展的关键是创新，于是，世界各国的重心已逐渐从社会的客体因素转向社会的主体——人，开始注重培养、提高人的全面素质和积极向上的健康人格，发展的目的是使人作为人的各种潜能和资质得到充分的发展。

无论是教育观念还是具体教学实践，无论是理论研究还是实践探索方面，作为审美教育重要途径和手段的艺术教育越来越受到各国政府和教育机构的普遍重视，艺术教育也责无旁贷地担当起培养具有和谐人格和积极进取精神的创新人才的历史责任。艺术教育在世界各国，尤其是在发达国家的勃兴具有历史与逻辑的必然性。

“创新之父”约·阿·熊彼特：所谓创新就是建立一种新的生产函数，其中任何要素的改变都会导致生产要素的重新组合，从而形成推动经济发展的不竭动力。

当前社会经济是知识经济，是人才经济，是“教育经济”

早在16-17世纪，英国思想家弗兰西斯·培根就在《论科学的价值和发现》《新工具》等著作中旗帜鲜明地提出了“知识就是力量”的著名论断，从而打破了中世纪经院哲学和宗教唯心主义对束缚人们思想的局面。19世纪中叶，马克思、恩格斯面对欧洲工业革命之后科学技术在推动社会历史进步和促进经济增长上发挥的巨大作用，对科学知识和技术在社会经济发展中的作用进行了全面的阐述。他第一次明确指出科学在生产过程中是独立因素，提出生产力中也包括科学的著名论断。

随着知识和科学技术对社会经济发展的影响日益增强，知识在经济发展中的作用越来越重要，许多经济学家试图从不同的角度揭示这个即将到来的“知识经济”时代的特征。其中具有较大影响的代表人物是美籍奥地利经济学家约·阿·熊彼特。他于1912年在《经济发展理论》一书中率先提出了一个全新的经济学概念——创新，认为所谓创新就是建立一种新的生产函数，其中任何要素的改变都会导致生产要素的重新组合，从而形成推动经济发展的不竭动力。创新理论在现代经济学理论产生了深刻影响。1994年，美国信息探索研究所发表了以《知识经济：21世纪信息时代的本质》为总标题的一组论文，广泛使用了“知识经济”这一概念。同年，英国经济学家C·温斯洛和W·布拉马共同出版了《未来工作：在知识经济中把知识投入生产》一书，不仅把“知识经济”作为基本概念来使用，而且较为完整地界定了这一概念的内涵和外延。在此基础上，1996 年总部设在巴黎的经济合作与发展组织 (OECD) 发布了一系列报告，正式以世界研究机构的名义使用了“知识经济”(Knowledge-based Economy) 这个新概念。在 OECD《以知识为基础的经济》报告中，对知识经济的内涵进行了界定，知识经济是指“建立在知识和信息的生产、分配和使用基础之上的经济”。在知识经济中，知识生产力是以科学技术为核心，以知识创新为灵魂，不但以内化了的创新经验和理论智力为中心要素，而且还以智力劳动的物质条件为从属要素，以信息为基础的生产力，同时，知识生产力是独立的生产力。

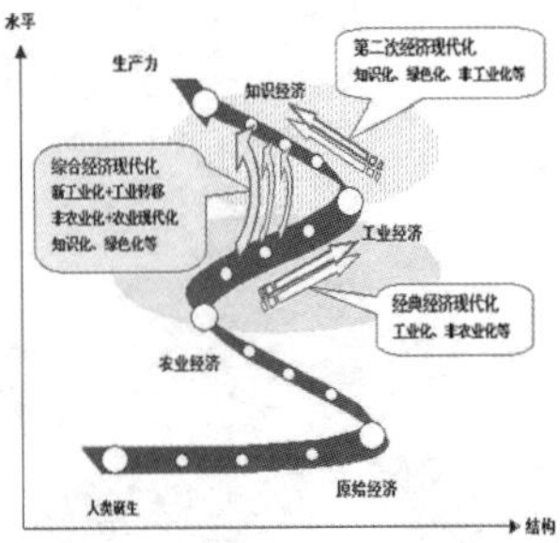

知识经济是指“建立在知识和信息的生产、分配和使用基础之上的经济”。在知识经济中，知识生产力是以科学技术为核心，以知识创新为灵魂。

纵观当今世界，各国的竞争主要是综合国力的竞争，综合国力的竞争取决于经济竞争，而经济竞争的实质是科学技术的竞争，而科学技术的竞争归根到底还是人才的竞争，这实质上揭示了更为深层的“知识经济是人才经济”的真谛。人才是知识的载体，没有人才的知识经济是不可想象的。那么，知识经济需要什么样的人才呢？知识经济迫切需求高素质、复合型的人才，需要具备创新能力，而且能将创新能力运用到经济社会与各项事业上的人才。因此我们说，知识经济是特定意义上的教育经济，因为它们具有共同的精神生产的特性，两者互为条件。一方面教育决定了知识经济赖以产生的前提，教育培养并提高人类资本，为知识经济的可持续发展提供了坚实的基础；另一方面，知识经济的到来又为教育提供了更为广阔的发展空间。

教育在知识向经济价值的转化过程中起了决定性的作用。在知识经济时代，虽然知识是经济增长的第一生产要素，但知识能否转化为经济价值，取决于知识生产力的转化率：知识要转化为生产力，必须使劳动者掌握知识，并根据客观环境发挥自己的主观能动性，进行知识创新并作用于生产过程，改进生产方式、生产工艺和生产设备、生产资料，提高经济增长率。当然，就一般而言，是先有教育的这种精神生产，后有以精神生产为本质特征的知识经济。

毫无疑问，教育从深层次上孕育了知识经济时代，为知识经济的诞生提供了必要条件，同时也成为知识经济和谐发展的主要动力源泉。我国学者用计量经济学方法对我国 1982¯1995 年的经济增长情况进行考察后也发现：增加教育经费支出的方式投入产出比要比增加固定资本投资的投入产出比大 2¯2.5 倍，也就是说，这意味着同样数量的资金若用于人力资本投资对经济增长的贡献会更为明显。由此可见，教育——作为提高人力资本数量与质量的关键，对此加大投资力度，无疑是提高投资效益的有效途径，也是推动经济增长的可行之路。教育成为知识经济的核心，学习的地位和形式发生飞跃式的改变。教育在经济发展中的作用早已被人们所认识，但只有在知识经济时代它才居于核心地位。知识经济是建立在发达的教育基础之上的。从初级教育到大学高等教育的各级学校是知识传授的基地，是知识经济的土壤，特别是大学，它是教育和培训从事知识经济研究理论的中心，因此，为了发展知识经济，提高人力资本素质，必须要以高质量的教育为保障。

高质量的素质教育是知识经济发展的必然要求

高素质人才的培养、塑造必然来自高质量的素质教育。知识经济的孕育和产生对教育也提出了新的更高的要求。知识经济要求教育的内涵更为广阔和综合。正如有学者指出的，知识经济时代所需求的知识，并不是单一的编码型知识（科学知识）或意会型知识（人文知识），而是这二者的统一；并不是单一的对知识的传授、积累、选择和保存，而是对知识的创造、更新和转换。这就要求教育特别是高等教育应把培养具有全面素质和创新能力的人才作为自己的重要职责。

在知识经济时代，教育应把培养具有全面素质和创新能力的人才作为自己的重要职责。

历史唯物主义历来都把人作为一切社会进步中起决定作用的要素力量，一切社会活动的最终目的是满足社会历史主体——人的各种生存、享受和发展的需要。因此，社会现代化必须以人为本，而绝不能以经济技术和物质财富为本。人的现代化不是现代化过程结束后的派生物和副产品，而是经济增长和现代制度取得成功并保持可持续增长的先决条件，是一切现代化过程的核心或灵魂，“那些先进的制度要获得成功，取得预期的效果，必须依赖运用它们的人的现代人格、现代品质。无论哪个国家，只有它的人民的心理、态度和行为，都能与各种现代形式的经济发展同步前进、相互配合，这个国家的现代化才真正能够得以实现。”[1]

在知识经济的今天，为了实现人的现代化，科教立国必然成为世界各国的发展战略，而素质教育必然成为教育、尤其是高等教育的主旋律。现代教育科学认为，所谓的素质教育就是通过对人的左右脑功能的开发和塑造，在社会实践的基础上培养科学精神素质和人文精神素质相统一的人，以实现个体的发展与社会发展的和谐一致。教育活动的基本层面是对知识的传播，但知识并不就是素质，知识要变为主体的素质就要进行内化，即知识内化为素质，或称知识的素质化。[illegible]谓知识的内化是指受教育主体在左右脑功能的互补下，对可传播的知识[illegible]行选择、吸收、融合、创新和提升，形成或是以科学文化素质为主，其[illegible]精神文化素质为辅，或是以人文文化素质为主，其他精神文化素质为辅[illegible]为全面的素质，也就是特殊素质与综合素质相统一的文化心理结构。[illegible]单纯的科学教育虽然能够极大提高人的科学文化素质，但却忽视了人[illegible]质教

[1] 阿历克斯·英格尔斯．人的现代化 [M] 四川人民出版社，1985：6.

育，如此，人的左右半脑的发展就会出现失衡，从而导致主司理性抽象思维的优势半脑由于得不到主司形象思维半脑的有力支撑而失去优势，最终制约了人的全面发展，创新能力匮乏是必然的[1]。这也正是世界各国政府以及教育界面对以往教育反思获得的启迪。

科学的飞速发展加快了人类历史的进程，使人类的物质和精神生活获得极大丰富与提高。自产业革命以来，尤其是当代的知识经济社会，科学技术在物质生产中的广泛运用使得人类不断创造着一个又一个的奇迹，科学使得人类的本质力量最大限度地对象化，成为人类实现自身解放的有力武器。但是，由于人类并不总是能恰当处理、协调合目的性与合规律性两者之间的平衡关系，科学发展的负面效应也随之暴露出来：

一方面，人类过分贪婪的攫取，违背了自然发展规律。在我们取得一个又一个令人叹为观止的成就的同时，却付出了沉重的代价；另一方面，科学技术应用的逐渐扩大和深化，科学技术有力地使人的本质力量对象化，当人们面对摩天大厦和航天飞机而惊叹不已的同时却发现，高科技的应用使生产方式变为大机器、大规模的流水线式，这种千篇一律的生产方式使产品只能局限于生产工艺所设计模式的狭小范围内，磨灭了生产者个体的创造性，尤其是产品的审美价值的实现。尽管产品在功能、性能方面可能是完善的，但这种整齐划一却难以满足人们精神的、审美的需求，劳动者在生产过程中逐渐丧失了兴趣，劳动仅仅成为谋生的手段。当第一批性能优越而且价格低廉的黑色 T 型汽车从福特汽车公司下线时，生产者曾为自己的产品雀跃、欢呼。然而，看到从流水线上源源不断生产出完全一样的“钢铁甲克虫”，看到大街小巷都“爬行”着同样规格的福特汽车时，人们不再引以自豪，相反开始感到厌烦。难怪许多科学家在感叹：当今的科学发展已经表现出一种摆脱一般人性的趋势，已经变得越来越远离人类。

当今的科学发展已经表现出一种摆脱一般人性的趋势，已经变得越来越远离人类

如果说，在以往的社会中人类与自然处于原始的、古朴的和谐状态，那么，当人类社会的车轮驶进经济时代后，人类生态系统出现了空前的断裂。在这个时代，人们的贪欲越来越膨胀，经济增长成为引导人类幸福的唯一源泉和衡量标尺，“时间就是金钱，效率就是生命”就是这个经济时代的经典性概括和写照，无须论证的事实展现在眼前，“货币的魔力在经济时代已被发挥到无以复加的地步，精巧无比的市场制度使人们可用金钱去兑换自己的一切需求”[2]。与此同时，却出现极为矛

[1] 参见马龙潜、杨杰:《知识经济与审美教育》,河南人民出版社,2004年版,第 146-147 页。

[2] 卢风：《享乐与生存——现代人的生活方式与环境保护》，广东教育出版社，2000 年版，第 1 页。

盾的局面：用于满足人类欲望的科学越发达，而生存的智慧却越来越贫乏，工具理性有余而价值理性不足；越来越周密的精于算计的经济学只“知道任何事物的价格”，“却不知道任何事情的价值”[1]。人们的物质生活越来越富足，而精神生活却越来越贫困。人类已经陷入这样一种可怕的贫困循环中，这种贫困“并不随着生理和物质贫困的减少而减少，而是随着物质和闲暇的增加而增加”[2]。如果我们不能正确协调人类与外界的关系，人类很有可能因强大的科学而加速自身毁灭的速度。由于我们不能以科学的态度运用科学，造成对大自然杀鸡取卵式攫取，而大自然拒绝这种恶性透支；飞速增长的人口数量与人们日益膨胀的占有欲打破了人文生态与自然生态之间的和谐。根据世界观察研究所的统计，1950 年以来，人们对粮食的需要扩大了几乎 3 倍，对海产食物的消费已经提高了 4 倍多，对水的需要量已提高到原来用水量的 3 倍，与此同时，对主要牧场产品（牛、羊）的需求量也扩大了 3 倍，对柴薪的需求量也扩大了 3 倍。人们对自然资源的需求急剧上升，正在迅速超过地球自然资源的存量。

克里斯蒂安·德迪夫：在不远的将来，如果我们不能以理智的态度成功地控制人口增长，自然选择就会以前所未有的最严酷方式对待我们，以无可挽回的损毁对待环境。这就是 40 亿年来地球生命历史的教训。

正因如此，世界经济正在破坏它本身赖以存在的基础。损害地球生态基础的证据是，破坏了渔场，毁坏了地下蓄水层，缩减了森林面积，腐蚀了土壤，污染了湖水，引起了致使农作物干枯的热浪，造成某些物种灭绝[3]。急剧增长的人口，使得人与自然的冲突日益加剧。直到面临粮食短缺、薪柴告急、水源不足、海产食物涨价这一形势，“我们才真正理解了年复一年每年增加 9000 万人口的真正含义”。[4] 克里斯蒂安·德迪夫忧心忡忡地警告世人：“在不远的将来，如果我们不能以理智的态度成功地控制人口增长，自然选择就会以前所未有的最严酷方式对待我们，以无可挽回的损毁对待环境。这就是 40 亿年来地球生命历史的教训。”[5]

由此可见，科学仅仅是指引人类从蛮荒走向文明、从原始蒙昧步入

[1] 科斯洛夫斯基：《资本主义的伦理学》，中国社会科学出版社 1996 年版，第 34 页。

[2] 莫林、安娜·布里吉特·凯恩：《地球，祖国》，三联书店 1997 年版，第 112 页。

[3] 世界观察研究所：《1996 世界环境报告》，山东人民出版社 1999 年版，第 2 页。

[4] 世界观察研究所：《1996 世界环境报告》，山东人民出版社 1999 年版，第 6 页。

[5] 克里斯蒂安·德迪夫：《生机勃勃的尘埃——地球生命的起源和进化》，上海科技教育出版社 1999 年版，第 367 页。

现代门槛的阿拉丁神灯，科学技术只是给予人类操作的技巧和满足人类欲望的武器；人文精神，则是人之所以为人的必备要素，是人类张扬其科学理性的航标。科学与人文，科学精神与人文精神相辅相成，相得益彰，二者的协调一致可以使科学既能实现其改造自然的巨大威力，又能在人与自然的和谐规则下发挥作用，这不仅是人类实现和谐发展的必然要求，而且更是人类走向“自由王国”，实现人类自身真正解放的必经之路。

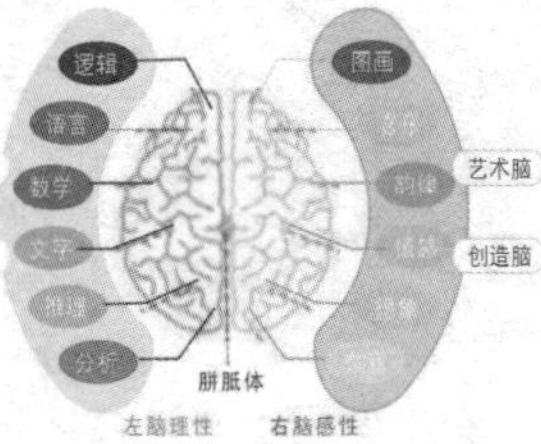

左右脑功能图 素质教育的目的就是发掘受教育者的潜在素质，使其由生物的、本能的、自然的人向社会的、理性的、自为的人转化。

以艺术教育为主的美育在素质教育中具有不可替代的地位

素质教育的目的就是发掘受教育者的潜在素质，使其由生物的、本能的、自然的人向作为文化现象的社会的、理性的、自为的人转化。这是教育哲学意义上的教育。

纵观人类教育发展的历史，科学主义的教育观以人的左脑主管理性思维和语言表达为依据，把人的左脑视为优势脑加以大力开发和利用，有力地推动了科学精神的发扬和科学技术的大发展，对近现代工业经济的形成、发展和人类社会的进步都做出了不可磨灭的贡献。但是，左脑的优势在特定意义上就是它的劣势，把科学文化推向极端，并以此排斥人文文化，把教育的主要功能规定为传授科学文化知识，这必将造成人自身的物化，由人所开发的科学技术到头来变成了对人自身的统治。与此相类似，科技至上教育观的局限性与片面性表现得日益明显，人们逐渐开始对此进行质疑、反思。残酷的现实警示人们，片面的科学教育并不像科学主义者所信奉的那样一定能够给人类带来幸福，缺少人文关怀的科学至上观无法确保人类正确地运用科技成果。从某种角度上讲，在20世纪发生的两次世界大战以及战后的冷战局面中，科学在很大程度上充当了反面角色，科技越是先进，对人类自身生存、发展构成的威胁就越大。[1]

在20世纪发生的两次世界大战以及战后的冷战局面中，科学在很大程度上充当了反面角色，科技越是先进，对人类自身生存、发展构成的威胁就越大。

任何将科学教育与人文教育割裂的教育观念注定与素质教育的宗旨与结果背道而驰，若实现素质教育必须将科学精神与人文精神相沟通，由此，以艺术教育为重要方式与途径的审美教育凸显出其独特的魅力与无法替代的作用。审美教育关注人类的生存状态，是对人类自由寻根求底式的拷问，是现代知识体系纵横交错的立体网络有机整体中的一个重要组成部分。各门知识，虽然在具体的教育门类中以不同的学科划分，以手段相异的形式进行教学，但从整体上讲，没有等级贵贱或孰优孰劣之分，对人的全面而和谐的发展都是必不可少的要素。自然科学的健康

[1] 参见马龙潜、杨杰《知识经济与审美教育》，河南人民出版社2004年版，第96页。

发展不能脱离人文社会科学的指导、规范，因为人文科学可以改变人的价值观念，为人类改造社会、改造自然提供新的观念，而观念变革是社会整体变革的前提和先导。审美教育能够有效地改变人的科学观念，使科学的发展既能合人类的目的性，同时，又遵从合规律性的制约，从而保证科学在给人类带来极大物质丰富的同时，不会以牺牲自然界的生态平衡为代价。

美育视野下现代艺术教育的内涵与使命

由于在教育体系中具有不可替代的地位和极其重要的作用，艺术教育逐渐受到世界各国的青睐，关于艺术教育的理论研究也取得了突破性进展，这集中表现在把握“艺术教育”的内涵与功能方面。

以往的艺术教育多局限于艺术专业教育领域，教育目的是培养相关专业的专门艺术人才，其鲜明特点是“专业化”。

首先是对艺术教育内涵阐释的进一步深化。以往的艺术教育范畴更多的是局限于艺术专业教育领域，如音乐、舞蹈、影视、美术、设计、广告等专业性教育，其教育目标是培养相关专业的专门艺术人才，其教育培养体系以各类艺术院校以及综合高校中的艺术院系为主体，其鲜明特点是“专业化”。我国目前高考中的艺术类考试就属于这种情况，专为艺术专业选拔、输送人才。跨入艺术专业、艺术院校“门槛”的是必须具有一定的艺术天赋和艺术基本知识与基本技能等专业基础的人，将来毕业后要走进艺术“殿堂”，或者以“艺术大师”为终身追求目标，或者至少以“艺术”作为立足社会谋生的手段，可见，这种对“艺术教育”的理解仅仅局限于少数人的“专才教育”范畴，与大多数受教育人无关。“艺术教育”内涵即使有所扩展，也不过是仅仅以艺术感性形式传达某种思想道德信息，其实质是将艺术教育视作德育的辅助工具而已，艺术教育并没有真正获得与德育、智育同等重要、独立的地位，在某种程度上讲是名高位低。现代艺术教育范畴的内涵在原有含义基础上又扩展出新的内涵，那就是作为素质教育重要阵地的大学“通识教育”（General Education）的主要组成部分，既包括通过相关的艺术门类课程（以选修课、通识课的形式）对广大非艺术专业学生所进行常识性介绍，还包括构建课堂外的校园艺术文化和社会艺术文化氛围等陶冶学生性情的活动，前者是显性的教育活动方式，而后者则是隐性的方式，其共同特征是受教育者的“广泛性”“普及性”，是对绝大多数学生实施的“通才教育”。譬如，美国的视觉文化艺术教育就反对以往的精英主义艺术教育模式，关注社会文化，试图通过对视觉文化形象自身特质的把握实现对社会文化乃至政治结构、经济运转和文化语境的理解，最终达到提升甄别、评价、剖析等能力的目的。哈佛大学的艺术教育就包含了培养专门的艺术人才

哈佛大学”艺术优先“艺术节

艺术教育在沟通人的科学精神与人文精神，构建人的和谐意识体系、塑造完善人格等方面具有其他教育形式所无法比拟与替代的作用。

的教育和旨在提高艺术素养的艺术教育，两者共同构成了博雅教育的重要内容。当然，这仅仅是从“艺术教育”概念层面的分析，如果从深层次上讲，对“艺术教育”内涵的延展建立于对其功能和作用认识不断深入的基础上，这就涉及到对“艺术教育”的现代功能与作用阐释的问题。

其次，对艺术教育功能与作用的认识明显提升直接推动了对艺术教育丰富内涵认识的深化。以往，人们心目中的艺术教育的功能不过是培养艺术专业人才，与一般学生教育没有什么关系，对其功能和作用挖掘则不够充分。随着各门学科的飞速发展，尤其是心理学、脑科学等学科的突破性研究成果的揭示，人们逐渐深刻认识到，艺术教育在沟通人的科学精神与人文精神，构建人的和谐意识体系、塑造完善人格等方面具有其他教育形式所无法比拟与替代的作用。从启蒙现代性到审美现代性的嬗变轨迹就清晰地勾勒出西方对人性分裂等诸多人的异化现象的反思以及试图通过艺术教育弥补人的感性缺失的不懈努力的足迹。

在西方，作为时间维度范畴的“现代”是指古代、中世纪之后延续的历史阶段，早期用于指称基督教官方的当下，以示有别于罗马异教的过去，后来被宽泛地认为是一种与古代密切相关的时代意识，是历史变迁的结果，被视作一种线性不可逆的、无法阻止流逝的历史性时间意识[1]。之后，“现代”一词的含义已经成为表述与过去失却的时代既联系又区别的经由过去走向未来的过渡过程中产生的一种共同的时代意识，其具体内涵伴随时间流逝而呈现为动态性。因此，“现代性”是一个“时间 / 历史”范畴，它特指独一无二的历史现实性中对于现实的体验和理解，是对历史进步的信仰[2]，这一范畴在文艺复兴及其之后包括启蒙运动在内的系列思想运动中逐步得以确立。学者们通常以“星丛”等词语形容其含义的复杂性、多义性，普遍认同以理性、主体等核心范畴作为对其基本特征的概括，视之为科学技术进步、工业革命和资本主义带来的全面经济社会变化的产物。它是对“现代”社会全方位的把握，包括从经济基础到上层建筑的方方面面，尤其凸显某一“现代”时期精神意识层面思想观念、文化特性的总体含义；相信科学技术造福人类的可能性，崇拜理性，在抽象人文主义框架中得到界定的自由理想以及实用主义和崇拜行动与成功的定向[3]。然而，历史无情地还以颜色，“现

[1] 马泰 · 卡林内斯库：《现代性的五副面孔》，顾爱斌，李瑞华译，商务印书馆，2002 年版，第 18-19 页。

[2] 马泰 · 卡林内斯库：《现代性的五副面孔》，顾爱斌，李瑞华译，商务印书馆，2002 年版，第 336 页。

[3] 马泰 · 卡林内斯库：《现代性的五副面孔》，顾爱斌，李瑞华译，商务印书馆，2002 年版，第 48 页。

代性”将人类的某些方面带入“现代”的同时，在另一些方面则是悖离的。于是，审美现代性登上历史舞台以“拯救”人类面孔出现。

哈贝马斯：审美现代性相对于现代性实际上充当了现代性自我调节和自我修复的角色，能够完成拯救现代性于危难之中的历史重任。

审美现代性脱胎于现代性又有别于现代性。作为极力维护现代性合法地位的哈贝马斯，认为审美现代性是现代性的维护者。在他看来，现代性与西方社会的分化密切相关，人文主义、启蒙运动使得西方社会结构发生了转型，尤其是在意识形态领域出现了分化，“从这些古老的世界观中遗留下来的问题已被人安排分类以列入有效性的特殊方面：当作知识问题，公正性与道德问题，以及趣味问题来处理。科学语言、道德理论、法理学以及艺术的生产与批评都依次被人们专门设立起来。人们能够使得文化的每一个领域符合文化的职业文化领域内的问题成为特殊专家的关注对象”[1]。他坚信，审美现代性相对于现代性实际上充当了现代性自我调节和自我修复的角色，能够完成拯救现代性于危难之中的历史重任。这也就表明现代性具有自我确证与自我完善的持续活力。因此，他认为审美现代性是对现代性的肯定。马克斯·韦伯等学者则认为现代性导致现代合理化与社会制度的官僚化，已经使社会异化为“铁笼”，现代性的基本特点是理性化，但并非所有的理性都能得到张扬，价值理性受到了来自工具理性和形式理性的压抑；卡林内斯库认为现代性已经造成资本主义社会深刻的危机意识，“历来启蒙的目的都是使人们摆脱恐惧，成为主人。但是完全受到启蒙的世界却充满了巨大的不幸”[2]——审美现代性与现代性发生了无法弥合的裂变。可见，在卡林内斯库等人的理论视野中的审美现代性是迥异于现代性并成为其否定性力量的。不论是持肯定态度还是否定观点，一般都认为审美现代性是文化现代性的一个方面，而文化现代性与启蒙现代性共同构成了现代性，审美现代性对现代性的理论假设和现实结论均提出颠覆性的质疑，尤其是对现代性的立论之本——“理性”更是予以否定，它旗帜鲜明地主张恢复人的感性以解构理性统治。

马克思·韦伯认为现代性导致现代合理化与社会制度的官僚化，已经使社会异化为“铁笼”。

面对人的异化、人性的分裂，尤其是感性与理性、精神与肉体的对立，西方教育家试图以艺术教育予以矫正与弥补。因为，他们坚信艺术具有造就“新感性”的功效和作用，认为“艺术之所以是公用的，是因为它能够为人们提供一种他们所期望的帮助，一种独特的，在某种程度上是专门性的帮助。它的这种公用不同于构成文明的其他主要部分，如科学、宗教、商业和工业所起到的作用。在社会文明的整个活动中，

[1] 哈贝马斯：《论现代性》，王岳川、尚水译，《.后现代主义文化与美学》，北京大学出版社，1992 年版，第 48 页。

[2] 霍克海默，阿多诺：《启蒙辩证法》，洪佩郁，蔺月峰译，重庆出版社，1990 年版，第 2 页。

……艺术作品以及对艺术作品所具有的体验，在受过广泛教育的人们生活中起着一种规则的和宝贵的作用。它们同其他手段和其他类型的的体验——工作和游戏、爱情、友谊、家庭生活及公民的权利和义务等——相配合，以取得更美好的生活为目标”[1]。在这里，艺术一方面被视作具有科学、宗教、商业、工业等其他领域无法比拟的功效，另一方面又作为社会文明的一个重要组成部分而与其他的方面共同构成人类文明，实现造福人类的终极目标。

艺术是人类经验的独特形式，具有其他门类所不具备的独特性，艺术教育通过这种独特性的经验形式的传授，培养学生掌握艺术门类的规律，培养学生以审美思维方式审视社会和理解事物、表达情感的能力，提升学生的审美素养，从而培养全面发展的人才。

艺术本身的独特性功能在于，“它作为一种技术手段，主要通过感官的刺激和诱导来控制人类的经验和行为，它在很大程度上仍处在原始的和尚未具有科学方法的阶段。今天，人们还很少了解艺术所涉及的心理因素或艺术是怎样产生效果的，而这些效果常常对人们的个人生活产生深远的，甚至能改变历史进程的影响”[2]。艺术“可以用来培养一种平衡的、有广泛教养的和协调的个性；用来向子孙万代传授文化遗产中经过选择的部分；用来增进不同种族、民族和宗教团体之间的相互尊重和了解”。艺术是人类经验的独特形式，具有其他门类所不具备的独特性，艺术教育通过这种独特性的经验形式的传授，培养学生掌握艺术门类的规律，培养学生以审美思维方式审视社会和理解事物、表达情感的能力，提升学生的审美素养，从而培养全面发展的人才。不仅如此，艺术教育还关注我们情感的特殊体验与审美表达，培养人的知觉力与想象力，艺术形象可以将情感与知识予以沟通，因为艺术中的形象或者是情感知识，或者是知识性情感[3]，它可以促进形成有利于创造性思维火花迸发的文化心理。布莱克斯利在《右脑与创造》一书中，对这种文化心理结构的形成作了说明。他认为左右脑功能的优势互补，可以使左脑接近右脑的直觉，与此同时，右脑的功能也具有了左脑功能的某些特性，从而形成了理性的直觉化和直觉的理性化相统一的文化心理机制。这样一来，“语言的思维和直觉的思维之间取得平衡的发展，使人们不仅能体验到生命的智能方面的力量，也体验到生命情感方面的意义”[4]。

直觉作为一种特殊形式的思维活动，在人类的创造活动中常常起

[1] 托马斯·门罗：《走向科学的美学》，石天曙、滕守尧译，中国文联出版公司，1985年版，第360页。

[2] 托马斯·门罗：《走向科学的美学》，石天曙、滕守尧译，中国文联出版公司，1985年版，第380页。

[3] R. A. Smisth: Discipline-based Art Education. Urbana and Chicago: University of Illinois Press, 1989, pp.139-140.

[4] 托马斯·R·布莱克斯利：《右脑与创造》，北京大学出版社，1992年版，第92页。

到决定性的作用，量子之父马克斯·普朗克（Max Planck）认为一名出色的科学家应该具备直觉想象力，他甚至认为科学成果不是依靠推论，而是依靠艺术家创造性的想象；就连形式逻辑的创立者亚里士多德（Aristotle）也认为直觉表象对于思维是极其重要的，他说如果缺乏一种心理上的画面，思维甚至是不可能的，这种表象在思维中的作用就如同在绘画中的地位一样。美国化学家普拉特（Platt）和柏克（Berker）对创造性思维的研究结果显示，83% 的化学家承认他们得益于无意识的直觉。历史发展也证明，天才的创造需要直觉和逻辑理性的通力合作。

霍华德.加德纳是美国哈佛大学教育研究院讲座教授，哈佛大学《零点计划》项目负责人，波士顿大学医学院神经学兼职教授。

霍华德·加德纳的多元智力理论认为视觉智力具有特殊的智力功能，波肯斯则认为艺术创造力与智力发展之间存在密切关系，威尔森等人的研究结果证明了艺术知觉与语言、批判性理解之间的关系，因此，艺术教育可以促进视觉形象与思想概念之间形成有益的桥梁，有益于学生把握概念，从而有效地促进智力教育，“视觉启智”是其艺术教育的目的。从外部社会看，彩色电视、令人眼花缭乱的广告、精彩的动画等视觉文化对社会，尤其是对儿童形成了巨大的冲击波，各种文化含义与思想观念又隐含于其中，“今天的孩子……对文化的理解是通过其他人的阐释获得的，……当前社会，大众传媒肩负着向孩子灌输文化价值与态度的功能”，这使美国教育界意识到视觉教育在儿童成长中的重要性。

因此，艺术教育不能再忽视视觉艺术所承载的历史与文化信息传递功能，只有“更多地涉及不断增长的大众传媒中的视觉艺术形式”，“了解这种设计语言才能独立决定”价值取向，也“才能拒绝它们所施加的影响”。[1]

[1] Chalmers, G: Visual culture education in the 1960s Art Education, 58(6), 2005, pp.6-10.

回眸与反思《

我国新时期审美教育的回顾与反思

曾繁仁 男，1941 年 1 月出生于安徽泾县，1964 年 8 月山东大学中文系毕业。曾任山东大学教务长，副校长，青岛海洋大学党委书记，山东大学党委书记，校长，中共山东省委委员、山东省人大常委，党的第“十五大”代表。现任教育部人文社科重点研究基地山东大学文艺美学研究中心主任、山东大学文学与新闻学院学术委员会主任与山东大学艺术学院学术委员会主任、山东大学终身教授，兼任教育部社会科学委员会委员、文学语言新闻艺术组召集人、教育部艺术教育委员会常委、中华全国美学学会副会长，中国中外文论学会副会长，山东省比较文学学会会长等学术职务。长期从事文艺学、美学的教学科研工作，主要科研方向为西方美学、审美教育与生态美学。出版的主要论著为《西方美学简论》《美育十讲》《现代美育理论》《西方美学论纲》《走向二十一世纪的审美教育》《生态存在论美学论稿》《转型期的中国美学》《现代中西高校公共艺术教育比较研究》等。发表学术论文一百余篇。提出“美育中介论”“当代存在论审美观”与“生态存在论美学观”等美学观点，均产生了重要影响。

我国新时期审美教育取得了突出成就，但也面临着许多新的问题和新的挑战。因此，我们必须进一步从战略高度加强对美育重要性的认识；把握当前审美教育具有人文与科技、智性与非智性、功利与非功利互为的特殊规律，从而不断提高审美教育水平；审美教育要应对正在蓬勃兴起的消费文化、大众文化、视觉文化与网络文化的新形势，在学校美育中增加视觉艺术与网络艺术的鉴赏评价内容，调整当前艺术教育的理论与课程框架，做到既尊重经典同又时面对大众，才能使我们当前审美教育真正收到实效。

审美教育是国家教育方针的重要组成部分，关系到国家的前途与未来。新时期是我国审美教育事业发展的最好时期，对这一时期的审美教育进行回顾与反思，有利于将这一事业更好的推向前进。

中国新时期审美教育的成就

第一，新时期正式将审美教育写入教育方针，使其成为指导我国教育事业发展的重要理念。

众所周知，新中国建立后由于狂风暴雨式的革命刚刚结束，阶级斗争为纲的指导方针还在起着作用，因此尽管在实际的教育工作中也给美育以一定的重视，但当时所提出的教育方针却是“德智体全面发展”，美育被融入其他各育之中，这必然影响其发展。到十年“文革”之时，更是将美育视为“封资修”而弃于一旁。从 1978 年开始的新时期，立足于拨乱反正，有力地批判了“左”的思潮，逐步地恢复了美育的应有地位。首先是 1986 年 12 月以赵沨、吕骥、贺绿汀、李焕之、吴祖强与严良堃等老艺术家为基干的教育部艺术教育委员会成立，这标志着以艺术教育为主要内容的审美教育开始得到重视。在诸多专家与教育工作者的共同努力下，美育终于在 1999 年 6 月中共中央、国务院《关于深化教育改革全面推进素质教育的决定》中被正式写入教育方针，成为指导我国教育事业的重要理念。这就使美育在作为社会事业与社会组织的教育中具有了应有的地位，这是我国教育事业与教育理论的进步，也是教育现代化的重要标志之一。

吕骥，我国新音乐运动的先驱者之一、中国音乐家协会名誉主席，音乐理论家。

第二，制定了一系列加强审美教育的规程与规划，进一步从制度层面确定其地位，在宏观上确定其目标。

教育的实施除了方针与指导思想的确立之外，还需要宏观的规划与规程以及微观的措施。1989 年 11 月，教育部在第一次全国学校艺术教育工作会议上颁发了《全国学校艺术教育总体规划【1989—

2000】》；2002 年 5 月教育部制定了全国学校艺术教育发展规划【2001——2010】》。2002 年 7 月，教育部颁布《学校艺术教育工作规程》部长令。至此，教育部从宏观层面上为作为教育方针主要内容的美育的实施打下了基础。使得美育实施成为行政命令与刚性要求。

第三，制定了一系列实施美育的课程方案，使之从教学实践上得到保证。

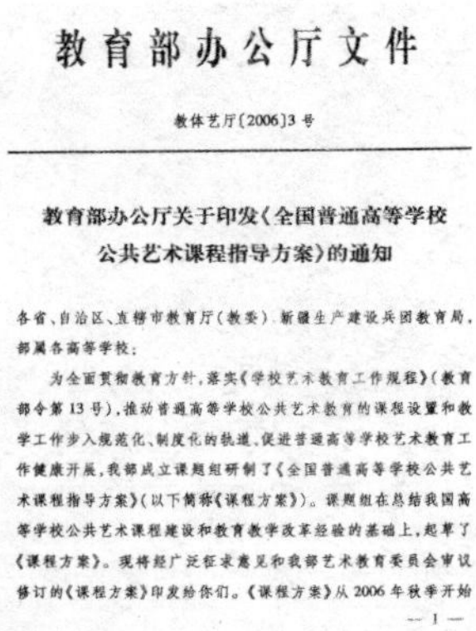
教育部办公厅文件

教体艺厅〔2006〕3 号

教育部办公厅关于印发《全国普通高等学校公共艺术课程指导方案》的通知

各省、自治区、直辖市教育厅（教委），新疆生产建设兵团教育局，部属各高等学校：

为全面贯彻教育方针，落实《学校艺术教育工作规程》（教育部令第 13 号），推动普通高等学校公共艺术教育的课程设置和教学工作步入规范化、制度化的轨道，促进普通高等学校艺术教育工作健康开展，我部成立课题组研制了《全国普通高等学校公共艺术课程指导方案》（以下简称《课程方案》）。课题组在总结我国高等学校公共艺术课程建设和教育教学改革经验的基础上，起草了《课程方案》。现将经广泛征求意见和我部艺术教育委员会审议修订的《课程方案》印发给你们。《课程方案》从 2006 年秋季开始

— 1 —

教育部办公厅印发的《全国普通高等学校公共艺术教育课程指导方案》影印件

教育的重要特征与基本保证是教育的理念与内容必须通过教学与课程加以实施。我国新时期在美育进入教学与课程方面进行了富有成效的努力。1992 年，原国家教委颁布九年制义务教育小学与初级中学音乐与美术教学大纲；1994 年 7 月，原国家教委颁布下发《关于普通高中开设‘艺术欣赏’课的通知》；2006 年 3 月教育部办公厅印发《全国普通高等学校公共艺术教育课程指导方案》。至此，全国大中小学的艺术教育课程在课程名称、课程内容、师资、条件保障等等方面均有了比较明确的规定与要求，在一定程度上保证美育落到实处。

第四，将美育列入国家和省部科研规划，使得审美教育的科研工作得到较为有力的支持与初步的发展。

新时期以来，审美教育受到重视的另一个重要表现就是将其列入国家与省部级科研规划，得到有力的科研支持与保证。首先是正式列入国家社科规划教育类项目，并列入教育部社科规划，各省也相应地将美育列入社科规划。最近，教育部社科重大攻关项目也将美育列入其中，出版多种论著。同时，教育部成立了人文社科重点研究基地北京大学美学与美育研究中心和山东大学文艺美学研究中心，召开了一系列学术会议，出版了一系列论著。

当然，我国的美育事业与现实要求与国际水平相比还存在相当差距。这种差距我们从三个方面论述。一个方面是从外部来看，还存在着诸多制约。例如，陈旧的教育观念、落后的教育制度与还在继续盛行的应试教育的制约等等。从教育内部来看，目前美育是教育领域最薄弱的环节之一。明显存在着三个不到位，即领导认识、课程师资与教育管理不到位，以西部农村最为明显。而从美育学科自身来看，目前我们还处于较低的水平，在理论方面具有原创性的成果较少，在实践方面对于已经出台的各项规定都还没有落到实处。但新时期 32 年在美育事业上已经为今后发展打下坚实的基础，这是无容置疑的。

我国审美教育的未来发展

第一，进一步从战略高度对美育作为人文教育重要组成部分在建设

高水平教育上的重要性的认识。

美育的发展必须牢牢坚持“人文教育”的方向。美育从其一开始提出就与人文教育紧密相关。1795年德国诗人席勒发表著名的《美育书简》，第一次提出“美育”观念。其背景就是对于现代性人性异化弊端的反思，力图通过美育对于人性缺失进行补缺。席勒《美育书简》的副题就是“对于作为整个人的感性教育”，将“人”的教育作为美育的主旨。最近美国理论家阿纳罗写了一本《美育，使人成为人》的书，将缺少美育的人称为是“半个人”、“社会活动物”与“二手人”等等，也就是他认为缺乏美育的人是不完整的人。中国古代也将诗教与乐教与人的教育紧密联系在一起。《论语》在谈到君子的教育途径时说道“兴于诗，立于礼，成于乐”，也就是说在孔子看来即使已经接受了文化知识和行为规范教育，但人只有在接受了艺术教育之后，才能够称得上是真正的“君子”。将作为美育的乐教提到“成人”的高度，非常有价值和远见。

孔子：兴于诗，立于礼，成于乐。

那么“人文教育”的内涵是什么呢？目前有着各种阐释，我个人将其归纳为四个层次。第一是人的最基本的文明素养教育，各种文明礼貌生活规范的养成等等，将人与动物区别开来；第二是人的尊严、权利与平等的教育，使人活得像人；第三是对于他人的关怀的教育，表明人的社会属性，确立人应有的品质；第四是对于人类的终极关怀的教育，这是更高的要求。最近张世英教授将审美作为人生“更深、更高层次”的境界，应是对于美育人文教育的更深阐发。

那么，美育在我国当代具有什么特殊作用呢？美育是20世纪初期由蔡元培与王国维介绍到我国的，曾经发挥了巨大的作用。首先是在从20世纪初期以来，在我国民族危亡的紧急关头，美育承担了审美启蒙的重大作用，至今《义勇军进行曲》与《黄河大合唱》仍然激励着我们。新时期以来，由于市场经济的发展和现代化的深入，我国在社会经济大发展的同时出现人文精神缺失的问题，美育承担了为人文精神补缺的重要责任。当然，美育在当代最根本的是承担着培养“学会审美的生存的一代新人，建设和谐社会”的重任。可以说是任重而道远，光荣而艰巨。

1795年德国诗人席勒发表著名的《美育书简》，第一次提出“美育”观念。

不仅如此，美育在建设高水平教育方面还有着特殊的作用。1998年5月，我国明确提出建立世界一流大学的目标，成为与全国教育领域的重要任务与使命。但我们目前又距离这样的目标甚远。如何实现这一目标，出现了一个大家不断谈论的“钱学森之问”的问题。2005年7月以来，我国一代科学大师钱学森向温总理等国家领导人提出的我国“没有一所大学能够按照培养科学技术发明创造人才的模式去办学”的尖锐问题。如何回答钱学森之问呢？其实钱老自己已经作了某种回答，那就是，改革现行教育制度，培养学生对知识的兴趣，其重要途径就是加强艺术教育。他说，艺术教育“对启迪一个人在科学上的创新是很重要的。科学上的创新光靠严密的逻辑思维不行，创新的思想往往开始于形象思维，从大跨度的联想中得到启迪，然后再用严密的逻辑加以验证”。由此说明审美教育在建设高水平大学与教育方面的不可替代的重要作用。我们今天在深思“钱学森之问”时又有多少人在思考钱老关于审美教育在建设高水平大学中重要作用但精辟的论述呢?

钱学森：艺术教育“对启迪一个人在科学上的创新是很重要的。科学上的创新光靠严密的逻辑思维不行，创新的思想往往开始于形象思维，从大跨度的联想中得到启迪，然后再用严密的逻辑加以验证”。

第二，进一步把握审美教育智性与非智性二律背反的特殊规律，不断提高教育水平。

普通高校公共艺术教育的基本特点是什么？它与别的学科有没有区别？这是中西现代艺术教育发展中所遇到的共同课题，也是今后艺术教育健康发展所必须解决的问题。首先，艺术教育的特点是由艺术的特点决定的。康德在回答审美的基本特征时实际上就已回答了艺术的基本特征。他认为，审美的基本特征是无目的的合目的性的形式。在这里，康德阐释的静观的无功利的美学基本观点是值得商榷的，但他对于审美与艺术的无目的与合目的统一的界定却是十分有价值的。审美与艺术的基本特点就是无目的与合目的、无功利与功利、非理性与理性的中介，处于两者之间从而形成一种张力。正是由于这种张力，才使审美与艺术具有了特殊的难以言说的无穷魅力。艺术的这一特点就决定了艺术教育也必然处于人文与科技、智性与非智性、功利与非功利的中介。对于这一中介性特点把握的好就能较好地把握艺术教育的规律，促其健康发展。如果把握不好，就会走到偏差。

中西现代艺术教育发展过程中都曾发生过有关艺术教育特性的尖锐争论。以美国为代表的西方国家主要是对艺术教育智性与非智性的争论。中国现代美育发展的争论则发生在艺术教育与德育的关系之上。我们认为审美与艺术具有独特的沟通道德与知识、功利与非功利的功能。这就是 1999 年关于素质教育的决定中所说的，美育具有其他教育形式“不可替代的作用”。当然，我们说我国现代艺术教育发展中主要是艺术教育与德育的关系，但并等于说艺术教育与智育的关系问题就已经得到解决，实际上目前仍然严重存在的应试教育对于美育与艺术教育的贯彻形成了严重的冲击。这里也有许多理论问题，但更多是现实的问题。当然，我国审美教育中还有一个专业艺术教育与公共艺术教育的关系问题。我们讲的作为审美教育的艺术教育主要指公共艺术教育，不是以培养学生的艺术技能为其目标，而是以培养学生的审美品位与境界为其旨归，也就是说主要不是为了培养专业艺术家，而是为了培养“生活的艺术家”即以审美的态度对待自然、社会、他人与自身的一代新人。

总之，我们对于艺术教育各种内在矛盾如果认识到位，处理得当，就会更好地把握艺术教育的内在规律，充分发挥艺术教育特有的力量与作用。

第三，现代艺术教育应该很好地应对正在蓬勃兴起的消费文化、大众文化、视觉文化与网络文化的新形势。

从 20 世纪 60 年代开始，人类社会发生了急剧的变化，表现在文化领域，消费文化、大众文化、视觉文化与网络文化迅速发展，逐步成燎原之势。对于包括艺术教育在内的文化建设来说，这是一种挑战，也是一种发展的机遇。面对这些到来的文化现实，我们无法也不应该逃避，而必须认真直面。

所谓媒介素质就是指人们面对媒介各种信息的选择能力、理解能力、质疑能力、评估能力、创造能力和制作能力，以及思辩反应能力。培养这种能力，是育人的需要，是时代发展的需要，更是国家利益的需要。

首先说一下消费文化、大众文化与视觉文化。这是随着消费社会的到来而出现的，其最大的特点是迅速地使文化从精英走向大众，消解精英、消解经典、消解阅读、消解传统。发展之迅速，使我们广大文化教育工作者，感到无所适从，但又必须适应。于是在美国就出现了艺术教育中视觉文化的转向问题。而在我国则出现了“日常生活审美化”的讨论。这些转向与讨论属于现在进行时，还在继续发展。

我们认为基本的态度是学习、适应与引导，然后是对一代新人的培养。网络文化也是 20 世纪中期随着网络的发展而盛行的，现在已经到了网络渗透一切的地步。在这种情况下就出现了一个媒介素质教育问题。所谓媒介素质就是指人们面对媒介各种信息的选择能力、理解能力、质疑能力、评估能力、创造能力和制作能力，以及思辩反应能力。培养这种能力，是育人的需要，是时代发展的需要，更是国家利益的需要。我们应该在普通高校公共课程中增加视觉艺术与网络艺术的鉴赏评价内容。同时，在有关艺术鉴赏的基本理论上也要作必要的调整。在这一方面，还是应该更多地借鉴国外的经验。总之，及时应对时代的变化，调整艺术教育的理论与课程，才能使艺术教育真正收到实效。这正是当前艺术教育改革的当务之急。但我们的基本态度是既要尊重经典又要面向大众，努力坚持教育的大众立场与超越品格。

面对新的世纪与新的形势，审美教育任重而道远，我们应站在更高的起点上，在教育改革的大潮中，将我国的审美教育事业推向一个新的高度。

中国当代美育的回眸与求索——2010 中国美育论坛述评

丁旭东　美学专业博士生，青年学者，中国社会经济文化交流协会副秘书长，北京现代音乐节行政统筹；曾任艺术教育杂志社总策划，首席记者，2010 中国美育论坛秘书长。发表学术文章数十篇，代表作品有:《哲学辩证观念在奏鸣曲式发展中的体现》(《黄钟》2010 年第 1 期)；《谭盾是否依然是个谜》(《人民音乐》2005 年第 3 期)；《大地的共鸣——马勒、叶小纲《大地之歌》比较谈》(《人民音乐》2006 年第 1 期)；《从数字中感受音乐高考》(《艺术教育》2006 年第 2 期)；《为中国艺术考级把脉》(《艺术教育》2003 年第 1 期)《高等艺术教育是否已走出办学瓶颈》(《艺术教育》2007 年第 11 期)《走出当前高等音乐教育的瓶颈》(《艺术教育》2004 年第 4 期)，等等。图书著作包括:《2006-2007，京、鲁、冀重点高校【音乐专业】报考指南》(主编，中国文联出版社 2006 年出版)；《站在艺术教育的制高点》(编委，由云南大学出版社 2009 年出版)；《音乐论文写作实用教程》(合著，即将出版)。

2010年5月23-25日，在中华人民共和国教育部、文化部支持下，北京现代音乐节组委会主办的“2010中国美育论坛”在京举行，来自国内外十几位著名的美学学者、文化学者、艺术教育家、政府相关部门领导参与了学术研讨。笔者对与会专家的观点进行梳理分析，认为，美育不仅仅陶冶情感，更重要的是培养和提高人的感性素质；美育要培养人们的审美能力，通过审美净化人的负面情绪，让人拥有和谐健康的心灵，获得幸福的感受，提高生命的质量；通过美育发挥人的想象力，激发人类的创造力。美育、德育、智育、体育，犹如人之手足，缺一而残，虽然常常相辅而行，但彼此独立，不能相互替代，其培养指向中的各种素质，是构成完整的人，完善的人的必须；要真正把美育落到实处，取得实效，首先需要通过研究找到人的感性发展的科学规律，与此同时研究要立足于美育实践；我国当前美育工作关键要做到切合实际、贴合时代、贴近社会。

2010 年 5 月 23~25 日，在中华人民共和国教育部、文化部支持下，北京现代音乐节组委会主办了“2010 中国美育论坛”。

目前，我国学校美育工作如何全面提升学生综合素养，培养出大量社会极缺的高端创新性人才；社会美育工作如何科学实施，提高人们的生活质量，促进社会和谐；提高国民自主创新能力，促进国家文化经济快速发展是当前美育工作亟待深入研究的时代课题。为此，2010 年 5 月 23−25 日，在中华人民共和国教育部、文化部支持下，北京现代音乐节组委会主办了“2010 中国美育论坛”。

国内外一些著名的美学学者、文化学者、艺术教育家应邀进行了主题演讲。如，国际杰出美学家、德国耶拿席勒大学哲学教授沃尔夫冈·韦尔施先生，波兰作曲家协会主席科尔诺维斯基先生， 美国著名音乐家亚伦·杰·科尼斯先生、美国著名作曲家切斯特·比斯卡迪先生，国内的学者如：著名美学家、山东大学文艺美学研究中心主任曾繁仁教授、著名音乐家、中央音乐学院副院长叶小纲教授，著名音乐教育家、中央音乐学院副院长周海宏教授，著名音乐学家上海音乐学院副院长杨燕迪教授，著名音乐教育家高建进教授，中国传媒大学艺术研究院常务副院长张晶教授，著名文化学者厦门大学易中天教授，长江学者、北京师范大学艺术与传媒学院院长王一川教授，中国艺术研究院音乐研究所所长田青教授，香港合唱团协会主席费明仪女士，音乐学家、中国音乐学院音乐研究所所长谢嘉幸教授等。与此同时，论坛还特别邀请了甘肃省教育厅主管艺术教育的厅长旦智塔（藏族）介绍了中国西部贫困地区的美育教育情况；主讲嘉宾和与会代表进行了高峰对话，内容主要涉及日常审美理论、审美与社会发展、美育与和谐社会建设、学校美育实施的有效途径等重要话题。

本次论坛是在我国经过改革开放，经济迅速发展的 30 年后举办的，在当前全国全面建设小康社会、和谐社会的新时期具有特别而深远的意义。教育部艺术教育委员会副主任周荫昌教授热情洋溢的说：“美育作为一个哲学思辩的问题中国不少，把美育作为一个实践的问题谈论是不多的。我觉得在当前这个论坛能够发出进行美育的呼唤已经不错；这个论坛能够澄清一些基本概念，厘清一点美育实施的道理那就更具有现实意义。”更有的专家学者高度评价“2010中国美育论坛”，“其绩虽劳，其功厥伟”。笔者认为，本次会议虽然没有形成系统化的理论成果和系统化的美育实践方略，但在与会专家代表的激烈争辩和深入探讨中，发现了问题，深化了认识，形成了共识，如假以待日，政府相关管理部门能更加重视美育问题，学术科研机构对当前问题进行针对性深入研究，艺术教育等美育实践机构能进行开拓性的探索实践，那本次论坛将会为我国审美教育掀开历史的新篇章。

美育的实质及其意义

周海宏教授：一个人完善的人必须同时具备四种素质：理性素质、情感素质、感性素质、身心素质。

“美育”，是以培养人的审美能力、美的情操和对艺术的兴趣为主要任务的教育。音乐和美术是美育的重要内容。[1] 这一认识，是美育论坛之前得到广泛认可的，比较统一的说法。其中“审美”可理解为“体验美”，“情操”是“由感情和思想综合起来的一种较为稳定的心理状态”。

在本届论坛中，各个专家或多或少的针对“何为美育”的问题发表了自己的看法。

周海宏教授虽没有直接回答这个问题，但却间接性地表达了自己的观点，他说：“一个完善的人必须应该同时拥有以下四种素质。第一，理性素质，它是人获得知识，分析问题，解决问题的根本能力；一个理性不发达、头脑混乱思维不清的人将一无所成。第二，情感素质，它是人与人之间友爱、关怀、相互帮助的内在需要；一个无情无义，不能交流不能沟通的人他也没有朋友。第三，感性素质。首先，它是人感受世界、体验生活幸福、自然之美的能力；其次，这种素质产生了人对良好感性环境的需求。第四，身心素质，它的构成要素是健康的身体和心理。”他进一步阐释说：“从个体的角度讲，没有感性素质就没有体验生活美好的能力。促进每个人感性体验能力的提高，是提高社会生活幸福感的前提。”“提高全社会感性素质是创造高水平物质文明的前提。”“感性素质的培养只能通过艺术教育实现。这是国家大力倡导艺术教育的深层意义所在。”周海宏先生的这一观点，得到与会专家的广泛认同。周荫昌先生说：“周海宏的演讲发出了对真正美育的迫切呼唤。”杨燕迪教授则从Asthetische一词词源——感性”的追溯中肯定了周海宏的观点。

曾繁仁教授同样肯定了周海宏的观点，他说：“1795年德国诗人席勒发表著名的《美育书简》，第一次提出“美育”观念。其背景就是对于现代性中人性异化弊端的反思，力图通过美育对于人性缺失进行补缺。席勒《美育书简》的副题就是“对于作为整个人的感性教育”，将“人”的教育作为美育的主旨。最近美国理论家阿纳罗写了一本《美育，使人成为人》的书，将缺少美育的人称为是“半个人”“社会活动物”与“二手人”等，也就是他认为缺乏美育的人是不完整的人。中国古代也将诗教与乐教与人的教育紧密联系在一起。《论语》在谈到君子的教育途径时说道“兴于诗，立于礼，成于乐”，也就是说在孔子看来一个人即使接受了文化知识和行为规范教育，也未必就成为了“君子”，只有在接受了艺术教育之后才能够称得上是一个真正的“君子”。将作为美育的乐教提到“成人”的高度，非常有价值和远见。”

曾繁仁教授：美育的发展必须牢牢坚持“人文教育的方向。

曾繁仁同时对当代美育的内涵予以进一步阐述，他说：“美育的发展必须牢牢坚持“人文教育”的方向。美育从其一开始提出就与人文教育紧密相关。那么“人文教育”的内涵是什么呢？目前有着各种阐释，我个人将其归纳为四个层次。第一是人的最基本的文明素养教育，各种文明礼貌生活规范的养成等，将人与动物区别开来；第二是人的尊严、权利与平等的教育，使人活得像人；第三是对于他人的关怀的教育，表明人的社会属性，确立人应有的品质；第四是对于人类的终极关怀的教育，这是更高的要求。最近张世英教授将审美作为人生“更深、更高层次”的境界，应是对于美育人文教育的更深层的阐发。”

王一川教授：美育说到底就是活生生完整人的教育，它主要通过艺术美育、社会美育、自然美育的手段来完成。

王一川教授对美育的时代使命进行了总结，他指出：美育说到底是活生生人的教育。假设人有五种感观，那么艺术教育它分别管不同的感观，美育是人们说的第六感观，是活生生完整人的教育，它要通过社会美育、自然美育的手段塑造一个完整的人、活生生的人。但是活生生的人、完整的人在每个时代内涵不一样。比如席勒时代面对的是文明给人类带来的创伤、变成机器上的碎片这一现代性初期的状态。我们现在是在全球化多元价值冲突和对话当中实施美育。我们现在面对世界上多种音乐价值的冲突，所以在我们今天的价值标准的基础上如何来统合溶化不同时代、不同民族给我们留下的艺术及其审美标准，是我们的主要问题。所以美育是一个大熔炉，把各种价值观在这重新溶化，化为这一代他们所认同的理想生活方式。”“美育也好，教育也好，根本的任务是培养人的想象力，是想象未来的他，未来的你，按照你想象出来的未来的样子塑造自己。我觉得想象力很重要，我记得英国著名的教育家A·N·怀特海说出一个很重要的思想，就是‘教育让青年人和中年人在一起，培养青年人的想象力’，说到底教育和美育根本的目的是塑造人的想象。只要你有了想象力就能够在这个世界上勇敢的生存下去，找到自己发展的目标，并为之而付出努力。”

叶小纲教授则从艺术创作者的审美经验出发，对美育实质作出探

蔡元培：美育者，应用美学之理论于教育，以陶养感情为目的者也。

讨。海德格尔曾借荷尔德林的诗把人的理想存在言说为“充满劳绩，然而人诗意地栖居在这片大地上。”[2]。叶小纲先生对此作了具有中国传统话语方式的引申与解读：“中国传统文化的语境里，诗乐一体，其诗的精神实质就是乐，那乐的精神实质是什么呢？我用十六个字概括，就是五音调和，和而有序；八音相谐，和而不同。其中和谐、有序、不同、兼容而构成的‘和’的精神成为我国传统主流审美文化的核心。”与此同时，他结合自身的经验，对艺术“情感净化”（亚里士多德提出）功能予以深入阐述。”最后，他在总结中提出，审美是达到“诗意栖居”的主要途径之一，他说：“诗意栖居就是人富有丰富感性生活的一种提法，是实现人类质量生存的重要前提。艺术审美是人类实现诗意栖居的一种方式，即通过审美，通过感情宣泄，情感表达，让人少一点激愤，多一点平和；少一点呆板，多一点情趣；少一点郁闷，多一点快乐，让人作为人，感情丰满起来，让人作为人，幸福着，生活着。通过美育，让人学会审美，通过审美让人学会欣赏并爱上生活。”叶小纲所提出的——以艺术审美途径实现人类的诗意栖居，在一定程度上揭示艺术美育的本质和终极目的，是我们今天倡行美育的意义所在。

叶小纲：艺术审美是人类实现诗意栖居的一种方式，即通过审美，通过感情宣泄，情感表达，让人少一点激愤，多一点平和；少一点呆板，多一点情趣；少一点郁闷，多一点快乐，让人作为人，感情丰满起来，让人作为人，幸福着，生活着。

2010中国美育论坛所涌现的美育观念，相对于我国美育先驱蔡元培先生提出的美育思想又有了新的认识和新的发展。蔡元培先生认为“美育者，应用美学之理论于教育，以陶养感情为目的者也。人生不外乎意志；人与人互相关系，莫大乎行为；故教育之目的，在使人人有适当之行为，即以德育为中心是也。故欲求行为之适当，必有两方面之准备：一方面，计较利害，考察因果，以冷静头脑判定之；凡保身卫国之德，属于此类，赖智育之助者也。又一方面，不顾祸福，不计生死，以热烈之感情奔赴之；几与人同乐、舍己为群之德，属于此类，赖美育之助者也。所以美育者，与智育相辅而行，以图德育之完成者也。”[3]

而从本次论坛来看，美育不仅仅陶冶情感，更重要的是培养和提高人的感性素质；美育要培养人们的审美能力，通过审美净化人的负面情绪，让人拥有和谐健康的心灵，获得幸福的感受，提高生命的质量；通过美育发挥人的想象力，激发人类的创造力。

美育、德育、智育、体育，犹如人之手足，缺一而残，虽然常常相辅而行，但彼此独立，不能相互替代，其培养指向中的各种素质，是构成完整的人，完善的人的必须。马克思说，“一切教育的目的都是促进人全面自由的发展”，笔者认为，缺少美育的教育是不完整的教育，永远都不可能实现马克思主义的教育理想。

我国当前美育工作存在的问题

面对我国社会美育体系的缺失。张晶教授认为："除了学校美育，社会美育是非常重要的领域。当年蔡元培先生就已说过：'学生不是常在学校的，又有许多已离学校的人，不能不给他们一种美育的机会，所以又要有社会的美育。'[4]在今天看来，真是极切实际的美育思想。""当前，高度发达的科技催生了人们更为强烈的物欲，巨大的压力产生了更多的"单面人"，就业的艰难、贫富差距的悬殊，种种不平衡造成了心态的焦虑与畸变。再则，"日常生活审美化"形成了某种审美假象，使人们满足于表层的浮华和炫目，认为这就是美的展现，其实恰如韦尔施所指出的，"我们不能忽略这个事实，这就是迄今为止我们只是从艺术当中抽取了最肤浅的成分，然后用一种粗滥的形式把它表征出来。美的整体充其量变成了漂亮，崇高降格为滑稽。"[5]这在某种意义上恰是社会审美的现状。在很大程度上，它并非真正的审美。我们也许无法否认这种到处都存在的肤浅的审美经验，我们也无意株守康德的"审美无利害"的信条，然而，随着审美的泛化带来的是审美的滑坡，却也是不争的事实。"张晶教授又以大众传媒为例指出，"当前，我国粗制滥造的节目为数不少，为了迎合某些人的低俗欲望，为了得到更高的收视率回报，无聊的东西在荧屏上也时有出现。久而久之，对于人们的感官多有侵害，对于人们的心灵多有麻痹！面对这些我们身边出现的种种不洁的迹象，我们尤为深切地感到社会美育是必须郑重提出的。"

最具有中国传统文化特征的，被称之为中国"国粹"的京剧

学校美育工作面临新情况、新问题。王一川教授说，"当前，我国走在初步建设小康社会并向全面建设小康社会目标迈进途中，泛审美语境取代了过去的纯审美语境，现在处处都可以寻到审美与艺术环境。如今的青少年学生不是对艺术或审美无知，而是对它们熟视无睹、见惯不惊、甚至麻木不仁了。或者，他们在竞相发出诱惑的五光十色的各种'艺术'面前，丧失掉选择的主动、清醒和明确。当前，学校美育面临的问题就是如何在泛审美环境下展开新的立美教育。""当代大学生目前存在着一种隐性的双重文化人格或多重文化人格。例如，当代大学生本来少有接触京剧、中药、刺绣等古代文化遗产的，而且他们自己未必喜欢它们。但这并不妨碍他们在选中国文化符号时颇富理性地选择了它们，而此时，他们自己的日常感性喜好则被暂时隐匿了起来或者干脆放弃。他们自己在日常生活中喜好什么呢？根据俄罗斯研究者的旁观，'当世界越来越钟爱营养健康的中餐时，中国消费者却对汉堡包、炸鸡腿和用转基因土豆做成的薯条趋之若鹜。'[6]"最后，他总结说，"当代大学生与20世纪80年代大学生有可能存在着不同的文化人格特征。如果说，

张晶教授：除了学校美育，社会美育是非常重要的领域。

高建进教授：当前学校音乐教育主要问题是存在智育化的倾向，而违背了音乐教育的本质——美育。

80 年代大学生有着一种固体型文化人格，其表露在外的言谈举止与内心理想之间可以大体稳固而一致，宛如那明确、坚固而沉稳的固体物质；当代大学生则具有一种流体型文化人格，其外在言谈举止与内心理想之间可以形成灵活而流变的多重关系，恰似那流动起伏、变化多姿、随物赋形的流体物质。我们当前学校美育面对的另一个问题就是面对多重人格和流体性人格的教育对象，如何切实实施美育。”

音乐教育家高建进教授指出，当前学校音乐基础教育普遍存在智育化的倾向，而违背了音乐教育的本质——美育。她说，“当前学校音乐教育主要问题是存在智育化的倾向，主要表现在以下两个方面。一是音乐教学内容知识化，过于强调认知；不强调审美体验为主歌唱教学等艺术实践活动，而是采用非审美体验的教学方式。二是音乐教学手段的知识化。这种方法违背美育审美性原则，忽视美育作为感性教育要以体验和感受为主体的教育特点。”

究其缘由，高建进说，“主要有四条。一是由于历史的原因，我国音乐学院的教学体制主要靠引进国外如德国、法国、苏联等专业音乐教学体系，以音乐知识、音乐技能为主体教学内容。目前，我国普通学校的音乐教育受专业音乐院校的影响，学校音乐课往往忽略人文艺术的特点，简化成一门以音乐知识为主导的理性体验课。音乐课的主要内容就是音符、节奏、音乐术语、音乐形式与知识的认知。二是当前中小学校的音乐教师习惯使用自然学科的授课方式。他们没有学过通过学生对音乐的听、唱、视、动、感觉体验来教授音乐，而是让孩子们听老师描述，听老师讲解音乐作为音乐教学的主要途径。这使本来生动有趣的艺术性教学变的枯燥无味。三是热衷于学习音乐技能为主，突出了学习的功利性。不少的教师不管出于主观原因还是客观原因，他们一味要求孩子们按照老师的语言表达音乐，按照老师的感受理解音乐，这种做法违背孩子们的自然天性，忽视了个体的审美体验，使为数众多的青少年失去了对艺术的兴趣。四是，学校音乐教育管理与评估机制违背美育的教育规律，普遍实行智育教学的三考制度，学生考试、教师考核，学校考评，这样教学管理与制度无形中更加强化了音乐教育的智育化倾向。”谈到这种非美育化音乐教育结果，她说，“这必然会抑制了学生审美能力的发展和感性素质的提高。”

谢嘉幸教授：我国美育存在两个严重的问题，一是高文化形态的缺失；二是音乐作为人的整体生存状态的缺失。

谢嘉幸教授在对中国传统美育文化进行整体考查后，认为当前我国美育存在两个严重的问题，一是高文化形态的缺失；二是音乐作为人的整体生存状态的缺失。他进一步解释说：“当传统被斩断之时，民间音乐文化尽管同样经历了风雨和暴虐，却神奇般的留存了下来。而与此同时，以文人音乐为代表的内含古代哲学思想的高文化形态却消失殆尽。

致使今人一提及传统音乐，便直接将其等同于民间音乐。却不知饱含着古代哲学文化的高文化形态的存在与湮灭。”“近代工业革命以来，机械化生产，科技的高速发展，致使人与自然都趋于异化。技术成为了现代化的宠儿，却加剧了人性、人格的分裂。而随着学科的细化，人变成了一架理性的机器，感性在理性的压迫下几乎荡然无存。[8]音乐也随之沦为了一项技艺，失去了在漫长古代生活中，它作为把握人整体生存状态的功能和价值。”

马克思：要通过实践来创造具有人的本质的全部丰富性的人，创造着具有深刻的感受力的丰富的、全面的人。

倡导实施真正的美育

美育是教育实践，美育问题是实践问题，解决美育问题同样要在实践中解决问题。马克思持有同样观点，他认为，“要通过实践来创造具有人的本质的全部丰富性的人，创造着具有深刻的感受力的丰富的、全面的人。”[7]显然，马克思所说“感受力丰富的人”是指具有较高的感性素养的人。培养这种全面的人，当然要通过美育，不是我们目前学校艺术教育中的强调技术化，突出知识性的艺术教育，而应是真正的艺术美育。这一观点成为本次美育论坛最众口一声的口号和倡议：我们缺少真正的美育，我们要重视真正的美育，我们要实现真正的美育！

如何实现真正的美育？

王一川教授认为：（一）今天的学校美育应当从包括幼儿园、小学、中学和大学在内的整体上予以通盘设计，这就需要上升到国民素养的整体结构上去构想。在今天这个倡导以人为本并寻求社会和谐的年代，当这个体利益诉求获得强势复苏，个人化的物质性愿景与非个人化的集体性精神愿景之间形成多种多样的冲突时，这时的学校美育，势必不能满足于像在20世纪80年代那样，主要致力于诉诸青少年学生的精神性审美渴求，而需要面对他们所陷入其中的个人利益与集体利益之间的多重冲突，提供想象的或假定的协调方案，应当在针对当前国民素养建设所处的特定社会与文化境遇以及学校美育自身面临的特定问题，经过必要的调整或变通后，方可设定并付诸实施。同时，还要在实施中不断反思、调整和完善。（三）当前，真正审美是发生在无功利性和功利性的互为之中。老师在从事美育的过程中要在时尚和经典之间，在功利和无功利之间有一个调节。我们要从时尚的音乐当中读出经典的有意识和无意识的联系。比如周杰伦的《双节棍》，我们老师可以引领同学从这些流行中读出传统，从时尚中看到传统的东西。这样的一种缝合，是教师需要做的事情。

曾繁仁教授认为：（一）要进一步把握审美教育智性与非智性二律背反的特殊规律，不断提高美育水平。审美与艺术的基本特点就是无目的与合目的、无功利与功利、非理性与理性的中介，处于两者之间从而形成一种张力。正是由于这种张力，才使审美与艺术具有了特殊的难以言说的无穷魅力。艺术的这一特点就决定了艺术美育也必然处于人文与科技、智性与非智性、功利与非功利的中介。对于这一中介性特点把握的好就能较好地把握艺术美育的规律，促使其健康发展。（二）面对当前正在蓬勃兴起的消费文化、大众文化、视觉文化与网络文化的新形势。美育工作要学习、适应这种新的美育环境，然后才是引导，这样美育才会变得可行，才会有利于培养一代新人。同时，在泛美的环境下，要提高人们面对媒介各种信息的选择能力、理解能力、质疑能力、评估能力、创造能力和制作能力，以及思辩反应能力。培养这种能力，才能实现当前美育育人的目的。（三）美育内容要选择经典。只有经典的东西随着历史的发展越来越显示价值，但经典不代表过去，还应包括现在的大众音乐、流行音乐、流行的美术等，只要反映人类美好心灵的，人类美好追求的，无论过去、现在还是未来的都属于经典。

张晶教授认为：（一）大众传媒在视觉和心理上给人的超真实的特征，使之在美育方面所发挥的作用远远大于传统的艺术形式。大众传媒中有大量的活生生的美的因素存在着、活跃着，这使得大众传媒理当成为当代社会美育的最为主要的途径。（二）要提高大众传媒从业者的审美水平和感性素质，因为他们负责对节目内容的选择、加工和创作，实际上决定着大众传媒的审美品位和审美价值。

田青研究员：要将“非物质文化遗产保护与传承”列入美育的课程。

高建进教授从音乐教育现状出发，提出五点建议：第一，突出歌唱在中小学音乐教育中的地位。针对当前中国中小学的音乐状况，我们应该明确提出“回到歌唱去”；第二，组织编写突出音乐实践的音乐教材；第三，增加中小学音乐实践的量；第四，改革音乐教学管理方式，不以音乐知识的考试为衡量学生音乐水平的标准；第五，改变音乐教师的培养模式，重点培养其实施人文教育的能力。

非物质文化遗产保护，是我国近年来文化战略的重要支点，著名专家田青研究员从这个角度来切入美育的论题，他提出要将“非物质文化遗产保护与传承”列入美育的课程。他说：“让不同年龄段的学生在课堂上接触到我国博大精深的传统文化和自己家乡的非物质文化遗产，不但可以使中小学生从小就对家乡和祖国的概念有直观的了解，培养出深厚的感情，而且可以使我们民族精神的 DNA 一代一代传下去，使中华文化在不断的传承中发扬光大。”

当然，笔者认为，真正实现美育不仅是一个学术上的命题，也不仅仅是一个实践中的问题，理论家的观点对我们美育实施有重要的启发，但是还需要实践的检验。从科学发展的观点出发，要真正把美育落到实处，首先需要通过研究找到人的感性发展的科学规律，这就好比要回家的孩子，一定要找到回家的路一样；其次研究要立足于实践，我之所以对理论家的观点提出质疑，不是他们的说法不合理、不正确，而是因为他们的理论更多立足于学理探究而不是实践研究；一些艺术教育工作者提出的建议，不能说不有效，但由于缺少调研数据的有力支持，其普适性的范围缺少明确地界定。因此，美育科学实施，要立足于实践。国家需要建立一个权威的美育实践研究机构，立足于美育实践研究，科学制定国家美育发展规划，不断提高国家美育发展水平。

艺术的目的是不断提升人们生活的品质

本次美育论坛身后的背景是北京现代音乐节，论坛是音乐节重要的组成部分。因此，几位专家的发言同时涉及艺术美育的论题，其中对艺术价值的明确界定，十分具有现实意义。概括而言，分为两点。

一是，艺术能不断改善个人的生活品质。

易中天教授说："在我看来艺术就是情感的交流与传达。什么叫交流呢？说的白一点是你的情感给我，我的情感给你，这叫交流。什么叫传达呢？就是借助一个中介体验相同的情感。体验相同的情感为什么借助中介？因为情感都是每一个人自己的，是每一个人自己内心深处独特的不可替代的体验。""好比如说我要请你喝水，一般我要请人喝水得有一个东西，得有一个杯子。艺术品就是这样一个杯子，杯子里装的水就是艺术家的情感，有了艺术品这个杯子艺术家就可以把自己的情感传达给别人，传达给欣赏者，就可以在人与人之间交流和传达。"

艺术的目的是不断提升人们生活的品质

为什么人有了情感交流就会提高生活品质呢？

笔者认为，欣赏者与其说是与艺术交流对话，不如说是与艺术的创作者（包括作曲者和演奏者）进行交流对话。艺术欣赏的过程，就是一种情感交流的过程，就是在这种交流中，承载着真情无限、大爱无垠，就会给人以心灵的抚慰和温暖的拥抱，让人的感情世界丰满起来，不再孤独。当然艺术审美选择很重要，只有经典，才会有"充沛的激情、生动的笔触、优美的旋律、感人的形象，才会使人升起更加昂扬的理想风帆，描绘更加美好的生活蓝图，激励更加坚定的奋进信心。"

关于易中天提出艺术是装盛人类情感"杯子"的说法。谢嘉幸教授，从中国传统佛教文化中阿赖耶识——唯识论进行佐证。他说："唯

抚琴听松风，
高山流水声。

识论认为人的意识分为两个层次，一是五种感官：眼、耳、鼻、舌、身；二是整体意识：意识、末那（manas）、阿赖耶（ā l ā yavijn ā na）。感官层面联系着我们各种心理感觉及各艺术门类：眼——视觉——美术，耳朵——听觉——音乐，鼻——嗅觉——香水，舌——味觉——烹调，身——触觉——舞蹈等；而在整体意识层面中：意识对应着人的整体知觉，阿赖耶识对应着人的原始欲望以及不断升华的各种追求，末那识则对应着伴随着这些欲望发展过程（或得到满足，或受挫）中所产生的各种情绪情感变化。无论哪种艺术，都是人的整体意识活动的一个有机组成部分；各门类艺术都是在相互作用下发展的；只有当特定艺术作用于人的整体意识活动时，人的创造活力才可能被激发。”

叶小纲教授则从一个艺术创作者（包括二度创作）的角度对艺术提升个体生活品质的论断进行了详尽的阐发。他说："人类高品质的生活，一定是幸福的。不幸福的生活根本谈不上品质。幸福来源于健康的身体、有保障的经济收入（即有生活保障）、无负面情绪困扰的精神世界。在全国进入小康社会全面建设时期，前两者很多人已经实现，而影响人们幸福的恰是最后一点，其中有五种负面情绪对人影响最大，即‘畏、愤、怨、侮、忧’。在艺术实践过程中，尤其是艺术表达时，人们就可以把这种情绪投射到表达的过程之中，从而使负面情绪得以宣泄和排遣，从而使心情平和，拥有和谐的心灵，保持人心理的阳光与健康。从这个角度上讲，艺术实践是最好的美育途径。此外，艺术不仅仅可以表达情感，还可以体现气氛、表现情趣。如音乐的瞬间、音乐小品等，艺术创作者要表现出这种生活的意趣，就需要敏锐的感知力、细腻的洞察力、平和的心态、高雅的趣味。总之，只有那些具有较高感性素养的人才可能从平凡的生活中，察觉到生活的乐趣。即使劳作一天，也会有“采菊东篱下，悠然见南山”的洒脱、俊逸，即使物质匮乏，也能够“行披带索衣，坐拍无弦琴”，拥有自在心灵，发现生活的意趣，过上高品质的生活。

二是艺术不断提高社会生活的品质，促进社会和谐。

沃尔夫冈·韦尔施教授说："艺术并非局限于艺术本身，甚至可以说，主要不是艺术本身，相反，它主要和适合的生活方式有关。美学和伦理学关系密切。它们是一对双生子。艺术品以及我们接触艺术品，其意义在于这将帮助我们过上更好的人类生活。”他进一步地解释道：“交响乐的乐章之间必须相互协调一致，成为一个连贯统一的整体。这和社会伦理学要求一样：个人在追求自我实现时不能以牺牲集体利益为代价，，相反应该为社会整体做出贡献”“这种整体性特征和古典美学要求一致，其指向都是和谐。”最后，他用弗里德里希·席勒的话总结了自己的观点：“艺术并不是指艺术形式，而是关于改善生活的艺术”。

谢嘉幸教授则从中国传统道家“天人合一”的审美观念进行了考证，并指出：“天人合一”是指主观与客观的世界通过人类的实践而相互联系的过程。通过由“感”及“悟”的认识方式最终达到主客合一的境界。“天人合一”的审美观念，实际上表达了人与自然之间的和谐关系。”

易中天教授则从中国传统艺术观念中发现了艺术与社会礼仪之间的关系。他说，“中国古代礼乐制度，为什么会将二者并放到一起，那是因为艺术和礼仪关系非常的密切，这一点中国古代最早的美学和艺术学著作《乐记》中说的非常清楚，‘乐自中出，礼由外作’，礼是管外面的，乐是管里面的。人与人真正做到心心相印还得靠艺术。”所以，在易中天看来，古代“礼乐”是密不可分的，是硬币的两面，人类的双足。

结语与讨论

举办美育论坛，原本是想为当前美育寻找一条实施的途径，最后，发现摆在面前的是多重维度的多条路径。一是以周海宏教授、高建进教授、杨燕迪教授为代表，他们追本溯源，回到美育作为感性教育科学的本体，指出当前学校、社会美育工作的异化现象，感性教育缺失和国民感性素养落后问题，提出我国美育应归本扶正，回到非功利化的国民感性素质培养中去的倡议。二是曾繁仁教授、王一川教授等基于当前泛审美化环境下，青少年呈现多重化人格的现实，提出美育要坚持“人文教育”“完人教育”的方向，但要面对现实，在美育内容上做到“时尚和经典融合”“功利性和非功利性互为”的实施策略。三是张晶教授基于我国当前社会美育自发无秩序的缺失状态，提出从提高大众传媒从业者审美素质入手，积极实施社会美育，从而净化社会风气，引领社会风尚。四是叶小纲教授、韦尔施教授、谢嘉幸教授等从古代传统文化哲学中汲取智慧，紧扣时代发展主旋律，积极倡导艺术美育，重视艺术实践与情感表达与交流，从而丰富人的感情，提高人的幸福指数，提升人的生活品质，构建人的和谐心灵；与此同时，积极发挥艺术的教喻功能，引导人们共建良好的社会伦理秩序，与自然生态和谐相处，构建和谐美丽社会。

《乐记》中说的非常清楚，‘乐自中出，礼由外作’

从不同的视角来看，无论是本次论坛专家提出的“人文教育”“感性教育”“完人教育”“艺术美育”，还是传统概念里“审美教育”“情感教育”“艺术教育”“美感教育”等等，实际上都是多棱体的一个侧面，或多或少揭示了美育的部分本质或内容。如人文教育，可理解为是促进其人性境界提升、理想人格塑造以及个人与社会价值实现的教育，其特点是体现了以人为本、个性解放、自由平等的人文主义精神，教育不止于知识传授的层面，而是更多注重营造高雅文艺环境，重视个人的实践体验，从而通过个体自我体悟、心灵觉解实现其教育目的。这是从哲学与世界观的层面对当代美育本质属性定位思考；感性教育，是从词源考辨中还原“美育”本意，这对于明确和把握我们美育工作内容和方向无疑是有裨益的。

笔者认为，我国当前美育工作关键要做到三点。一是切合实际，比如泛审美环境下，“教育对象”呈现“流体性”人格时，美育工作如何科学有效实施的问题；美育如何解决国民感性素养普遍缺失问题，改善人居环境，提高国产产品审美价值的问题；社会美育实施渠道与工作方法，等等。二是贴合时代，当今时代器乐（声乐）演奏（唱）技术已十分复杂完善，已经不是“千日管子百日笙”的时代，艺术学院学生即使经过小学 6 年、中学 6 年、本科 5 年（合计 17 年）的专业技术训练也未必能够达到专业演奏家具有的演奏技巧水品。所以，笼统地在大众教育中把艺术教育作为美育实施的办法，已不符合时代发展要求。所以在大众美育工作中，应提出“艺术美育”，从而以美育为导向，仅仅传授和要求学生掌握必要的专业知识和演奏技能，才符合时代美育特点。三是贴近社会，当前我国社会建设发展主题是“小康”“和谐”，所以重视美育对社会伦理教化功能，重视美育在改善人们生活质量，提高人们幸福指数的功能才是当前社会发展的需要。

我国当前美育工作关键要做到三点：一是切合实际；二是贴合时代；三是贴近社会。

总之，当前我们不仅要重视美育，重视真正的美育，更应该把建设完善当代中国社会美育实践与理论体系的贯彻实施，作为目前国民美育工作头等任务。

参考文献：

[1] 中国社会科学院语言研究所词典编辑室 . 现代汉语词典 [M].5 版 . 商务印书馆 2005：930.

[2] 海德格尔 . 荷尔德林诗的阐释 [M]. 孙周兴，译 . 商务印书馆，2002：35.

[3][4] 蔡元培 . 蔡元培美学文选 [M]. 北京大学出版社，1983：174，156.

[5] 沃尔夫冈・威尔施 . 重构美学 [M]. 陆杨，张岩冰，译 . 上海译文出版社，2002：6.

[6] 雅科夫・贝格尔 . 中国：没有围墙 [G] // 袁殿池 . 海外望神州——外国人眼中的中国改革开放 . 人民文学出版社，2008：7.

[7] 马克思 :1844 年经济学・哲学手稿 [M]. 人民出版社 ,1979:80.

[8] 樊美筠 . 中国传统美学的当代阐释 [M]. 北京大学出版社 ,2006: 5–7

中国古代哲学思想对当代音乐审美教育的启示

谢嘉幸 中国音乐学院音乐研究所所长、教授、学院学术委员会委员。1988 年毕业于中国音乐学院作曲系，获作曲理论硕士学位；2004 年在中央音乐学院获音乐美学方向博士学位；中国音乐家协会教育委员会主任助理；中国音乐家协会音乐教育学学会会长；中国教育学会音乐教育专业委员会副秘书长、常务理事、音乐教育学学术委员会主任；中国音乐家协会音乐美学学会理事；中国音乐家协会音乐心理学学会理事；中国音乐家协会音乐传播学会理事；北京音乐家协会理事；国际音乐教育学会（ISME）会员、文化教育与大众传媒政策（CPCEMM）委员会委员；亚太音乐教育研究会（APSMER）顾问；亚太艺术教育学报（APJAE）编委；国家教委教育科学“八五”“九五”规划重点课题负责人；西安音乐学院兼职教授、天津音乐学院兼职教授、河南大学艺术学院特聘教授、香港教育学院院外考试委员。出版专著有《音乐的语境——一种音乐解释学视域》《音乐教育与教学法》（国家级教材）《音乐分析》《音乐欣赏教程》《德国音乐教育概况》《走进音乐》等。

艺术审美教育是需要哲学基础的。文章力图从儒、释、道三种中国古代文化思想中，为当代中国音乐审美教育寻找可能的哲学支柱。对儒家的人格教育，道家的道法自然、天人合一，佛家的唯识论等哲学思想予以阐述，同时回顾近代以蔡元培“美育代宗教”为代表的思潮对古代思想的继承、结合与运用，最后指出，音乐高文化形态的缺失以及音乐作为人的整体生存状态的缺失，是当前音乐审美教育存在的突出问题。音乐审美教育应回归本原，让音乐审美教育重新担当起“完人教育”——塑造社会理想人格的使命，让音乐审美作为一种生存状态融入到人的整体生命构建之中。

先秦时代的“诸子蜂起，百家争鸣”最具代表。儒、墨、名、法、道、纵横、杂、农、阴阳……先秦诸子在他们唇枪舌战的争辩中将古代中国带入了一场空前绝后的思想盛宴。

当西方的天空因古希腊哲学的横空出世而熠熠生辉时，东方一隅，古老中国的先贤们在各执一词的争辩中神奇的呼应着远方的智慧。由此而迸发出的思想火花在其后的时光中兼并、融合、嬗变，点亮并照耀了中华文明几千年。

然而当时间行至20世纪初叶，以“爱国、进步、民主、科学”为其核心的“五·四”新文化运动的出现，在为中国政治、文化、思想带来翻天覆地变化的同时，也将延续了几千年的文化脉络割断。起初，这道裂痕也许并不明显，然而在近百年后的今天，它已化为一道鸿沟，导致了中华文化的整体断裂。这文化的断层使得我们包括音乐在内的一切人文学科陷入孤立无援的状态。当我们已习以为常的将哲学一词等同于西方哲学，当音乐教育者们还在热火朝天的为音乐教育哲学究竟是“审美哲学”还是“实践哲学”而争辩，一个古老的声音在地下深深的叹息：我们的根在这里！

只有根基深厚，才能枝繁叶茂。于是我们不禁要问，在我们脚下这块肥沃的土壤中究竟埋藏着怎样一种能够托起并启迪当代音乐教育的深厚根基？

一、中国古代哲学之精华萃取：儒、释、道

在中国古代的漫漫历史长河中，思想学派棋布星罗，而其中以先秦时代的“诸子蜂起，百家争鸣”最具代表。儒、墨、名、法、道、纵横、杂、农、阴阳……先秦诸子在他们唇枪舌战的争辩中将古代中国带入了一场空前绝后的思想盛宴。而在中华文明的形成与发展过程中，影响最为巨大的是儒家、道家，以及后来自印度经中亚传入中国的佛家。儒家、道家、佛家，为中华文明搭起了一座精神宏厦。

（一）人格教育：兴于诗，立于礼，成于乐

孔丘（前551年9月28日～前479年4月11日），字仲尼。汉族，春秋时期鲁国人。孔子是我国古代伟大的思想家和教育家，儒家学派创始人，世界最著名的文化名人之一。编撰了我国第一部编年体史书《春秋》。据有关记载，孔子出生于鲁国陬邑昌平乡（今山东省曲阜市东南的南辛镇鲁源村）；孔子逝世时，享年73岁，葬于曲阜城北泗水之上，即今日孔林所在地。孔子的言行思想主要载于语录体散文集《论语》及先秦和秦汉保存下的《史记·孔子世家》。

孔子的名言："兴于诗，立于礼，成于乐"，言简意赅地阐明了在他心目中完整人格的塑造过程。

他的名言："兴于诗、立于礼、成于乐"，（《论语·泰伯》）言简意赅地阐明了在他心目中完整人格的塑造过程。尽管后世对于这句话的解释不尽相同，然而"乐"在整个"成人"的过程中的重要作用却毋庸置疑。值得注意的是，音乐在这里绝不仅仅是一门艺术，而是人格养成的有机且必不可缺的组成部分。"乐"是塑造完整人格的最后一步，也只有通过"乐"的陶冶、熏染，才能造就一个完全的人。

孔子之后的孟子、荀子，秉承了他的思想理念，并使之发扬光大。而儒家思想亦由于汉代政权的推崇——"罢黜百家，独尊儒术"，成为了一种主流文化思想，影响了随后的两千多年。而"人格教育"则成为了音乐教育最为深刻的烙痕，深深刻印在中国文化的骨髓中，流淌于中国音乐文化的血脉之中。

（二）道法自然、天人合一

老子，原名李耳（约前571～前471年），字伯阳，又称老聃（dān），楚国苦县(今河南鹿邑县)人。是我国古代最伟大的哲学家和思想家之一，是道家学派创始人，世界文化名人。

除了一册五千言的《道德经》之外，我们对于道家的创始人老子知之甚少，后人更为他生平蒙上了一层神奇色彩。然而尽管如此，老子作为一位中国古代最具哲学情怀的思想家的地位无人可撼，被后人誉为"中国哲学之父"。与孔子的处世哲学不同，"道"是老子思想的核心理念。

老子以"道"解释宇宙万物的演变，"道生一，一生二，二生三，三生万物。"（《道德经·四十二章》）道，是天地恒常之规律，是宇宙之本体、万物之源。尽管老子本人对于道的阐述玄而又玄，然而实际上"道"就是老子的世界观与方法论，它承载着老子对于整个宇宙与人生的认识与理解。

"人法地，地法天，天法道，道法自然。"（《道德经·二十五章》）崇尚自然、效仿自然，是老子思想的又一核心观念。因此"自然之音"、"大音希声"也便成为道家的音乐审美观。而老子的后继者庄子（369B.C.—286B.C.）则提出了"天人合一"的理念。

“天人合一”实际上是指主观与客观的世界通过人类的实践而相互联系的。通过由“感”及“悟”的认识方式最终达到主客合一的境界。而这一认识方式在音乐的实践与学习过程中尤为重要。“天人合一”的概念既表达了人与自然之间的协调关系，同时亦是一种“道法自然”的精神境界。而这一概念后被汉代思想家董仲舒发展为天人合一的哲学思想体系，更被儒家、佛家等许多思想体系吸纳、发展，最终发展为中华传统文化中最为重要的哲学理念之一。

（三）阿赖耶识——唯识论

佛教本非中国的本土文化，但自东汉时期由印度传入中国以来，它与中国传统文化的精髓相互吸纳、渗透，逐渐杂糅、嬗变，最终成为中国本土最具影响力的宗教和文化思想观念。在佛教众多宗派之中，由唐代僧人唐玄奘引入中国的唯识宗，在表述人的感官与生命意识整体关系方面，颇有特点。

唯识论认为人的意识分为两个层次，一是五种感官：眼、耳、鼻、舌、身；二是整体意识：意识、末那（manas）、阿赖耶（ālāyavijnāna）。感官层面联系着我们各种感觉及各艺术门类：眼——视觉——美术，耳朵——听觉——音乐，鼻——嗅觉——香水，舌——味觉——饮食，身——触觉——舞蹈等；而在整体意识层面中：意识对应着人的整体知觉，阿赖耶识对应着人的原始欲望以及不断升华的各种追求，末那识则对应着伴随着这些欲望发展过程（或得到满足，或受挫）中所产生的各种情绪情感变化。

佛教唯识论所包含的深刻哲学观念既是，无论哪种艺术，都是人的整体意识活动的一个有机组成部分；各门类艺术都是在相互作用下发展的；只有当特定艺术作用于人的整体意识活动时，人的创造活力才可能被激发，人的艺术生命才可能活化。

而这其中所包含的深刻哲学观念既是，无论哪种艺术，都是人的整体意识活动的一个有机组成部分；各门类艺术都是在相互作用下发展的；只有当特定艺术作用于人的整体意识活动时，人的创造活力才可能被激发，人的艺术生命才可能活化。

不难看出，无论是儒家、道家还是佛家，对于“整体意识”的关注都是它们的哲学、尤其是音乐观的重点。音乐，是作为人的一种生存状态融入到人的生命构建之中的。而与此同时，这种对于“整体意识”的关注，并未停留在形而上的思想层面，而是充分渗透入古代的音乐文化形态之中。这种以古代哲学为内核的音乐文化，塑建了中国古代特有的音乐形态。而这其中最具代表性的便是文人音乐。

二、中国古代哲学于音乐形态之体现：文人音乐

中国古代的文人音乐，是由历代有文化修养的知识阶层创作或参与

创作、完善和传承的传统音乐。它主要包括琴乐（琴曲、琴歌）和词调音乐两方面。

文人音乐，是文人们对天地，对人生，对社会的体悟与批判，更是他们心境与灵魂的艺术折射，可以说它是人生的艺术化；同时文人们亦将音乐融入他们的生命存在中，成为一种生活方式与生存状态，即可谓艺术的人生化。文人音乐，是传统哲学与文化、音乐及生命体相互凝结的产物。它们不是技术，甚至不是艺术，而是一种生存状态，是生命的感发。这种充盈着人格精神与天人合一理念的音乐形态与古代儒、释、道哲学有着不可分割的关联。而在这其中起到关键作用的，便是这些文人音乐家。一些实例的列举，可能有助于我们理解这些文人以及他们的音乐。

（一）高山流水

相关人物：

伯牙，全名俞伯牙，春秋战国时期晋国的上大夫，原籍是楚国郢都（今湖北荆州）。经考证，伯牙原本就姓伯，说他“姓俞名瑞，字伯牙”是明末小说家冯梦龙在小说中的杜撰，而在此之前的《史记》与《荀子》《琴操》《列子》等书中均为“伯牙”。伯牙是当时著名的琴师，善弹七弦琴，技艺高超。既是弹琴能手，又是作曲家，被人尊为“琴仙”。

伯牙抚琴图

钟子期，名徽，字子期。春秋楚国（今湖北汉阳）人。相传钟子期是一个戴斗笠、披蓑衣、背冲担、拿板斧的樵夫。

俞伯牙与钟子期的《高山流水》的故事，早在先秦时代就广为流传。

伯牙善鼓琴，子期善听音。《吕氏春秋·本味篇》载：“伯牙鼓琴，钟子期听之，方鼓琴而志在泰山，钟子期曰：“善哉乎鼓琴！巍巍乎若泰山”。少时而志在流水。钟子期曰：“善哉鼓琴，洋洋乎若流水”。钟子期死，伯牙摔琴绝弦，终身不复鼓琴，以为世无足复为鼓琴者。”而“知音”一词也即由此而来。

明代朱权成的《神奇秘谱》对此做了精当的诠释：“《高山》《流水》二曲，本只一曲。初志在乎高山，言仁者乐山之意。后志在乎流水，言智者乐水之意。”（“知者乐水，仁者乐山。”语出《论语·雍也》）一鼓，一听，一叹，一摔。中国古代“天人合一”、“物我两忘”的哲学思想和文化精神，伯牙子期二人的挚交之情，在这其中皆得到充分的体现。

（二）广陵绝响

《广陵散》，又名《广陵止息》。是古代一首大型琴曲，它是我国著名十大古曲之一。它至少在汉代已经出现。其内容向来说法不一，但一般的看法是将它与《聂政刺韩王》琴曲联系起来。《聂政刺韩王》主要是描写战国时代铸剑工匠之子聂政为报杀父之仇，刺死韩王，然后自杀的悲壮故事。关于此，蔡邕《琴操》记述得较为详细。

如若不是嵇康，琴曲《广陵散》绝不会有今日的闻名遐迩。

嵇康是魏晋时期杰出的思想家、诗人和音乐家。他以善弹《广陵散》而闻名。当时司马氏集团篡权为政，“性烈而才俊”的嵇康不满时局的黑暗，转而效法老庄，退隐山林、寄情琴书，却终因对司马氏集团的抵触招来了杀身之祸。公元前 262 年，嵇康以“乱政”之罪被斩首。

《世说新语·雅量第六》中记载，“嵇中散（嵇康）临刑东市，神气不变，索琴弹之，奏《广陵散》。曲终，曰：‘袁孝尼尝请学此散，吾靳固不与，《广陵散》于今绝矣！’” “三军可夺帅也，匹夫不可夺志也。”（《论语·子罕》）嵇康正是以这临刑前的一曲作为生命的独白，宣示着最为壮丽与洒脱的誓言。

一句“广陵散于今绝矣！”反倒令此曲响彻千年。嵇康倘若地下有知，亦可快慰于心。

嵇中散（嵇康）临刑东市，神气不变，索琴弹之，奏《广陵散》。

中国古代哲学之于近代音乐审美教育：割裂与摸索

如果说，19 世纪中叶的鸦片战争令古老中国的国门被迫打开，那么 20 世纪初叶的“五四运动”，却在“全盘反传统”的号角下，威胁到了古代中国赖以维系的文化根基。

为了救国图存，为落后的中国谋得一条可行的出路，文人学者们纷纷远渡重洋，向先进的西方文明取经学习。大量外来知识的吸纳虽然开阔了国人的眼界，却在实质上割裂了中国延续了几千年的文化传统。

尽管如此，对于音乐教育的探索之路却从未停止。许多音乐教育者仍希望结合中西之所长，构建起有益于近代中国音乐教育发展的特色之路。蔡元培便是其中最为杰出的代表。

作为北大历史上最具影响的校长，蔡元培也是“五四”运动的发起人之一。 而也正是这位北大校长，在中国首倡“美育”，并一生以此劝导国人，虽屡遭挫折，但却终身不渝。

主要受康德哲学的影响，他把世界分为现象界和实体界。他认为，新教育方针中的军国民教育、实利主义教育和公民道德教育是属于现象界的教育，目的是满足于政治上的要求。但人不能仅仅去追求现象界的相对和短暂的价值，应该从现象界达及实体界，追求超越性的价值。从现象世界走向实体世界，是由教育来实现的，而教育对两个世界的连接，则需依靠于“美育”，即美感教育。

中国古代教育“六艺”之一——御

而另一方面，这一思想亦受中国传统美学思想的影响。他认为，中国古代的六艺：礼、乐、御、射、书、数，无不包含着美育的成分在其中。

不仅如此，他还在《美育实施的方法》一文中提供了美育的具体实施办法：一是要大量创造审美对象，二是进行美感教育。而美育的具体实施范围则包括家庭教育、学校教育、社会教育三个方面。

然而，这一美育思想同时存在着问题：其一，在理论层面上，它仍然是在一个以西方哲学为主体的思维方式的构建下形成的教育思想，其中所谓的中国文化，与其说是传统的影响，不如说是蔡元培想当然的臆想；其二，在实践层面上，在当时那个战火纷飞的年代中，这样的一种教育思想无论是推行亦或实施都面临着极大地困难和挑战，虽由蔡元培不遗余力的努力倡导，最终亦不免竹篮打水。但是无论如何，这样一种力图将中西文化结合以振兴今日教育的思想十分值得我们借鉴和学习。

中国古代哲学之于当代音乐审美教育：缺失与探索

百年之后的今天，当我们回顾古代哲学时，会发现今天音乐审美教育的两个重大缺失，即：高文化形态的缺失，以及更为严重的，音乐作为人的整体生存状态的缺失。

（一）高文化形态的缺失

当传统被斩断之时，民间音乐文化尽管同样经历了风雨和暴虐，却神奇般的留存了下来。而与此同时，以文人音乐为代表的内含古代哲学思想的高文化形态却消失殆尽。致使今人一提及传统音乐，便直接将其等同于民间音乐。却不知饱含着古代哲学文化的高文化形态的存在与湮灭。

（二）音乐作为人的整体生存状态的缺失

近代工业革命以来，机械化生产，科技的高速发展，致使人与自然都趋于异化。技术成为了现代化的宠儿，却加剧了人性、人格的分裂。而随着学科的细化，人变成了一架理性的机器，感性在理性的压迫下几乎荡然无存。音乐也随之沦为了一项技艺，失去了在漫长古代生活中，它作为把握人整体生存状态的功能和价值。

值得欣喜的是，当代的许多音乐教育者已意识到了问题的症结，

正在弹古筝的儿童

在民间自发的为传统文化及其音乐形态的传承与发展作积极地探索和尝试。如，德音所创办的“国乐启蒙”教育，即以儒家的“乐教”思想为核心，倡导以“乐教为先导的诗书礼乐一体化”，是一项主要针对于儿童的启蒙教育；而台湾“唐诗新唱”活动的推创人刘松柏，先后为二百多首唐诗谱曲，数年来专心致力于在台湾少年儿童中普及推广唐诗新唱。

与此同时，学术界亦在各种名目繁多的研究项目之下，为音乐美育的实践做出了许多实质性的努力和探索。其中尤为值得一提的是，由中国音乐学院音乐研究所开展的一项名为“中华民族音乐文化建设与发展”专项研究中，由众多音乐家、教育家悉心选编的一套《儿童中国民乐品赏》曲集。这套曲集在中国民族器乐作品与传统文化品赏方面涉及种类之多、内容之精、范围之广在中国尚属首次。曲集共170首乐曲，分为四个阶段：

第一阶段：童蒙养正篇。以关爱万物为主题，让孩子在心性纯净的幼年便接受到最为纯正的爱的教育。所谓“正教者皆始於音，音正而行正”。第二阶段：问史明辨篇。“以史为鉴，可以知兴替”。从上古、先秦至元明清娓娓道来，让孩子在听赏音乐的过程中了解古代中国的文学、绘画、历史人物、历史的事件；第三阶段：志在修远（胸怀天下）篇，让孩子通过中国民乐了解中国的地理山川、了解各族人民的风俗文化；第四阶段：大智修德篇。旨在通过传统音乐引导孩子修性养德，最终达到人格教育的目的。

显然，这套《儿童中国民乐品赏》曲集在中国古代哲学在当代音乐教育实践的应用方面做出了出色的努力与探索。

中国古代哲学思想究竟对当代音乐审美教育有何种启示？

一是，音乐不仅仅是一门艺术，而是人格塑造所必不可缺的要件。

二是，音乐，是人的整体意识活动的一个有机组成部分，是作为一种生存状态而融入到人的整体生命构建之中的。

然而，如何才能让音乐重新成为一种人的整体意识和生存状态？如何使古代哲学在当代音乐教育的实践应用中得到最大化的实现？如何能使古代哲学在新的土壤中有全新而充分的发展？这些都是亟待处理的实际问题，是一个呼吁、一份声明所不能解决的。

尽管近些年来有众多教育者来自多方面的努力（如前面我们所提及的），但作为民间力量的他们毕竟势单力孤，相较于大的文化环境而言亦可能仅是杯水车薪。但我们亦不能就此望而却步。因为毕竟，“千里之行，始于足下”。

参考文献：

[1] 李泽厚 . 美学三书 [M]. 商务印书馆，2006:153.
[2] 谢嘉幸 . 音乐的“语境”——一种音乐解释学视域 [M]. 上海音乐学院出版社 ,2005.
[3]《从古琴音乐中浅谈中国古代文人音乐》，http://hi.baidu.com/tycx0327/blog/item/e3ee4335c6d0941490ef39fb.html
[4] 借曲谈史十则漫谈中国古代十大名曲背后的掌故 . 秦大路 .
http://club.book.sohu.com/r-history-404982-0-0-10.html
[5] 王宏超 · 蔡元培的美育思想 [N] 光明日报，http://www.zju.edu.cn/zdxw/jd/read.php?recid=13770
[6] 蔡元培 · 美育实施的方法 [J] 教育杂志，1922.6，第 14 卷第 6 号
[7] 樊美筠 . 中国传统美学的当代阐释 [M] 北京大学出版社，5-7
[8] 德音文化教育网：http://www.deyin.org/
[9] 柳松柏 · 诗化教育生成高雅情趣 [N] 光明日报，2002.8.21
http://www.gmw.cn/01gmrb/2002-08/21/05-D20DCA527D81128B48256C1B00814E5E.htm

挑战与应对《

当前学校美育新挑战与国民素养建设

王一川 1959年生。现为北京师范大学艺术与传媒学院院长、文学院教授、博士生导师。教育部2005年度长江学者特聘教授、艺术教育委员会第五届委员、北京师范大学文艺学研究中心学术委员会主任、国民艺术素养研究中心主任、北京大学生电影节组委会执行副主任、中国文艺理论学会副会长，中华美学学会副会长兼审美文化委员会主任。先后在四川大学、北京大学和北京师范大学取得文学学士、硕士和博士学位。主要研究文艺美学、艺术学、中国现代文艺与文化现代性问题。著有《意义的瞬间生成》《语言乌托邦》《修辞论美学》《中国形象诗学》《张艺谋神话的终结》《中国现代性体验的发生》《文学理论》《中国现代学引论》等书。主编了《美学与美育》《大众文化导论》《批评理论与实践教程》《文学概论》《大学美学》《新编美学教程》等。

当前学校美育与20世纪80年代相比正面临三大新挑战：一是从非中求美（非美的环境下寻求纯审美境界）转向美中立美（在泛审美环境下展开新的立美教育），二是从无中有知（从无知识程度上升到有知识的高度）转向知中出知（在知识过剩中传递审美知识直到实现知识创新），三是从由朴及文（由纯朴状态提升到文明状态）转向多中难择（在多元价值冲突中难于选择）。这使得如何在泛审美的环境里实施美育，成为新的迫切课题。近期调查发现，当代大学生对中外文化符号的感知呈现出高度的趋同性和理性化趋势，由此可见出他们中存在的双重文化人格和流体人格。隐性的双重文化人格或多重文化人格，是指大学生个体并存着两个或以上相对独立而又相互对立的文化认同取向。流体型文化人格，是指个体外在言谈举止与内心理想之间可以形成灵活而流变的多重关系。这时的美育课题就不得不做出改变：不再是以单纯的精神性审美去开启青少年学生的心智，而是要在精神性审美与物质性审美的对话中，去探索新的介乎无功利性审美与功利性审美之间的协调可能性，并且在个人化的物质性愿景与非个人化的集体性精神愿景之间寻求平衡和协调。当前学校美育的任务，应当针对当前国民素养建设所处的特定社会与文化境遇以及学校美育自身面临的特定问题，经过必要的调整或变通后，方可设定并付诸实施。

在今天这个全面建设小康社会、寻求社会和谐的年代，学校美育使命何在？要回答这个问题，首先需要梳理一个容易引发混淆的问题：今天学校美育的任务，还能同改革开放之初的20世纪80年代一样吗？诚然，学校美育的基本精神及其任务必定有其历史继承性，但落实到21世纪头十年的中国现实中，它的呈现方式和实施途径依然如故吗？带着这个问题，我发现，学校美育正在面临一连串的新挑战。而正是在面对挑战的应战中，学校美育的新任务得以变得清晰起来。

当前学校美育面临新挑战

学校美育，作为青少年美育的一种主要方式，在当前正面临新的挑战。这种新的挑战可以概括为如下三个方面。

作家张洁的小说《从森林里来的孩子》描述了一种从非中求美的时代特征

第一，从非中求美转向美中立美。在今天这个初步小康社会环境中，青少年学生的日常生活环境已经尽力在追求审美化了，乃至出现了泛审美的状况，也就是审美被泛化到日常生活过程的各个环节之中。在这样的泛审美环境中应当如何实施美育？问题就提出来了。回想20世纪80年代，那时需要从“文革”时期“阶级斗争”环境下走出，美育承担起追求符合人性的纯审美精神的使命。那是一种纯审美语境下的美育，其特点在于非中求美，就是在非美的环境下寻求纯审美境界，突出的是指向未来的纯审美精神高度。张洁的小说《从森林里来的孩子》（1978年）借助主人公孙长宁的经历所描述的，正是这样一种非中求美的美育的时代特征。小说写正在森林里玩耍的孙长宁第一次听到一种奇异的声音：

它既不像鸟儿的啼鸣缭绕，也不像敲打着绿叶的一阵急雨；它既不像远处隐隐约约的伐木工人那拖长了的呼声，也不像风儿掀起的林涛，可是它又像这许许多多的、他自小就那么熟悉的、大森林里的一切声响。

朦胧而含混，像一个新鲜、愉快而美丽的梦。……所有的人，没有一点声息地倾听着这飘荡在浑厚的林涛之上的、清澈而迷人的旋律。这旋律在他的面前展现了一个他从来未见到过的奇异的世界。在这以前，他从不知道，除了大森林，世界上还有这么美好的东西。

那时的美育是要帮助青少年学生实现无中有知。《从森林里来的孩子》中，林区孩子孙长宁从音乐家梁启明那里接受的，就是这样智育与美育融合中的知识传承。

这就是一种非中求美的状况，似乎“心有灵犀一点通”，一“点”就“通”。这是从无到有、由非美达美的状况。而今的美育，是在初步建设小康社会并向全面建设小康社会目标迈进的条件下进行，泛审美语境取代了过去的纯审美语境，美育的使命改变了，已不再是非中求美，而是美中立美，就是在泛审美环境下展开新的立美教育。在已经泛审美的生活中如何立美呢？当城市里不少青少年学生已经从小就对审美或艺术习以为常了，你又如何实施美育目标呢？过去注重的是精神愉悦，而今不仅要精神愉悦，而且也要感官快适，两样都要。

第二，从无中有知转向知中出知。在知识过剩的信息社会语境中如何传递审美知识直到实现知识创新？这是当前信息社会或信息时代美育面临的新问题。在过去的工业社会条件下，知识的创造与更新频率及其社会传播途径，都受到当时传播条件的限制，美育承担起通过个人的感性愉悦而实现知识传承或者文化启蒙的使命。这样，那时的美育是要帮助青少年学生实现无中有知，这就是从现有的无知识程度上升到有知识的高度。《从森林里来的孩子》中，林区孩子孙长宁从音乐家梁启明那里接受的，就是这样智育与美育融合中的知识传承。小说写道：

这片在生活里偶然出现的笛声，使他丢掉了孩子的蒙昧。多么可爱的孩子的蒙昧！而自小在大自然里感受到的，那片混沌、模糊、不成形的音响，却找到了明晰的形象。在这许多热情、粗犷的听众里，却只对于孙长宁成为一种必然。仿佛他久已等待着这片笛声。

偶然出现的一阵笛声，就可以使得林区孩子丢掉“蒙昧”而走向知识的世界。那时的美育仿佛多么容易，只要给点阳光，它就灿烂！而今的学校美育，则面临在当前信息社会条件下，信息爆炸、知识过剩的时代开展审美知识教育这一新难题。受教育者不再是寻求无中有知，而是寻求知中出知，就是在知识过剩中传递审美知识直到实现知识创新。这不再是对知识传承的简单诉求，而是要以此为基础，进而谋求知识探究，即是尤其注重从已知推导出新知，走向知识创新境界。在似乎已经趋近饱和、乃至爆炸的知识海洋里要实现知识创新，谈何容易！

第三，从由朴及文转向多中难择。在多元价值并存年代如何选择合理的审美价值？过去，来自大森林的孩子孙长宁，质朴未开，童稚未消，你只要教给他一种审美价值观足矣。至于梁启明老师临终前告诫他的"长大了千万不要把音乐当商品"的话，他在那个单一价值观年代是可以遵循的。而且，那么多考生在音乐的感动中把珍贵的上大学名额主动让贤给孙长宁的慷慨之举，也只有在那个价值观单一而又纯粹的年代，才能想象到乃至实现。由于孙长宁充满魔力的音乐的神奇的美育作用，刚才还在为高考而残酷竞争的七位考生，突然间异口同声地变得宽厚、纯净和高尚起来，愿意把唯一录取名额让给他。这时，小说很大程度上是在赞赏、确认音乐及美育的认同作用了。音乐不仅可以成功地治疗像孙长宁这样深受"读书无用论"伤害的无知少年的伤痕，而且还可以帮助都市少年在审美感动的瞬间驱散功名利禄之心而换回纯洁的心灵：

教师们看着那七双眼睛，这来自祖国四面八方的七双眼睛，突然变得那么相像，仿佛是七个孪生的兄弟姐妹：天真、诚挚、无私而年青。多么可爱的年青人呐！

借助音乐幻化的审美乌托邦，承受创伤的青年们可以在瞬间抚平心灵创伤，回归为一个完整体。但是，我们今天置身在开放时代特有的多元价值观并存乃至冲突的状况中，是完全遵循以往的集体化自我的道路，还是认定个体化自我是唯一正确的人生选择，这就可能构成多元价值选择的困窘。

上面三个方面合起来，可以把当今美育面临的新挑战凸显出来：如何在一个本来就是泛审美或泛艺术的环境里实施美育？从一部描写80后青年成长的小说中，我们可以感受到一个北京中学生的生活状态：

青年作家春树在《北京娃娃》里描写了生活在泛艺术、泛审美环境中成长的一代人。

在匆忙迎接中考的前几个月，我最大的快乐就是每星期和他在电话中聊半个小时，我常常在傍晚呼他，那时看得到金色的夕阳和翠绿的树，我们的谈话是那么谨慎华丽，像活在神话世界里，没有一切，只有艺术、秩序、美丽。这种虚无缥缈在现实面前不堪一击。他告诉了我他的呼机，我知道这是不被允许的。在很长一段时间内，我都不知道他的姓名。每个人都有自己的生活空间，也许只有在做心理咨询员的短短几个小时，他的心才是沉静、不被打扰的。所以我不愿意多给他打电话，我害怕他暴露出生活的局促和无奈。我只愿意感觉轻松悠闲的谈话。这些，他肯定都明白，他那么聪明。[1]

不论是在外国人眼里，还是在中国人眼里，汉字总是最具代表性的中国文化的符号。

在改革开放环境中长大的青年，他们仿佛就直接生活在艺术环境里，那里“没有一切，只有艺术、秩序、美丽”。这里所描写的泛艺术或泛审美状态也许有些过于特殊，但也毕竟从一个侧面说明，这一代青年的状态已远远不同于孙长宁时代那种非艺术、非审美状态了，而是处处都可以寻到审美与艺术环境。如今的青少年学生不是对艺术或审美无知，而是对它们熟视无睹、见惯不惊、甚至麻木不仁了。或者，他们在竞相发出诱惑的五光十色的艺术面前，丧失掉选择的主动性以及清醒和明确的认识。

流体人格对美育的挑战

在当前的泛审美环境中实施学校美育，我们已经和正在面临怎样的现实语境挑战？对此是可以从若干不同方面或途径入手探讨的。这里仅仅依据笔者刚刚完成的一项全国在校大学生中外文化符号评选调查结果，作简要的个案分析。因为，这个个案有可能帮助我们重新审视当前青年学生的人格状况，从而对学校美育提供有针对性的对策建议。

这项在校大学生中外文化符号调查，是国家社科基金重大课题“我国文化软实力发展战略研究”的一部分。我们知道，文化符号作为国家文化软实力的一种显豁而又重要的载体，在国家文化软实力的构成层面处在特殊的位置。在校大学生作为一国文化认同的精英群体和未来文化建设的中坚力量，其对本国文化符号和外国文化符号的体验和认同，会影响到国家文化软实力的自我认同及外向传播。由此，在我国在校大学生群体中进行中外文化符号调研，了解他们对中国国家文化软实力和外国国家文化软实力的感知和判断，有助于从一个特定方面了解我国文化软实力的现状和未来趋势及大学生群体对本国国家文化软实力的自我认同，使我国文化软实力发展战略制定更具有现实感和针对性，同时还有助于促进高等人才培养改革更适应大学生的成长和成才。

本次调查有三个项目，即“全国大学生眼中最具代表性的中外文化符号调查”、“全国大学生眼中最具推广价值的中国文化符号调查”、“全国大学生眼中最具推广价值的外国文化符号调查”。我们采取多阶段整群抽样，共调查了全国 24 所高校，回收有效问卷 1878 人份。首次全面考察了我国大学生对文化符号的认知与评价状况。

[1] 春树．北京娃娃 [M]. 文化艺术出版社，2002.

调查之前，我们对80后、90后大学生，特别是全国不同地域、不同性别、不同层次的大学生群体，在选择最具代表性的中外文化符号时会有怎样的作为，不敢存任何幻想。我们担心的是，他们会从自己的感性生活以及个人喜好出发去作多样化的不同选择，而忽略那些主流的或传统的文化因素。但调查结果还是让我们感到意外：当代大学生对中国文化符号的感知呈现出一种高度的趋同性和理性化趋势。

现在中国已经很少看到没有这个标志的城市了。

从对“大学生眼中最具代表性的中国文化符号”绝对测量结果可以看出，大学生所认同的中国文化符号集中在传统文化、政治文化和非物质文化符号上。这一点在因子分析所归纳出的7个因子中表现得更为清晰。而从对因子的回归分析看，大学生对中国文化符号代表性的认识与其人口特征的关联居然很小。

同时，更值得注意的是，一方面，其社会身份因素如性别、年龄、专业、高校所在区域等，对他们对中国文化符号的认识和选择居然都没有体现出显著的影响。而另一方面，中国现代和当代文化符号，尤其是大学生日常生活中主要的文化消费对象和日益多元化的物质文化符号，如麦当劳、肯德基、章子怡、姚明、李宇春、周杰伦等，居然也没能进入到他们的中国文化符号的认同和选择视野中。这两方面在一定程度上都可以说明，当代大学生对中国文化符号代表性的认识具有一种趋同性和理性化倾向。

事实上，根据学者的研究，我国文化现代化水平已经实现了初等发达国家水平，文化传播水平也较高[1]。在这一基本状况下，大学生对中国文化符号的这种认识和选择就显得过于理性化了，且没能体现出预期的多样性特质。

对此现象，我们不得不提出一种原因假设：一方面，中国当代大学生已经生存在一个多元价值观并存的时代，传统生活方式与新的生活方式、个体与社会、中国与西方等之间交织成复杂多样、令人难以选择的生活情境。另一方面，面对这种多元价值观并存的生活情境，中国当代大学生往往可以有灵活的多样化选择。他们诚然可能在感性上热烈地喜好某些时尚文化符号如周杰伦等，但同时又可以在理性上认同另一些文化符号如中国传统文化符号。他们一方面可以感性、开放、趋时，具有年轻一代大学生特有的追新入时的强烈需求；另一方面又可以理性、守成、稳重，具有令人感觉沉稳的社会责任感和建设意向。也就是说，他们的日常感性喜好与他们的理性的文化价值认同似乎可以相互分离、分立和共生，从而在个体人格上呈现出一种特殊的二元构造——即感性的

[1] 参见中国现代化战略研究课题组等编著：《中国现代化报告·2009：文化现代化研究》，北京：北京大学出版社，2009年版，第269-271页。

令全世界着迷的中国国粹——刺绣！

人时需求与理性的责任意向既相互对立又相互共生。

而比较起来，20 世纪 80 年代在校大学生群体则往往具有另一种情形：他们的日常感性喜好与理性的文化价值认同总是大体一致的，这一方面是因为那时的生活状况总体上还是一体化的或一元化的，不存在今天这种多样化或多元化局面；另一方面，那时的大学生在文化价值观方面也总是一体化的或一元化的，还没有出现今天这种全球化加剧时代古今中外多元价值观相互并存的复杂状况。这种对比虽然可能还有待于充分展开和深入，但至少可以见出，这是一种令人深思的有趣的矛盾现象，这使我们对 80 后、90 后大学生不能不做出新的实事求是的认识和判断。

这也许可以说明，当代大学生目前存在着一种隐性的双重文化人格或多重文化人格。

人格（personality）一般被视为一个人的思维、情绪和行为的特征性模式，以及这些模式背后的或隐或显的心理机制。[1] 单从心理学上说，双重人格是多重人格的一种形态。一般把一个人具有两个或以上相对独立而又相互对立的亚人格称为多重人格，而双重人格正是多重人格之一种，体现出一种内在分离和矛盾的心理障碍。而文化上的双重人格或多重人格则又不同。我们所谓隐性的双重文化人格或多重文化人格，是指大学生个体并存着两个或以上相对独立而又相互对立的文化认同取向。例如，当代大学生本来少有接触京剧、中药、刺绣等古代文化遗产的，而且他们自己未必喜欢它们。但这并不妨碍他们在选中国文化符号时颇富理性地选择了它们，而此时，他们自己的日常感性喜好则被暂时隐匿了起来或者干脆放弃。

他们自己在日常生活中喜好什么呢？根据俄罗斯研究者的旁观：

> 当世界越来越钟爱营养健康的中餐时，中国消费者却对汉堡包、炸鸡腿和用转基因土豆做成的薯条趋之若鹜。……中国有数万年轻人赴西方大学深造。数百万人在本国学习英语。在掌握现代化知识的同时，他们还学到了西方的世界观、生活态度和行为方式。……中国年轻人播放器里的音乐是其西方同龄人正在听的音乐。他们观看同样的好莱坞特效大片、肥皂剧和电视娱乐节目。美国的电影和体育明星在中国受欢迎的程度不亚于本国。中国有的城市还准备建迪斯尼乐园。[2]

[1] Lawrence A.Pervin & Oliver P.John《人格手册：理论与研究》（第二版），黄希庭主译，上海，华东师范大学出版社 2003 年版，第 509 页。

[2] ［俄］雅科夫·贝格尔：《中国：没有围墙》，据袁殿池编选《海外望神州——外国人眼中的中国改革开放》，北京，人民文学出版社 2008 年版，第 7 页。

当代大学生的内心就至少同时并存着个体主义文化和集体主义文化两种人格倾向。

这位外国研究者的观察至少部分地是准确的。但让他没有想到的是，即便是这些被他视为“生活方式西化”的“中国年轻人”，当他们理性地选择中国文化符号时，却又表现得那么“中国化”或“传统化”。

问题就出来了：这种情况的出现，到底是表明他们富于理性、头脑清醒，还是表明他们精于世故或深谙人生策略？对此双重文化人格现象，确实需要进行分析和研究。心理学家认识到，“人格是存在于文化背景中的”“文化在理解人格当中起着举足轻重的作用”。如果说，当代大学生在感性层面倾向于把自己看作独立的、独特的人，可以我行我素，从而体现出一种“个体主义文化”的人格；那么，他们在理性层面则倾向于把自己看做更大群体即家庭或国家的所有物，从而带有“集体主义文化”的人格特征。[1]

这样，在大学生的内心就至少同时并存着个体主义文化和集体主义文化两种人格倾向，这两者在当代大学生心理上是如何相互冲突、共存和调和的？我们既需要联系当前现实文化状况去理解这种双重文化人格，又需要通过这种双重文化人格去理解当前现实文化状况。[2]

基于以上分析，我们不妨进一步提出两种文化人格的理论假设：当代大学生与20世纪80年代大学生有可能存在着不同的文化人格特征。如果说，80年代大学生有着一种固体型文化人格，其表露在外的言谈举止与内心理想之间可以大体稳固而一致，宛如那明确、坚固而沉稳的固体物质；那么可以说，当代大学生则具有一种流体型文化人格，其外在言谈举止与内心理想之间可以形成灵活而流变的多重关系，恰似那流动起伏、变化多姿、随物赋形的流体物质。这就是说，同20世纪80年代大学生的明确、坚固而沉稳的人格相比，现在的大学生有着流变、灵活而飘动的人格。

美育的人格范式及其转向

如果上面有关固体人格和流体人格的假定大体能够成立，那么，它如何有助于我们重新认识学校美育的课题呢？问题就提出来了。集中到

[1] 参见[美]Jerry M.Burger《人格心理学》（第六版），陈会昌等译，北京，中国轻工业出版社2008年版，第8页。

[2] 关于人格与文化的关系，参见Lawrence A.Pervin & Oliver P.John《人格手册：理论与研究》（第二版），黄希庭主译，上海，华东师范大学出版社2003年版，第506页。

一点：美育在今天到底要培育什么样的人格范式？

在固体人格占主流的20世纪80年代，美育是基于那时青少年的非中求美、无中有知和由朴及文的特定状况而设定的，是要凭借高雅而精神性的审美与艺术途径，把青少年从蒙昧状况提升到文明状况中。那时的在校大中小学生，服从于当时全社会的发展状况和建立于此基础上的人生价值取向，主要还是以国家和民族的集体性精神愿景为个人愿景，因而美育的课题可以设定为以精神性审美去开启青少年学生的心智。这就意味着，那时的美育的人格范式目标，主要在于一种非个人化的集体性精神人格的养成。

而今的21世纪头十年，美育面临的状况早已从20世纪90年代起就发生了明显的改变：非中求美、无中有知和由朴及文，分别被代之以美中立美、知中出知和多中难择。究其原因，不妨指出，这是同现在社会建构的核心课题密不可分的。

现在社会建构的核心课题在于以人为本与社会和谐。以人为本，并非以20世纪80年代那种人的集体性精神诉求为本，而首要地表现为以人的复苏的物质欲望和精神欲望为本。这就是要以人的利益为本，即是以人的物质利益与精神利益及其协调为本。具体来说，就是要在处理并协调个体与个体、个体与集体、集体与集体等诸种利益关系的基础上，达到社会和谐。因此，当前以人为本原则下的社会和谐诉求，并不追求单纯的个人克制了个体私利的集体性精神和睦，而在于在个体利益诉求与集体和睦愿望之间，达成一个大致的平衡态，并以此为基础，去追求个体的精神提升。双重文化人格和流体人格的出现，应当说正是来自这种复苏的个体利益的需要与已有的集体性精神诉求之间的调和的。也许正是出于这种调和的目的，大学生可以在评选中外文化符号时，采取非个人化的理性选择。

席勒：自由，无论是政治的自由还是市民的自由，永远是所有财富中最神圣的东西，是最值得人们努力追求的目标，也是所有文化中伟大的号召因素。

在这样的语境中，美育的课题就不得不做出改变：不再是以单纯的精神性审美去开启青少年学生的心智，因为那样显然是置当今强势复苏的个体利益诉求于不顾；而是要在精神性审美与物质性审美的对话中，去探索新的介乎无功利性审美与功利性审美之间协调的可能性。这就意味着，此时美育的人格范式目标不能不发生新变化：主要在于一种个人化的物质性愿景与非个人化的集体性精神愿景之间的平衡和协调。

当前学校美育新课题与国民素养建设

应当讲，上面谈到的双重文化人格及流体人格等问题，虽然出在大学生身上，但它的发生实际上应当回溯到他们的中小学时代成长历程中，因为那时的教育和成长早已为现在的人格构成中埋下了伏笔。所以，今天的学校美育应当从包括幼儿园、小学、中学和大学在内的整体上予以通盘设计，这就需要上升到国民素养的整体结构上去构想。

人们在经验中要解决的政治问题必须假道美学问题，因为正是通过美，人才可以走向自由。

我这里说的国民素养，是指包括公民和未成年人在内的全体民众的素质及其养成。而这在现代美育的首倡者席勒那里，原本就是据以实施美育的一个基本初衷。在那时的席勒看来，“自由，无论是政治的自由还是市民的自由，永远是所有财富中最神圣的东西，是最值得人们努力追求的目标，也是所有文化中伟大的号召因素。”但是，如此神圣而伟大的“自由”，却是必定依赖于公民的特定素养的。“这一辉煌的结构只能建立在坚实的、具有高贵特征的基础之上：咱们赋予某个公民以宪法权力之前，必须确保这个公民自身具有良好的素质。”[1] 而这种“良好素质”的取得，恰恰要通过美育去达到。

席勒的《审美教育书简》正是要回答这个问题。“人们在经验中要解决的政治问题必须假道美学问题，因为正是通过美人才可以走向自由。”[2] 美育甚至被视为解决现实“政治问题”而迈向“自由”境界的一条必由之路。而在蔡元培发表于1912年的《对于教育方针之意见》中，美育被规定为实施现代国民“世界观教育”的中介环节——“津梁”。“然则何道之由？曰美感之教育，美感者合美丽与尊严而言之，介乎现象世界与实体世界之间，而为津梁。……故教育家欲由现象世界而引以到达于实体世界之观念，不可不用美之教育。”[3] 美育在这里被规定为从“现象世界”到达“实体世界”的桥梁。可见，在西方和中国现代美育的创始者那里，美育不约而同地都被视为培育国民素养的一个关键途径。

自从蔡元培于1912年在中国现代教育体制中输入学校美育以来，尽管其间有过诸多曲折，但通过美育途径而培养新型国民或提升公民素养，毕竟已成为我国现代学校教育的一个重要任务。问题在于，通过美育去培育国民素养，这在不同的时代应当有其相对不同的问题重心及具体途径。

---

[1] 席勒1793年7月13日致奥古斯丁伯格公爵的信，转引自［美］列维、史密斯《艺术教育：批评的必要性》，王柯平译，成都，四川人民出版社1998年版，第27页。

[2] ［德］席勒《审美教育书简》，冯至、范大灿译，北京，北京大学出版社1985年版，第14页。

[3] 蔡元培：《对于教育方针之意见》，原载《东方杂志》第8卷第10号，1912年4月。

结论

在今天这个倡导以人为本并寻求社会和谐的年代，当个体利益诉求获得强势复苏，个人化的物质性愿景与非个人化的集体性精神愿景之间形成多种多样的冲突时，美育就作为一种必要的调解途径被铺设开来。这时的学校美育，势必不能满足于像在 20 世纪 80 年代那样主要致力于诉诸青少年学生的精神性审美渴求，而需要面对他们所陷入其中的个人利益与集体利益之间的多重冲突，提供想象的或假定的协调方案。正是从这个意义上说，当前学校美育的任务，应当针对当前国民素养建设所处的特定社会与文化境遇以及学校美育自身面临的特定问题，经过必要的调整或变通后，方可设定并付诸实施。同时，还要在实施中不断反思、调整和完善。如果满足于仅仅重复 20 世纪 80 年代的方略，或者只是复述席勒和蔡元培那时的特定思考，必然无法取得真正的实效。

艺术教育的核心与感性素质的培养

周海宏 1963年6月出生于辽宁沈阳，中央音乐学院音乐学系美学教研室教授、博士、博士生导师。主要从事音乐心理学、美学教学与研究工作。现任中央音乐学院副院长、全国音乐心理学学会副会长。1992年毕业于中央音乐学院获硕士学位后，留校音乐美学教研室任教至今，1996年师从张前教授继续攻读博士学位，1999年毕业，获博士学位。1995~2005年任中央音乐学院图书馆馆长，2000年兼任音乐学研究所副所长，2001年兼任科研处长，2002年兼任院长助理，2004年起任副院长至今。曾先后发表《音乐美学研究中的方法论问题》《对部分钢琴演奏心理操作技能的研究》《“音乐特殊性”及音乐艺术的 本质与功能》《对现代音乐的美学思考》《器乐学习与儿童智力发展》等论文40余篇。合作出版《音乐美学》《儿童钢琴学习指南》《社会科学成果评估 的指标体系的研究与设计》《钢琴之路——结构定向设计钢琴集体课教材》等著作。近年来致力于音乐普及工作，经常在国家行政学院、中央党校、中组部培训中心，中央党校国资委分校等国家级培训机构，清华大学、北京大学、人民大学等著名EMBA学院、各大部委、企业举行讲座，受到广泛好评。

从个体的角度讲：没有感性素质就没有体验美好生活的能力。从群体角度讲：没有感性素质的民族，就没有创造良好感性环境的能力，也就没有创造高水平物质文明的能力。艺术在人类社会中的根本功能，是改善人类的感性环境，使人享受生活的美，以及培养人的感性素质，使人产生对良好感性环境的要求，进而创造文明的物质生活。迈向小康社会，既要有经济与科学生产力的保证，又不能缺少国民感性素质的基础。而这一切都必须要落实到以培养人的感性素质为核心的艺术教育上去。

素质教育的观念已深入人心，然而“素质”具体是指什么，它可以落实到具体教育培养目标的内容是什么还不够明确。

从最概括的素质结构来看，完善的人应该具备以下四种素质：

从最概括的素质结构来看，完善的人应该具备以下四种素质：理性素质、感性素质、情感素质、身心素质。

一、理性素质：它是人获得知识，分析问题，解决问题的根本能力；广博扎实的知识、清晰严谨的逻辑与积极活跃的思考是其构成要素。它是人类征服自然，创造物质文明的根本力量。它的活动领域是科学，它的本质力量是对“真”的追求。

二、 感性素质：首先，它是人感受世界，体验生活幸福、自然之美的能力；其次，这种素质产生了人对良好感性环境的需要与要求。它的构成要素是敏感的体验能力与对良好感性体验的要求。它是人类美化生存环境，创造艺术的根本动力，也是目前普遍提倡的环境意识的内在心理要求。它的活动领域是艺术，它的本质力量是对“美”的追求。

三、情感素质：它是人与人之间友爱、关怀、互相帮助的内在需要。它的构成要素是爱的情感与对群体的关怀，与理性能力相结合，它是人重大局，重群体能力的情感基础。它的活动领域是道德，它的本质力量是对“善”的追求。

四、 身心素质：它的构成要素是健康的身体——身体健康及体能良好，与健康的心理——不易受到心理伤害及具有良好的心理伤害自我修复能力。

笔者在此主要谈谈感性素质对个人及社会发展的作用与意义问题。

“素质教育”最初是针对“应试教育”提出的。这使人们觉得拥有解决实际问题的能力，拥有灵活处理复杂情况的能力，在现有教育体系中增补一些人文社会科学知识与艺术知识就已经是在进行素质教育了。比如某素质教育基地出版的《素质教育手册》，前 1/3 是哲学原著，中 1/3 是乐曲解说与音乐常识，后 1/3 是美术作品的讲解——作者生平，表现绘画内容的故事。这种做法在目前的素质教育实践中很有代表性）。

建筑之美，环境之优，给人们创造了良好的栖息条件。

这种教育从根本上来说培养的还是人的理性素质的一部分——知识，而不是人的感性素质的核心要素——体验的能力。

理性素质的重要性已是人所共知，但是感性素质的重要性还没有被人们充分认识到：

从个体的角度讲：没有感性素质就没有体验生活美好的能力。社会发展的根本方向是创造全人类的幸福，而幸福社会的前提是每个个体都具有体验幸福的能力，这就需要培养每个人的感性体验能力。如果一个人面对美丽的大自然——视觉的美；在优美的音乐环境中——听觉的美；吃着珍馐佳肴——味觉的美；闻着鲜花的芳香——嗅觉的美，而毫无美的享受，那么拥有再多的金钱，再高的地位，他的生活也谈不上幸福。促进每一个人感性体验能力的提高，是提高社会生活幸福感的前提。拥有良好物质生活条件的社会，与拥有生活幸福感的社会并不完全相同，物质文明建设与创造幸福社会之间必须有人的素质的环节——感性体验能力。我们见到这样的人，当他面对城市环境美化工程时，非但没有产生生活真美好的体验，反而会说，“花这么多钱搞这种花架子干什么”。缺少感性体验能力的人，存在着过于偏重实用功利性因素，而缺少生活幸福感体验的问题。

从群体角度讲：没有感性素质的民族，就没有创造良好感性环境的能力，也就没有创造高水平物质文明的能力。

如果一个人面对美丽的大自然，闻着鲜花的芳香，而毫无美的享受的人，那么他拥有再多的金钱，再高的地位，他的生活也谈不上幸福。

造成环境脏、乱、差的原因不完全是经济问题（贫穷然而整洁的现象是大量的），最根本的原因是：由于人们缺少感性素质，因而对良好的感性环境没有要求。国家每年花很大的力量来进行卫生、环境检查，讲卫生，难道不是每个人的要求吗？——没有感性素质的人，就没有对环境感性质量的要求。不培养人的感性素质，靠检查是不能拥有文明环境的。环境脏、乱、差仅仅是目前国民感性素质低的一个侧面的表现。

包括服装、建筑、建材与装修、工业设计在内的所有这些产业都是具有感性素质的人，在对良好感性环境的要求下创造的。现代物质文明生产的基本特征就是实用性能与感性样式并重。中国产品缺少国际竞争力，在一些产品上固然有“性能质量”方面的原因，但是在许多产品上是由于“感性质量”差！究其根本原因，是从设计者，到产品决策者，到商业流通者，到最终用户的感性素质低，因而对产品的感性质量没有要求。全社会普遍的感性素质低，导致了全社会普遍的对感性质量的要求低。这是我们的产品设计水平上不去最根本的社会原因，也是我们的环境质量差的最根本的原因！如此实例不胜枚举。

因此，创造文明环境的根本出路在于提高全社会的感性素质！

提高全社会的感性素质是创造高水平物质文明的前提！

目前，我国与发达国家在科技水平上的差距已经得到了全社会的普遍重视，但是感性素质上的差距还没有获得起码的认识。国民普遍的感性素质低——特别是政府官员与知识分子的感性素质不高，对整个国家与民族发展的制约，已经越来越突出地表现出来了！科学技术可以通过引进与购买获得，但是实现提高全民族感性素质的任务则是异常艰巨，需要漫长努力的。

感性素质的培养只能通过艺术教育来实现。这就是国家大力倡导艺术教育，向百万大学生普及交响乐等举措的深层意义所在。

艺术在人类社会中的根本功能，是改善人类的感性环境，使人享受生活的美，是培养人的感性素质，使人产生对良好感性环境的要求，进而创造文明的物质生活。当然，创造精神文明与先进文化是它最直接的功能体现。这是艺术以及艺术教育最本质的，也是不依附于其它功能的社会功能。艺术固然可以承担认识与道德教育的作用，但这些功能毕竟是科学与道德可以替代的功能。

艺术，使我们的生活变得更加美好。

然而，目前的艺术教育存在着两个误区：

第一个误区是，把艺术教育当成知识教育，这就大大削弱了艺术教育培养人感性能力的根本作用。感性能力是不能通过知识的学习来获得的。画家与门外汉的根本差别不在于是否知道绘画作品所表现的事件是什么，而在于对作品视觉感性效果的深刻感受力；音乐家与普通听众的根本差别不在于是否知道作品的表现内容，而在于对作品音响结构听觉感性效果的细致入微的体验能力。艺术教育必须把培养感性体验能力，培养对良好感性环境的要求放在核心的地位上，否则就不能实现其应有的社会职能。

第二个误区是，把艺术教育（特别是音乐教育）当成其它教育的辅助。一个最经常提到的说法就是，音乐教育可以开发智力（且不说音乐的这一功效在科学上尚无定论）。在人类社会的生存与发展中，艺术固然有多种功能（比如认识的与教化的），但改善世界的感性质量，提高人的感性素质毕竟是它不可替代的本质功能。科学征服世界，艺术美化世界，这是它们各自不可替代的社会功能。改善世界的感性质量本身就是人类生存与发展必不可少的需要，而不是说，这种需要只有依赖于其它的需要（比如认识世界、改造世界或培养人的道德水平）才有存在的必要性。因此艺术教育培养人的感性能力，培养人对良好感性环境的要求，本身就具有独立的价值，而不是说它只有依附于其它教育目的（比如开发智力，培养集体精神）才值得大力提倡。当然以艺术的手段培养人的道德情操，是艺术非常有效也是当仁不让的功能。

形成这种艺术教育误区的原因是多方面的。应该指出的是，在对艺术本质功能的认识上，以往是存在着一些偏差的——由于过于强调艺术

李四光的音乐造诣相当深厚，1920年他在巴黎创作了中国第一首小提琴曲《行路难。

的认识功能与道德教育功能，因而在一定程度上抑制了艺术在培养人感性素质方面功能的发挥。其中的深层原因就是，没有看到感性素质对推动社会进步的重要作用，因此也就不能把艺术教育放到应有的重要地位上来。这种认识的偏差，小而言之阻碍了艺术事业的发展，大而言之从很深的层面上阻碍了整个国家与民族的文明发展进程。

与以上问题相关，以往的传媒对许多典型人物的宣传，常常使人产生这样的印象：除了工作别无旁顾，除了事业没有其它生活的人才是最高尚的；使国民产生这样的生活观：追求感性生活是不高尚的，一个高尚的人、一个事业有成的人往往是排斥感性生活的！比如文革结束后不久，对一些科学家的片面报道，使全社会普遍产生了这样的印象：科学家或所有事业有成的人，都是除了工作别无旁顾，特别是对享受生活之美毫无兴趣的人；只有排除一切感性生活的需要，才能成为一个事业有成的人；是那些没有感性生活需要的人推动了社会的发展、文明的进步。

从人才的素质结构来看，这种宣传实际上树立的是素质不完整的榜样。其客观的社会效果，一方面造成了人们对感性素质重要性的忽视——个人的成功不需要感性素质，社会的发展也不需要感性的素质；另一方面也没有达到榜样应有的对社会大众人格发展的影响力——不完整的素质结构，不符合人类生存与发展的一般需要。其实，伟大的科学家（如爱因斯坦、李四光等）往往是素质完整的人，他们除了理性素质超群之外，他们的感性素质同样构成了其整体素质的重要侧面。可以想象，如果社会的每一个成员都成为那种除了工作别无旁顾的人，那么这个社会的经济会是什么样，整个社会会向怎样的方向发展。

如果在舆论宣传中推崇的人生观是否定感性生活的，那么在教育实践中就无法真正重视感性素质的培养。这就是一方面国家大力提倡艺术教育，而另一方面艺术教育对社会发展的意义与重要性又难以被人理解的重要原因。这种因在人生观的宣传中存在的片面性而产生的对艺术教育发展的阻碍作用，是令人始料不及的。

当前，国家正在健康稳步地迈向小康社会。然而，“小康”不纯粹是一个经济学概念，它还包含着人们对生活幸福感的体验。如果国民的感性体验能力不能与经济及科学生产力的发展同步的话，那么就不能产生应有的生活幸福感，就不能最终实现与经济小康水平相应的幸福满足感。从另一方面讲，如果国民的感性素质不提高的话，就没有对文明环境的要求，也就缺少创造高水平物质文明与良好环境的深层动力。迈向小康社会，既要有经济与科学生产力的保证，又不能缺少国民感性素质的基础。而这一切都要以认识到感性素质在人类生存及社会进步中的重要作用为基础，进一步落实到以感性素质为核心的艺术教育上去。

甘肃学校美育工作调查报告

旦智塔 笔名江乾 · 丹智达，藏族，出生于1957年，甘肃卓尼县人，研究生，中国少数民族教育学会常务理事、全国扫盲教育理事会副理事长，甘肃省作家协会会员。1983年毕业于陇东学院中文系；1990年毕业于中央民族大学管理科学研究班；2002年甘肃省委党校区域经济开发史专业研究生毕业。1987年任甘南州人事劳动局副局长；1988年任甘南州委组织部副部长；1992年任玛曲县委书记；1998年当选为甘南州副州长；2005年任甘南州委副书记；2005年7月至今任省教育厅副厅长。长期学习钻研古今中外哲学、文学、民族、宗教、文化、经济、教育等学科的理论知识，思考关注其核心价值、发展规律和前沿问题。撰写的论文先后在国家、省级刊物上发表，并先后编著《一个游牧民族的小康梦——甘南草原畜牧业经济开发研究》《西部大开发与民族地区经济发展》（合著）《2006甘肃基础教育调研报告》（获甘肃省第七届基础教育科研优秀成果一等奖）《大爱无疆——甘肃地震灾区中小学心理健康教育个案研究》等。

甘肃简称“陇”，是取古甘州（今张掖）和古肃州（今酒泉）两地首字而得名。总面积为45.4万平方公里，居全国第七位，地处青藏高原、内蒙古高原和黄土高原交汇处，地域辽阔，资源丰富，自然条件复杂多样。全省辖14个市州（其中2个民族自治州），86个县市区（其中7个民族自治县），总人口为2628万人，包括汉，回，藏，蒙古，裕固，东乡，保安等54个民族，其中，东乡、裕固、保安族为甘肃特有少数民族。全省地形狭长，东西长1655公里，南北宽530公里，由于甘肃地形东西狭长，恰似中国吉祥文化中的玉如意，又有“如意甘肃”之美称。

甘肃，在中华民族的发展历程中，有着悠久的历史和灿烂的文化。大地湾遗址证明，这里是中华民族发祥地之一，黄河在甘肃境内流程900多公里，人文始祖伏羲就诞生在渭河上游。三千多年前，周人先祖发祥于陇东一带。汉唐以来，甘肃成为中西文化交流，商贸往来的丝绸之路，留下丰富的文物古迹。举世文明的莫高窟，雄伟的嘉峪关，金碧辉煌的拉卜楞寺和古老的长城等旅游景点及地下珍藏汉简等，以其特有的魅力吸引着中外游客。

人文始祖伏羲诞生在渭河上游

改革开放以来，甘肃省教育系统发扬“人一之我十之，人十之我百之”的甘肃艰苦奋斗精神，认真落实省委、省政府确定的“科教兴省”、“人才强省”战略，以“两基攻坚”为重点，积极推进普及义务教育均衡发展，大力发展高中阶段教育和学前教育，不断提高高等教育质量，使全省教育事业取得了历史性成就。2009年，全省基础教育各级各类学校14733所，在校生460万人，专任教师26万人。学前教育学校2452所，在校学生21.4万人。其中，普通高中463所，在校学生63.1万人；普通初中1618所，在校学生141.1万人；小学12637所，在校学生252.6万人；特殊教育学校15所，在校学生13687人。全省小学适龄儿童入学率99.45%；进入普通初中升学率97.89%；进入普通高中升学率46.83%；进入高中阶段升学率77%；高中阶段毛入学率70%。甘肃普通高中教育发展相对较快，全省有47所省级示范性普通高中，每万人中高中在校生239人，高于全国186人的平均水平。经教育部批准，今年3月16日甘肃省政府召开了高中课改启动大会，今年秋季全省普通高中起始年级将全面进入新课程实验。

在高等教育领域，我省继续坚持高等教育扩招政策，适度扩大高等教育规模，高等教育毛入学率达到了22%，进入了大众化发展阶段。目前，全省共有高等学校39所，其中本科院校14所，高职高专20所，独立学院5所，专任教师2.3万人。2009年，全省普通本专科在校生规模达到36.15万人（本科在校生数为21.91万人，普通专科在校生数为14.24万人），全省在校研究生规模达23469人，全省在校博士研究生3153人。

甘肃在西部地区具有一定的代表性，下面我从两个方面简要介绍甘肃各级各类学校开展音乐美术教育工作的基本情况。

一、我省学校音乐美术教育全面落实国家规定课程，以课堂教学为主阵地，以增强学生音乐意识和审美能力为重点，把普及艺术教育与发现培养特长紧密结合起来，取得了较好的实效。

通过形式多样的艺术展演活动，既丰富了展演活动的内容，又达到了让每个学生都参与一项艺术活动的目的，极大的充实了中小学生的精神生活，

学校艺术教育事关亿万青少年的健康成长，对于丰富学生的精神世界，提高学生的审美修养，发展形象思维，激发创新意识，促进学生个性发展，具有十分重要的意义。没有美育的教育是不完整的教育，音乐、美术教育对于德育教育和启迪心智方面可以发挥很大的作用。近年来，我省认真贯彻党的教育方针，全面推进素质教育，把德育、智育、体育、美育等有机地统一到教育活动的各个环节中，教育各项事业得到了快速发展。在这个过程中，我们高度重视学校音乐美术教育，坚持面向全体学校、面向全体学生的指导思想，通过组织开展各级各类学校艺术教育实践活动，营造了开展艺术教育工作，提升学生的审美素质的浓厚氛围，使学校艺术课程的开课率逐步提高，课外文体活动得到广泛开展，学校艺术教育工作得到了教育部的肯定。

甘肃的主要做法概括起来有四个特点：

第一、以坚持实施规定课程为目标，保证开足开齐所有课程。坚持按教学计划开课，按教学大纲教学，从而克服和避免了教学活动中的随意性和无序状态，城区、县镇100%的学校达到了开齐课程，开足课时，农村占100%的完小以上学校达到开齐课程，98%的学校达到开足课时。

第二、以普及性活动为载体，加强对学校艺术教育的指导。各级教育行政部门定期对学校开设艺术教育课程的情况进行明察暗访，对薄弱学校进行“会诊”，帮助学校找出存在的问题，制定整改方案，限期完善，促进了“两全”方针的落实和艺术教育教学质量的提高。

第三、以艺术展演活动为手段，激发学生参与意识和审美情趣。通过形式多样的艺术展演活动，既丰富了展演活动的内容，又达到了让每个学生都参与一项艺术活动的目的，极大的充实了中小学生的精神生活，也在社会上引起很大反响，受到了群众好评。

第四、培养艺术人才园地、组建艺术文化团队。（这个问题下面还要进行具体介绍）甘肃省在开展学校艺术教育的过程中，重点加强艺术教师队伍建设，不断提高教师推进艺术教育的使命感与责任感，注重艺术教育工作的实效性，使学校艺术教育工作取得了以下方面的成绩：

（一）品味高雅艺术，传承经典文化。以高雅艺术进校园活动为契机，全面推进我省高校艺术教育的发展。从2006年开始，甘肃省教育厅积极响应教育部等部门的号召，成立了高雅艺术进校园活动组织机构，制定了工作方案，为艺术院团和高校之间搭建了合作的平台，形成了艺术教育的合力，实现了普通高校与艺术院团发展的共赢。与此同时，还积极联络和利用省级新闻媒体，全方位、立体式的向社会报道了我省“高雅艺术进校园”活动，努力打造我省精品校园文化活动。各高校利用学校各种宣传载体，把“高雅艺术进校园”活动与校园艺术文化宣传活动有机结合。2009年，中央民族歌舞团和中国爱乐乐团在甘肃三所大学开展了9场演出活动，以“养德、开智、审美、育人”为宗旨，突出了“走进大师，聆听经典，陶冶情操，提高素养”的主题，为师生和高雅艺术架起一座便利的桥梁，有上万名大学生观看演出，使学生受到了高雅艺术的熏陶，更加丰富和活跃校园文化生活，得到了高校师生的高度赞誉。通过高雅艺术进校园活动，为提高老师、学生、家长对高雅艺术的认识，形成大学生了解高雅艺术、喜爱高雅艺术、欣赏高雅艺术的良好氛围创造了条件。

2009年，中央民族歌舞团和中国爱乐乐团在甘肃三所大学开展了9场演出活动，以“养德、开智、审美、育人”为宗旨，突出了“走进大师，聆听经典，陶冶情操，提高素养”的主题，为师生和高雅艺术架起一座便利的桥梁，有上万名大学生观看演出，使学生受到了高雅艺术的熏陶。

（二）以组建学生音乐团队为抓手，不断提高艺术水平。

一是在普及音乐教育的同时，大力开展音乐特色教育。兰州第一中学于1993年就创建了以“养德、开智、审美、育人” 为宗旨的学生交响乐团，乐团组建15年来，为各类大学培养输送艺术人才234名，是目前在国内外具有较高声誉的中学生交响乐团之一。兰州十四中于1984年在高中设立了音乐特长班，并成立了“兰州市中学生交响乐团”作为兰州市中学生音乐实践的基地。1996年，在音乐特长班的基础上成立了附属“西北音乐学校”，现为“中国音乐学院教学实践与生源基地”。这两所学校都建有标准化的交响乐团专用排练厅和先进的教学设施，先后聘（邀）请我国著名交响乐指挥家来校讲学、指导排练，并在国内的器乐比赛中多次获奖，受到社会各界好评。

二是从城到乡分类推进，分步实施学生音乐教育普及工程。为了全面提升学生艺术修养，普及高雅艺术，丰富校园文化生活，促进学生全面发展，甘肃省教育厅联合有关部门，以兰州市为试点，实施了“校园音乐厅——学生音乐教育普及工程”。由兰州市交响乐团每月为全市中小学生免费演出一场民族传统、中外古典和现代音乐作品为主要内容的专场音乐会。该项工程旨在学生中普及高雅艺术，传播先进文化、建设健康向上的校园文化、营造良好的育人环境，是加强学校艺术教育、提高全体学生艺术素养的重要措施，也是为中小学生提供近距离接触高雅艺术、丰富课外生活、开拓视野、提高音乐修养的重要途径。为使该项工程能真正面向全市中小学生，相关部门组织了“走出城市，走进乡村”为主题的艺术小分队，深入乡村学校，开展丰富多彩的艺术下乡活动，让更多的乡村孩子接触艺术、了解艺术、喜爱艺术的。

（三）以开展和参加各类活动为依托，促进全省艺术教育的广泛提高。

2009 年甘肃省启动了主题为“阳光下成长”的全省中小学生艺术展演活动。

1. 积极开展课外艺术教育活动。各校普遍建立了艺术教育课外活动兴趣小组，充分利用学生的课余时间和校外教育阵地，组织学生艺术活动小组，进行艺术教育实践活动，培养和发展学生的艺术兴趣及特长，丰富其精神生活。与此同时，鼓励和扶持学校挖掘潜力，积极创办艺术教育特色学校，涌现出了一批整体水平较高，特色鲜明，有示范作用的艺术教育改革实验学校，逐步形成了“不迈开艺术教育的步，就走不上素质教育的路”的共识。

2. 坚持每年举办全省性中小学生艺术展演活动。甘肃省教育厅将每年 9 月确定为校园艺术月，并定期举办文艺汇演、歌咏比赛、美术作品大展。2009 年甘肃省启动了主题为“阳光下成长”的全省中小学生艺术展演活动，举办了全省中小学生艺术展演活动及艺术教育科学论文报告会活动。在全省 14 个市、州，86 个县（市、区）的中小学校开展了不同形式和规模的中小学生艺术展演活动，直接或间接参与者达 300 多万人；各级文艺演出和书画、摄影展览达 2 万多场（次、件）。参加全国第三届中小学生艺术展演活动及艺术教育科学论文报告会活动的有 18 个艺术表演节目、57 件、30 篇艺术作品艺术教育科学论文。

2010 年在中央音乐学院叶小纲教授的号召下，在甘肃实施中国美育论坛实践项目“送校歌计划”活动。

3. 中央音乐学院在甘肃实施“送校歌计划”活动。作为北京现代音乐节中的重点活动之一，2010 年在中央音乐学院叶小纲先生的号召下，凭借中央音乐学院的专业优势和影响力，发动全国作曲领域的志愿者，在两、三年的时间内，为全国边远贫困地区的中小学创作万首校歌，让每一个贫苦地区的孩子们都能唱起自己学校的校歌，这一活动的深入开展，将进一步提高认识，创造条件，营造声势，唱响校歌。让校歌成为学生最喜爱传唱并代代传唱的流行歌曲，给普及音乐教育，培养真正追求音乐的一代新人等方面发挥积极的推动作用。

二、甘肃是西部欠发达的多民族省份，穷省办大教育的特点比较明显，当前农村中小学艺术教育水平仍然较低，与全国平均水平存在较大的差距，甘肃艺术教育仍然面临许多困难。

甘肃美育与其它学科教育之间的差别仍然较大，地区之间、城乡之间、校际之间的发展不均衡的矛盾较为突出，农村中小学艺术教育总体水平仍然较低，对音乐有兴趣、有特长的学生比例仍然偏低，艺术教育与全国平均水平存在较大差距。具体来说，目前我省农村学校艺术教育存在如下困难和问题：

（一）艺术教师队伍存在的困难：

一是艺术教师数量缺乏。截至2009年9月底，全省中小学艺术教师7909人，占全省教师总数的3.08%，参照全国学校艺术教育总体规划要求，城镇小学教学班数与艺术教师配备的参考比例为音乐学科1：0.16、美术学科1：0.14。而甘肃中学校艺术教师的配备情况对应比例分别为1：0.076、1：0.068；农村小学教学班与艺术教师配备的国家规定参考比例为：音乐学科1：0.14，美术学科1：0.12，甘肃对应比例分别为1：0.013、1：0.012。农村学校艺术类老师尤为奇缺，跨学科教师担任美术、音乐课教学的现象比较普遍。

甘肃农村艺术教育兼职教师，缺少相关专业培训。

二是教学能力不足。甘肃农村艺术教育专任教师技能单一，人文素养不够。艺术类兼职教师没有接受过专业培训，专业知识和教学能力差。相当比例的艺术类教师是民办教师转正，年龄结构和知识结构老化现象比较严重。

三是教研与专业培训不够。县级教研部门没有专门的音乐、美术教研人员；没有建立制度，没有教研基地和经费保障，信息比较闭塞，缺乏教学研究和交流；培训对象不能普及到县级以下中小学艺术教师。

（二）开课率及课堂教学质量存在的问题：

一是开课率不足。农村学校对艺术课程的教学没有进行有效的监督管理，也缺乏科学的评价机制。缺少专职教师，兼职教师所占比例很大，由兼职教师担任艺术课程，上课有很大的随意性，经常挤占音乐、美术课时，用于上其他主课；受应试的影响，从小学至高中高年级的艺术课程开课率比较低。

二是课堂教学质量较低。教师教学观念陈旧，缺乏基础教育课程改革的基本理念，不能把握和执行课程标准；教师教学业务能力差，缺乏基本基础和技能，不能正确驾驭和使用教材；教师和学生艺术素养较低，在对主流艺术教材的教学和学习中均有一定的困难。

三是教学手段落后，教学效果较差。课堂教学不符合学生的兴趣爱好和认识规律；不能有效利用远程教育网络资源，教学内容单薄、手段单一；不能开发利用地方民间艺术教育资源。

（三）资源配置存在的问题：

一是总体水平低。甘肃中小学校达到2002年《九年义务教育中小学音乐器材配备目录》三类标准的学校为2919所，占全省学校总数比例为19.83%；全省中小学达到2002年《九年义务教育中小学美术器材配备目录》三类标准的学校为2279所，占全省学校总数比例为15.48%。多数农村学校没有专门的音乐教室和美术教室，即便是有些学校拥有几件乐器，也远远不能满足全校百名学生的教学活动。

二是配备不均衡。有限的资源主要集中在城镇学校，乡镇学校设备相当缺乏，农村小学几乎零配置。地域性、城乡性、校际间发展不均衡等矛盾十分突出，影响了学校艺术教育教学质量的提高。

结语

学校艺术教育事关亿万青少年的健康成长，对于丰富学生的精神世界，提高学生的审美修养，发展形象思维，激发创新意识，促进学生个性发展，具有十分重要的意义。希望借助本届论坛，让更多社会各界人士了解、关注、支援甘肃农村中小学艺术教育，共同推动甘肃省中小学艺术教育健康快速发展。

责任与担当 《

大众传媒在国家美育工程中的社会担当

张晶 1955年9月生，满族，吉林省四平市人。先后毕业于吉林大学中文系，获硕士学位；复旦大学中文系，获博士学位。先后担任辽宁师范大学中文系教授、中国传媒大学教授，并任广播电视艺术学博士生导师。历任中国传媒大学文学院副院长、院长；现任中国传媒大学艺术研究院常务副院长、文艺学学科带头人，教育部中文学科教学指导委员会委员、北京市高级职称评委、北京市学科评议组成员。学术兼职有：中国辽金文学学会会长、中国文艺理论学会常务理事、中国古代文艺理论学会常务理事、中国中外文艺理论学会常务理事、中国俗文学学会常务理事等。兼任中国人民大学等多所大学客座教授。出版有学术专著《辽金诗史》《禅与唐宋诗学》《美学的延展》《审美之思》《诗学与美学的感悟》《中国诗学》《辽金元诗歌史论》《神思：艺术的精灵》《辽金诗学思想研究》《辽金文学论稿》《中国古典诗学新论》）等十余部；主编有《美学前沿》等近十部。在《文学评议论》《文学遗产》《哲学研究》《学术月刊》《文艺研究》《现代传播》等刊物发表学术论文300余篇。

在审美文化功能愈发重要的今天，宽泛意义上的美育无所不在。大众传媒已经成为我们的生活之不可或缺的一部分，美育的社会性、自发性及愉悦性，都更为明确地彰显了出来。今日的大众传媒以非常明显的态势担负了社会美育的功能，同时，还远比传统的社会美育更为集中，更为抢眼，也更有吸引力和感染力。因此，充分认识大众传媒所负载的美育功能，发挥其塑造“完整的人”的积极作用，是当代美学的重要任务。大众传媒中的艺术因素是真正使人们对其青睐的核心原因所在，能否真正开发人们的审美感觉，培养人们的审美趣味，正确引领时代审美风尚，大众传媒担负着主要责任。我们必须树立这样的意识，即大众传媒应该担负社会美育的责任，给以人们健康美好的审美享受。

无论是对一个人或者是对一个社会，美育即审美教育都是一个非常重要的问题。如欲造就一个美好而充满人性光辉的时代，美育是必不可少的。如果说原来的美育主要是通过学校教育等途径施行，那么，当下的大众传媒则是扮演着远比学校教育更为有效更为普遍的角色。如果说，视觉文化成为我们这个时代最为重要的文化症候，成为覆盖面最大的了解世界的方式，图像审美也成了取代文学审美的主要审美方式，大众传媒在其中的作用是唯此为大的；因此，对于社会性的美育工程而言，也应将大众传媒所担负的美育功能和责任，予以现实的审视。充分认识大众传媒所负载的美育功能，发挥其塑造“完整的人”的积极作用，是当代美学的主要任务之一。对于我们目前建设和谐社会的历史进程而言，以大众传媒进行美育的力量会得到深刻的彰显。我们会看到，大众传媒无所不在地渗透于社会之中，已经拥有了大半江山！

大众传媒无所不在地渗透于社会之中，已经拥有了大半江山！

美育是教育的重要组成部分，但又是非常特殊的部分。对于培养完美的人格，美育有着其他的教育方式所无法取代的作用。陶养人们的高尚情操，美育是其最为重要之途径。正如蔡元培先生所指出：“美育为近代教育之骨干，美育之实施，直以艺术为教育，培养美的创造及鉴赏的知识；而普及于社会。”[1] 美育与德育关系密切，但是它并不能由德育所取代。有一种将美育包含在德育中的见解，这已经为蔡元培先生等否定，早在 1920 年，蔡元培先生就将美育与德育、智育、体育并列，且明确指出它们应齐头并进：“从前将美育包在德育里的。为什么审美教育会，要把他分出来呢？因为晚近人士，太把美育忽略了。按我国古时的礼乐二艺，有严肃优美的好处。西洋教育，亦很注重美感的。为要

[1] 《创办国立艺术大学之提案》，见《蔡元培美学文选》169 页，北京大学出版社 1983 年版。

特别警醒社会起见，所以把美育特提出来，与体、智、德并为四育。”[1] 可见，美育在人生成长中的重要价值所在。与德育、智育、体育等主要教育方式相比，美育具有最为突出的自发性、主动性和愉悦性。

大众传媒应担负起当年蔡元培先生所说的社会美育的功能

学生不是常在学校的，又有许多已离学校的人，不能不给他们一种美育的机会；所以又要有社会的美育。

席勒最早提出“审美教育”的范畴，并在《审美教育书简》以塑造“完整的人”为目标来阐发游戏观念。或者说，席勒的“审美教育”是与“游戏”密切联系着的，他认为“我们知道，在人的一切状态中，正是游戏而且只有游戏才使人成为完整的人，使人的双重本性一下子发挥出来”。[2] 美育往往并不止于在学校里进行，而是有着普遍的社会性。在审美文化的功能愈发重要的今天，美育更为无所不在的。在大众传媒成为我们的生活之不可或缺的一部分的时代，美育的社会性、自发性及愉悦性，都更为明确地彰显出来。这种作用是学校教育所难以达到的。蔡元培先生当年非常重视学校之外的社会美育，指出：“学生不是常在学校的，又有许多已离学校的人，不能不给他们一种美育的机会；所以又要有社会的美育。”[3] 并指出担负社会美育的诸多机构，如美术馆、美术展览会、音乐会、剧院、影戏馆、历史博物馆、古物学陈列所、人类学博物馆等；同时，蔡元培还指出了环境的美育功能，如：第一是道路，第二是建筑，第三是公园，第四是名胜的布置，第五是古迹的保存等等。这种社会美育，是通过各种美的场合来陶养人的美感。从美育施行的角度来讲，是理性的建构，而从美育的受动者来说，则是自发的和愉悦的。

今日的大众传媒以非常明显的态势担负了当年蔡元培先生所说的社会美育的功能，同时，还远比传统的社会美育更为集中，更为抢眼，也更有吸引力和感染力。因而，大众传媒自身就更要注重自身的内涵和审美形式。

大众传媒相比其他社会美育方式优势明显

大众传媒在当今文化格局中具有强势的地位，同时，也具有整合各种艺术形式而形成传媒艺术的功能。艺术从来都是美育最为直接的途径，而现在许多艺术都是通过大众传媒受到受众青睐的，有的艺术形式还是

[1] 《普通教育与职业教育》，见《蔡元培美学文选》106 页，北京大学出版社 1983 年版。

[2] 席勒著、张玉能译：《审美教育书简》47 页，译林出版社 2009 年版。

[3] 《蔡元培美学文选》156 页。

靠大众传媒红火起来的。东北的二人转，如果没有大众传媒的力量，是不可能想象有今天这样的风头的。电视小品成为当代艺术的重要样式，也全赖大众传媒。

从审美的意义上说，以我愚见，所谓“大众传媒”，主要是电视，其次是网络，当然还有手机、报纸、广播、图书等，而从当前的视觉文化来说，最能体现高仿真图像优势的，当然也还是要推电视。美育是要开发人们的艺术感觉的，而说到当代的艺术感觉，首先是面对视听一体的电子传播的图像。与传统的艺术相比，它是如此的逼真、如此的鲜活，无论是人物，还是场景，都是高清晰度的，也即波德里亚所说的“仿像”。美国的波德里亚研究学者马克·波斯特阐述波德里亚的观念：“对于波德里亚来说，媒体模仿真实而不是再现真实。与把真实超符码化为书写的或印刷的文本不同，电子媒体直接显示复制的真实。在电视上所看到的似乎是真实本身。我们在日常生活中观察到的形象和声音，显现在荧屏上。混淆这些意义，荧屏扮演了真实，当它被体验时，把某种根本不是真实而只是真实的仿像的东西展现出来。波德里亚的观点是，仿像是真实的，只是来自日常生活的不同秩序。这一不同秩序，他命名为超真实。媒体把某物引入文化景观，它并不很真实，也不算是真实的再现。在荧屏上呈现的东西是可见的，但是奇特的。对于波德里亚来说，媒体总是在扮演它们作为拟真和作为真实的双重身份。在最近的研究中，他努力把媒体的超真实理论化为一种拜物教，……于是，媒体生产真实层面，它如此这般地呈现，比真实更真实。”[1] 大众传媒这种视觉和心理上给人的超真实的特征，使之在美育方面所发挥的作用远远大于传统的艺术形式。

所谓“大众传媒”，主要是电视，其次是网络，当然还有手机、报纸、广播、图书等。

与学校美育等美育途径相比，大众传媒具有十分明显的普适性。大众传媒（以电视为主）与人的生活的密切程度，远远高于或大于其他任何形式的美育途径。电视可以说是人们“一日不可无此君”的生活部分。每天电视都以大量的“超真实”的图像叙事进入我们的视域，以至于很难想象没有电视的日子我们该怎样打发时间？我们已然习惯于以电子图像的方式来了解世界和把握世界，正如海德格尔所说的“从本质上看来，世界图像并非意指一幅关于世界的图象，而是指世界被把握为图像了。”[2] 电视传媒中有大量的活生生的美的因素存在着、活跃着，使之成为当代美育的最为主要的途径，当无疑问！学校美育等途径，与大众传媒的美育能量相比，现在看来还是较为单一和苍白的。也正因为如此，从美育

[1] 《博德里亚：追思与展望》149 页，河南大学出版社 2008 年版。

[2] ［德］海德格尔：《世界图象的时代》，见孙周兴选编：《海德格尔选集》899 页，上海三联书店 1996 年版。

的角度来认识大众传媒的功能和进行价值判断，就显得颇为重要了！

其他途径的美育方式，如文学阅读、美术馆、博物馆、音乐会等，一是有一定的条件限制，二是需要审美主体有相当的文化修养、审美积淀等。在印刷文化作为审美的主要方式的时代，文学的阅读成为美育的主要途径。以我的阅读经验来看，文学阅读不需要如音乐会、博物馆那样一些特定的条件，但是文学阅读的兴趣并不是非常普遍的，而且将小说、诗歌或美文的文字转化为审美对象，从而受到审美教育，是需要较为深厚的文学修养的。比如阅读和欣赏古典诗文，就要有较为高深的古典文学修养和美学素养才行。看戏、看电影、听音乐会，也都是节日般的机会，并不是时时都能获得的。这还是对于都市的人群而言，如果是较为偏僻的乡村，那就更是难乎其难了。我上山下乡的村庄，连电灯都没有，一天劳作之余的夜晚，只能是聚在一起闲聊或打牌，哪里有审美机会可言！相比较来说，现在的大众传媒，从客观到主观，都无需太多的条件。无论在哪里，只要一部图像还算清晰的电视机，有还算健康的眼睛和耳朵，就可在稍有空闲时观赏到很多频道的电视节目。电视节目是以活生生的真人图像与声音给人以审美享受，虽然对于节目的理解，也有高下精粗之分，但是并不妨碍文化修养较差和审美趣味较俗的人群对节目的观赏。而大众传媒中传达出的影像和故事本身，就具有直接的审美质素。最早提出"审美教育"的大哲学家席勒曾经指出："游戏冲动的对象，用一种普通的概括来表示，可以叫做'活的形象'；这个概念用以表示现象的一切审美特性，总而言之，用以表示在最广的意义称为美的那种东西。"[1]以席勒的思想来考察当代中国的大众传媒之美育通道，真是非常恰切的。当代的大众传媒，对美育而言最突出的，就是以"活的形象"来实现这种功能的。如果说不拘泥于席勒在《审美教育书简》中的特定涵义，而是突出其仿像真实的特征，那么无疑大众传媒呈现给我们的，确实是最堪称为"活的形象"的电子图像。它是充满着直观的生命感的。与其他任何艺术形式相比，电视等媒体使我们直观目睹的，正是这种最堪称为"活的形象"的东西。

电影《肖生克的救赎》海报

大众传媒有着相当普遍和非常浓厚的艺术气质，也带有我们这个时代最为突出的娱乐性和直观性。这是我们所谈论大众传媒的美育功能的前提所在。我用"传媒艺术"这样的概念来概括大众传媒的艺术层面和艺术性质。正是大众传媒的这种艺术层面和艺术气质，使得大众传媒能够在最大限度上实现社会美育的作用，达成与学校美育互相裨补的效果。我曾这样来概括"传媒艺术"，并且将其与传统艺术作为对待的概念来

[1] 《审美教育书简·第十五封信》，见张玉能译：《审美教育书简》45页，译林出版社2009年版。

表述："所谓'传媒艺术'，是一个涵盖面颇为广泛的概念，指的是在大众传媒序列中以电视传播方式为主要载体的艺术创作、作品和接受的总称。其实，它包含的具体样式又是多种多样的，如电视剧、电视音乐、综艺晚会等。与传统艺术的关键区别在于，传媒艺术是以图像化的电子传播方式与受众见面的，传媒艺术的一个最基本的元素，就是运用电子技术所制作的图像，大众传媒最大的普及性，催生了视觉文化在文化模式上的主导地位，而图像作为最基本的元素，直接刺激了人们审美方式的转换。"[1] 在当下，我们不可低估大众传媒的艺术因素这一端，从业界来说要强化传媒节目的艺术含量和运作力度，从研究来说，是要大大提高对它的关注度，那是因为，大众传媒中的艺术因素是使人们真正对其青睐的核心原因所在。如果说传统的美育方式还是需要施行者更多的理性安排，如当年的蔡元培先生大力倡导的"以美育代宗教"；而大众传媒中的美育作用，则是根本上就不用着意去安排，特意地去施为，而是在每天与传媒难以离开的共处中悄然实现的。海德格尔对艺术与真理关系之论颇为适合我们的论题："艺术作品以自己的方式开启存在者之存在。这种开户，也即解蔽，亦即存在者之真理，是在作品中发生的。在艺术作品中，存在者之真理自行设置入作品。艺术就是自行设置作品的真理。"[2] 虽然现在的大众传媒很难担得起海德格尔所说的这种"艺术"的品位，但"虽不能至，心向往之"，这种"自行"的主动却是其它媒介所无法相比的。无论怎么说，在美术馆看画展、书展，在音乐厅欣赏交响乐，在剧场看京剧或芭蕾舞等等审美的方式与看电视相比，也都还是"小众化"或精英化的，而在自己的生活空间里随心所欲地浏览电视，则是"大众"到不能再"大众"的程度了。

电影《霸王别姬》剧照

大众传媒中的艺术因素因其图像化及其视听一体性，得到了前所未有的发挥与"放大"。这种图像，不同以往的造型艺术那种以某个特殊的艺术门类，如绘画或雕塑等。以往的造型艺术采用的是化突出的艺术语言，艺术家的形式创造特征和风格是显性的，而其艺术幻象则同日常生活相比有着明显的"陌生化"性质；大众传媒则是以活生生的真人作为图像元素的，它是以现实运动方式和视听一体使人如同置身其中，先进的电子技术使图像高度清晰而又色彩逼真。这就就使得大众传媒本身具有了前所未有的美感。作为一种新的艺术，"身体"成为特别突出的审美对象，而获得了远比以往的艺术更为真实、更具魅力的艺术价值。经过编导选择的真人的身体，以高清技术拍摄和播映而呈现了令人惊叹

[1] 张晶:《文学的审美特性与视觉文化的提升》,载《江海学刊》2010年1期。

[2] [德]海德格尔著、孙周兴选编:《海德格尔选集》259页，上海三联书店1996年版。

的绝佳效果，大大增强了传媒艺术的“抢眼度”。以至于美国的著名美学家理查德·舒斯特曼提出了“身体美学”的新命题，将其堂而皇之地列入其美学理论的重要部分。[1] 现象学美学对于审美和艺术，最为重视的便是感性，如杜夫海纳所言，“艺术的特点就在于它的意义全部投入了感性之中；感性在表现意义时非但不逐渐减弱和消失；相反，它变得更加强烈、更加光芒四射。因此，艺术家是为突出感性而不是创造价值而工作的。”[2] 传媒艺术的感性光辉是最为强烈的，也是最为直观的，它的真实感，它的清晰度，它的色彩斑斓，都是其他艺术门类所无法比拟的。大众传媒当然不全是艺术，但其中的艺术因素，却给视觉文化增添了无限的吸引力。人们对美的对象的喜爱，对传媒的青睐，最主要的还是在其艺术因素之中。那些直接激发人们情感的画面，那些富有生活质感而又出人意料的语言，那些波澜丛生、柳暗花明的叙事，都使人们在劳作和奔波之余大快朵颐。电子媒介使视觉文化占尽风情，而艺术因素又使大众传媒令人乐此不疲。试想一下，如果将艺术因素抽出去，大众传媒还能有如此引人入胜的生命力和魅惑性吗？这是当代审美的重心所在，也是美育的时代性质。我们当然并不否认传统艺术的审美品格，而我们也该毫不遮掩地彰显当代传媒的审美光泽！用一句杜甫的话说，就算是“不薄今人爱古人”吧。还要强化明确的是，正因了传媒中的艺术因素，才真正提高了它的审美地位，如果其中的艺术缺席的话，传媒就很难在美学的领域中分得权益，更遑论“占尽风情”呢！

艺术的特点就在于它的意义全部投入了感性之中；感性在表现意义时非但不逐渐减弱和消失；相反，它变得更加强烈、更加光芒四射。因此，艺术家是为突出感性而不是创造价值而工作的。

还要指出的是，大众传媒中的艺术因素所给予人们的审美方式是一种“非沉思”的直观，受众无须在“静观”后凝思，无须透过艺术家的形式个性来形成内在的审美对象，也无须在对作品的“言有尽而意无穷”的语言含蓄中把捉其中的意蕴；面对活生生的荧屏图像，人们抛开其他，只是用无所旁顾的目光来直接观赏，传媒中的艺术画面，也同样是以无比充盈的图像直击受众，沉思和品茗的过程都已遭放逐，取而代之则是强度的直观。它是我们这个时代的审美特征，它与康德那种无利害感的“静观”大相径庭，却不能将其排斥在审美之外，相反地，它可以视为当代审美的最典型的、最突出的方式。当代美学家艾尔雅维茨论述图像时代说：“在后现代主义中，文学迅速地游移至后台，而中心舞台则被视觉文化的靓丽辉光所普照。此外，这个中心舞台变得不仅仅是个舞台，

[1] [美]舒斯特曼著、彭锋译：《实用主义美学》268页，商务印书馆2002年版。

[2] [法]杜夫海纳著、孙非译：《美学与哲学》31页，中国社会科学出版社1985年版。

而是整个世界在公共空间，这种审美化无处不在。"[1]这就是"活的形象"，也是直观的审美对象，或许，它并非是全然排除了主体与对象之间的利害关系的，或许，它是包含着某些欲望的目光的；但它正是当代审美知觉的典型形态。现象学美学这样描绘这种审美知觉："事实上，审美知觉是极端化的知觉，是那种只愿意作为知觉的知觉，它既不受想象力的诱惑，也不受理解力的诱惑。一般知觉一旦达到表象，就总想进行智力活动，它所寻求的是关于对象的某种真理，这可能引起实践，它还围绕对象，在对象与其他对象联系起来的种种关系中去寻求真理。而审美知觉寻求的是属于对象的真理，在感性中被直接给予的真理。"[2]这也是直接的感性审美形态。

文学的叙事，是要靠读者的发挥想象的。（上图为《西厢记》画意）

在大众传媒中"超真实"的图像与叙事的融合，是对以往的审美方式的重大突破，也是当下的传媒受众兴味最浓的审美需要所在。文学艺术中的叙事是人类审美活动中始终不减的欲求，或者说人们对于艺术的迷恋，在很大程度上是渴望于"故事"。看看那些依偎在大人身边，央求着父母或外婆把那些讲了许多遍的故事"再讲一遍"的孩童，便可知对故事的迷恋简直就是人类与生俱来的宿命，中国的也好，西方的也好，人们都是无法逸出其中的。哪怕是文化荒芜的年代，那些传世的叙事经典，都能给干涸的心灵以美好的甘泉。在以往来说，文学当然是叙事审美的最佳艺术形式，还记得那些年轻的夜晚，想放下手里的小说都欲罢不能，即便是在昏暗的油灯下，也是小说中的人物命运和事件的牵引，驱赶着苍茫的黑夜！对于戏剧和电影文学，人们也都是基于对叙事情节的追慕而沉潜于中。记得当年读《西厢记》《窦娥冤》《牡丹亭》等，也还是在故事情节的牵引下穿行于文本之中的。文学的叙事，是要靠读者的发挥想象的。作家以文字讲述故事，描写人物形象，演绎事态发展的曲折进程；读者是读了这些文字之后在头脑中形成了人物性格和故事发展的脉络的。事件的发生、发展、高潮和结局，在读者的内心中得到了填充和具体化，虽是内在的，却又是跌宕起伏的画卷，引得人们兴味无穷。但是我们能够看到，文学的叙事是有待于读者的实现的，并无直观的画面可言。其他艺术形式如戏剧戏曲等，也以故事情节为线索，但从细节和复杂性而言则无法与文学抗衡。大众传媒之所以能够引人入胜，其直观的、以真人表演的故事，既有丰富而曲折的细节，又有人物的活生生的表演，在当代的审美生活中，是最为普遍的，也是最能令人痴迷的。电视剧之所以能成为如日中天的产业，一个稍好些的电视剧问

[1] [斯]艾尔雅维茨著、胡菊兰 张云鹏译：《图像时代》34页，吉林人民出版社2003年版。

[2] 杜夫海纳：《美学与哲学》53页，中国社会科学出版社1985年版。

世，就在许多电视台播出，甚或有的每个晚上播出四集、五集。有的刚刚播完一轮，马上又接着再播一轮。这从此前热播过的《闯关东》《潜伏》《老大的幸福》可见一斑。

大众传媒的美育功能是值得关注的课题

大众传媒之所以能够引人入胜，其直观的、以真人表演的故事，既有丰富而曲折的细节，又有人物的活生生的表演，在当代的审美生活中，是最为普遍的，也是最能令人痴迷的。

美育的目的在于陶养人的情感，使之臻于美好而高尚。蔡元培先生对美育的定义则是“美育者，应用美学之理论于教育，以陶养感情为目的者也。”[1] 又说：“人人都有感情而并非都有伟大而高尚的行为，这由于感情推动力的薄弱。要转弱而为强，转薄而为厚，有待于陶养。陶养的工具，为美的对象；陶养的作用，叫作美育。”[2] 将对人的感情陶养，视为美育的核心任务。孔子当年提出著名的兴观群怨之说：“子曰：‘小子何莫学夫《诗》？诗可以兴，可以观，可以群，可以怨，迩之事父，远者富君；多识于鸟兽草木之名。”[3] 学诗，当然是一种审美教育。在学诗中兴观群怨，是对于人的情感陶养。清代思想家王夫之称之为“四情”，他说：“‘诗可以兴，可以观，可以群，可以怨。’尽矣……于所兴而可观，其兴也深；于所观而可兴，其观也审。以其群者而怨，怨愈不忘；以其怨者而群，群乃益挚，出于四情之外，以生起四情；游于四情之中，情无所窒。”[4] 是通过诗教的审美教育作用，达到人的情感的疏导与和谐。大众传媒对于受众的情感兴发，功能是颇为显效的。电视中的那些“煽情”的画面与语言，直接唤起人们的情感，使之如痴如醉，而不必经过头脑的过滤和思考的环节。这就使传媒更加增添了陶养受众情感的责任。

大众传媒具有这样的美育功能，这就使我们的国家美育工程不能不高度重视其作用，充分而正确地发挥之。大众传媒在美育事业上处于学校美育所难以达到的位置上，天长日久的浸染熏陶，直接关乎到人们的道德情操和审美趣味。而大众传媒目前所存在的问题，恰恰是我们的美育所未能奏效之处，甚或是起着负面作用的地方。美育列入国家教育体系，在学校教育中构成重要的组成部分，其目的是培养受教育者的完美人格和高尚情操。然而仅仅是学校美育是远远不够的，在现阶段，大众传媒给予年青人的影响，在相当大的程度上是不亚于学校的，甚至在很多时候要比学校教育更为广泛和深化。其实也不仅是年青学生，成年人

[1] 《蔡元培美学文选》174 页，北京大学出版社 1983 年版。

[2] 同上，220 页。

[3] 《论语·阳货》。

[4] 《姜斋诗话》卷一。

也同样有一个不断的人格塑造的过程，席勒称之为“完整的人”。马克思以人的全面发展为其人学思想的重要旨归，如其论述共产主义时就说：“共产主义是以每个人的全面而自由的发展为基本原则的社会形式。”[1]在《1844年经济学哲学手稿》中，马克思更为明确地指出：“共产主义对是私有财产即人的异化积极的扬弃，因而也是通过人并且为了人而对人的本质的真正占有；因此，它是人向作为社会的人即合乎人的本性的人的自身的复归，这种复归是彻底的、自觉的、保存了以往发展的全部丰富成果的。”[2]这里所说的“人性的全面复归”或是“具有人的本质的全部丰富性的人”[3]都可以理解为我们的美育的目标所在。和谐社会的创建，其根本在于人际关系的和谐，而这又源于人的情感越加臻于美好和高尚。这正是美育所应担负的使命！仅仅是学校的美育是颇为有限的，一是受教育者主要是在校学生，只是社会群体的一小部分；二是接受美育的方式，还主要是有意为之的，在趣味性和主动性方面远不如大众传媒。大众传媒中的诸多节目形态，有着前所未有的广泛受众，如电视剧、电视音乐、综艺晚会、小品，还有以大众传媒为传播方式的艺术形式，如戏曲、歌舞及杂技等，都有非常广泛的收视群体。在传媒中以艺术的形式来表现人的命运或历史的变迁，以曲折跌宕的情节来表现人生百态，是吸引了无数人的。在这中间，彰显人性的善良美好，揭露那些假恶丑的心态与行为，对观众是有着难以抗拒的魅力的。最近播出的电视连续剧《沂蒙》《老大的幸福》等都是如此。

大众传媒以艺术的形式来表现人的命运或历史的变迁，以曲折跌宕的情节来表现人生百态，吸引了无数人。

大众传媒与人们的日常生活交相融合，成为人们不可须臾离开的伙伴，人们也在大众传媒中反观到自己日常生活的镜像。人们对大众传媒之所以具有如此亲密的程度，正是因为传媒中的主角就是普通人自己。在那些碎片般的、无休止的流动影像中，人们看到的是熟悉的生活画面，而实际上，这种生活化的画面，不会是编导者无所用心、随手拈来的东西，而应该是按着某种意识形态导向、戏剧化的法则以及视觉审美的规律来进行整合、剪裁的。人们还会在这些画面中不时地感受到崇高的震撼，无论是在新闻资讯中，还是在艺术类的节目中，都会从活动的图像中接受某些崇高的洗礼！这一方面，米尔佐夫教授业已指出：“虽然电视消遣总是与其他家庭活动结合在一起，但还是有某些时候电视提供了一种对于碎片化的后现代世界的集体经验。举例来说，在电视上观看释放纳尔逊·曼德拉（Nelson Mandela）事件是有某种意义的，它提

[1] 《马克思恩格斯全集》23卷279、649页，人民出版社1960年版。

[2] 马克思著、刘丕坤译：《1844年经济学哲学手稿》73页，人民出版社1979年版。

[3] 同上80页。

供了一种也许可称为电视崇高感的东西。某个在现实中很少有人亲眼目睹的事件似乎把我们带出了日常生活，尽管只是在片刻之间。”[1]这种“电视崇高感”在大众传媒的的社会功能中，在国家施行美育的系统工程中，绝对是能够产生强烈审美效应和美育效果的“高光点”。它们以超真实的直观影像和令人肃然起敬的内涵，给人以强烈的震惊感。即便是新闻资讯类的影像，也同样给人以美的震撼。譬如：1998年抗洪抢险中战士将洪水中的群众推到树上，而自己却因体力耗尽而被洪水卷走的场面、奥运会上中国运动员力克群雄登上冠军领奖台，仰望着徐徐上升的五星红旗热泪盈眶的场面、航天英雄翟志刚打开飞船的舱门在太空行走的场面等等，都是以其直观的、高清晰的影像，给人以强烈的美感和震撼的。艺术类的节目，这种“电视崇高感”更是以其艺术的精致和影像的考究，而产生强烈的审美效果。如《亮剑》中骑兵连长战斗到最后一个人时，被日寇骑兵团团围住，他的一支胳膊已被敌人砍断，他仍然高举战刀向敌人冲锋；电视剧《长征》中毛泽东、周恩来等和战士们挽着臂膀在狂风巨浪中艰难前进等等，都是以精心创造的画面，给以人崇高的震撼的。著名西方马克思主义思想家本雅明曾揭示了机械复制时代的影视作品和传统艺术对欣赏者产生的不同感受，前者他称之为“惊颤效果”（Schockwirkung），后者则称为“光韵”或“韵味”。本雅明认为，“在对艺术作品的机械复制时代凋谢的东西就是艺术品的光韵。这是一个明显的过程，其意义远远走出了艺术领域之外。”[2]这种特殊的而又是普遍的“惊颤效果”是影视区别于传统艺术的特征决定的，本雅明认为“人们可以把电影在上面放映的幕布与绘画驻足于其中的画布进行一下比较。幕布上的形象会活动，而画布上的形象则是凝固不动的，因此，后者使观赏者凝神观照。面对画布，观赏者会沉浸于他的联想活动中；而面对电影银幕，观赏者却不会沉浸于他的联想中。观赏者很难对电影画面进行思索，当他意欲进行这种思索时，银幕画面就已变掉了。电影银幕的画面既不能像一幅画那样，也不能像有些现实事物那样被固定住。观照这些画面的人所要进行的的联想活动立即被这些画面的变动打乱了，基于此，就产生了电影的惊颤效果，这种效果像所有惊颤效果一样也都得由被升华的镇定来把握。”[3]本雅明对电影的审美效应所作的分析，可以说是颇能道出实情的，而电视在这点确实又与电影是相近

《亮剑》中骑兵连长战斗到最后一个人时，被日寇骑兵团团围住，他的一支胳膊已被敌人砍断，他仍然高举战刀向敌人冲锋。

[1] [美]尼古拉斯·米尔佐夫著、倪伟译：《视觉文化导论》124页，江苏人民出版社2006年版。

[2] [德]本雅明著、王才勇译：《机械复制时代的艺术作品》10页，中国城市出版社2002年版

[3] 同上61页。

的。

与传统艺术相比，电视也是以直观的画面给人以震惊感的。这种震惊并非仅是来自于影像本身，而是与影像一同呈现的意蕴还有故事。崇高的内涵以影像的方式凸显，会给受众带来心灵和感官的震惊！它与理论的教诲有相当不同的效果，也与文学作品中的描述有不同方式的震撼的作用。我曾论述过"审美惊奇"，认为"惊奇是一种审美发现。在惊奇中，本来是片断的、零碎的感受都被接通为一个整体，观赏者的心灵受到了强烈的撼动，而作为审美对象的作品里潜藏着的、幽闭着的意蕴，突然被敞亮了出来，观赏者处在发现的激动之中。也许，没有惊奇就没有发现，也就没有美的属性的呈现，没有崇高和悲剧的震撼灵魂，没有喜剧和滑稽的油然而生。——是惊奇带来了发现，在发现之中，本来是平常的东西变得那样不平常，一切都在美的光晕里。"[1] 那么，我们不难看到，电视崇高感是带着感性的充盈使人们得到震撼的，它是在人们的主动的和美的感受中受到心灵的滋养的。恰如康德所说的那样："必定也不仅是使他迷恋，而且同时还引起他的惊奇从而使他感动。享乐在他也是真诚的，而并不因此就来得更少一些。一切崇高的情操都要比优美那种令人眼花缭乱的媚力更加沉醉。他的幸福首先是满意而不是欢乐。他是坚定的。"[2] 那么，电视崇高感的美育作用也许是其他的艺术形式所难以比拟的。如何在电视艺术中使崇高感得到更好的突现，从而让受众在电子图像的直接呈现中得到心灵的洗礼，是值得关注的课题！

电视崇高感的美育作用也许是其他的艺术形式所难以比拟的。如何在电视艺术中使崇高感得到更好的突现，从而让受众在电子图像的直接呈现中得到心灵的洗礼，是值得关注的课题！

大众传媒如何彰显美育的价值与效用

在当前大众传媒在社会文化中唱主角的情势下，开发人的艺术感觉、提升人的审美趣味就显得非常重要。审美教育的主要功能之一便是开发人的艺术感觉，使之能够敏锐地感受和把握对象的美质，并和理性达到高度的和谐，从而进入一种审美的自由境界。现在的视觉文化及其技术支撑，可以说为人们的艺术感觉的发展和创造，提供了原来所没有的条件，也制作出相当一大批新天下人耳目的视听奇观；同时，也存在着一些明显的问题。关于艺术感觉，马克思在《手稿》中的阐述是相当经典的。"眼睛对对象的感受与耳朵不同，而眼睛的对象不同于耳朵的对象，每一种本质力量的独特性，恰恰是这种本质力量的独特的本质。因而也是它的对象化之独特方式，它的对象性的、现实的活生生的存在的方式。因此，人不仅在思维中，而且以全部感觉在对象世界中肯定自

[1] 张晶：《审美之思》196 页，北京广播学院出版社 2002 年版。

[2] [德]康德著、何兆武译：《论优美感和崇高感》，商务印书馆 2001 年版。

卡尔·马克思：五官感觉的形成是以往全部世界史的产物。

己。”[1]感觉对于审美来说是至关重要的，美育在很大程度上是对艺术感觉的训练与开掘。艺术感觉关乎到人性丰富和全面发展，也是建构和谐社会的途径之一。艺术感觉决非那种粗糙的原始的感觉，而是积淀了社会内涵和理性融会的。正如马克思对此所作的论述：“社会的人的感觉不同于非社会的人的感觉。只是由于属人的本质的客观地展开的丰富性，主体的属人的感性的丰富性，即感受音乐的耳朵、感受形式美的眼睛，简言之，那些感受人的快乐和确证自己是属人的本质力量的感觉，才或者发展起来，或者产生出来的。五官感觉的形成是以往全部世界史的产物。”[2]真正的审美感觉，当然不是那种粗糙的、自然的感觉，而是积淀了理性和“全部世界史”的感觉，也是对于不同的艺术门类的独特的审美感觉，即是马克思所说的“感受音乐美的耳朵”和“感受形式美的眼睛”。大众传媒将种种艺术形式整合进自己的序列之中，或者说大多数人对艺术的了解和欣赏，是通过大众传媒的途径。能否真正开发人们的审美感觉，大众传媒是担负着主要的责任的。而审美感觉的高下，直接关乎到人对审美价值的判断力与人格完善。西方的美学家比斯莱特别重视于此。他认为，“那些具有高级审美特性的艺术品所造成的审美经验，会在欣赏者身上造成一种特殊的感觉，深感一种自我的提升和发展，好像自己的人格更加完整和完美，因而更为自爱和自强。”比斯莱的意思是，“这种审美效应的大小，与审美经验自身的丰富性和有机性成正比。也就是说，人们拥有的审美经验越是丰富、统一和漫长，欣赏者就越感到自我的完整与和谐。”[3]这种观点是十分重要的。

再如审美趣味的培养，这在当代的文化建设中是一个非常值得重视的问题。虽然西方有“说到趣味无争辩”的谚语，但那是就审美趣味的多元取向而言的，而就趣味的品位及其价值功能而言，非但是有区别的，而且是要加意关注的。姚文放教授认为，“人们的审美趣味仍然是可以争辩而且必须争辩的，习惯上审美趣味也仍有好与坏、高雅与低俗、精致与粗放之分，这种区分之成为可能，是因为审美趣味虽然表现为感官的嗜好和兴味，但在其深层次却潜伏着认知力、理解力和判断力的作用，而且后者构成了前者的基础，支配着前者的价值取向。”[4]审美趣

[1] 马克思著、刘丕坤译：《1844年经济学哲学手稿》79页，人民出版社1979年版。

[2] [德]马克思著、刘丕坤译：《1844年经济学哲学手稿》79页，人民出版社1979年版。

[3] [美]史密斯著、滕守尧译：《艺术感觉与美育》43页，四川人民出版社1998年版。

[4] 姚文放著：《美学文艺学本体论》437页，社会科学文献出版社2002年版。

味直接关系人的审美判断力，那在某种意义上就不仅是个人的事情，而且关乎到整个社会的审美风尚，关乎到一个社会的文化质量，也就关乎到世道人心了。如果文化领域都被低俗的审美趣味充斥，人们都丧失了应有的审美判断力，试想一下：我们的社会文化又将是一幅怎样的图景呢？正如法国著名启蒙家伏尔泰所指出的，“审美趣味有无好坏之分呢？当然有，尽管人们在见解和风俗习惯上彼此不同。……人们说，谈到审美趣味无可争辩，只是对于感性方面的审美趣味来说，这话才是对的。……各门艺术也不尽同，有些美是实在的；能辨别出实在的美，审美趣味就好，否则它就坏。一般来说，精确的审美趣味在于能从许多毛病中发见一点美，和在许多美点中发见一点毛病的那种敏捷的感觉。……艺术中坏的审美趣味在于只知喜爱矫揉造作的雕饰，感觉不到美的自然；乖戾的审美趣味在于喜爱正常人一见到就要作呕的题材，把浮夸的看作比高尚的还好，纤巧的装腔作态的看作比简单自然的美还更好。”[1]想想现在的审美文化现实，这位伟大的哲人是有先见之明的。他所指摘的现象，也是当下的客观存在。

大众传媒在审美风尚这方面所起的引领作用是不容忽视，甚至可以说是不可抗拒的。文化模式的转向，带来的是社会上普遍性的审美经验和审美趣味的变迁。大众传媒在这个过程中充当了“始作俑者”的角色。与传统的艺术相比，大众传媒中的艺术被大大地商业化了，它的直观性和它的浅表性，达成了一种共谋！正如史密斯所揭示的：“电视实则发明了一种新型的剧作艺术，这种艺术是从电视商业的发明中演化而来的。这种剧作艺术总是是向人们展示那些简单、易懂的世界形象。不管它让人们学习什么，都是一看就会，毫不费力。----结果，媒体艺术家只遵守一套新的标准，其创造性想象严格受到这种新标准的限制。”[2]无论何种艺术形式，进入大众传媒序列后，都要遵从传媒的运行规律。对收视率的追求，造成了对真正的审美的某种解构。詹姆逊对后现代文化的批评可谓一针见血：“可以说，一种崭新的平面而无深度的感觉，正是后现代文化第一个、也是最明显的特征。说穿了这种全新的表面感，也就是给人那样的感觉——表面、缺乏内涵、无深度。”[3]在某种意义上说，这也是大众传媒的某些特征。现在媒体的的很多娱乐性节目，在趣味上的低俗是带有普遍性的。除了博得现场观众的哄然一笑。再就没有什么内涵，有的甚至只是恶搞而已。这是特别败坏人们的口味的，也是根本无助于受众的人格提升与完善的。

电视以及电视所代表的文化影响了几乎现代的所有人。

[1] 引自《西方美学家论美和美感》127页，商务印书馆1980年版。

[2] 《艺术感觉与美育》27页，四川人民出版社1998年版。

[3] 詹姆逊《晚期资本主义的文化逻辑》440页，三联书店1997年版。

结论与思考

美育是我国创建和谐社会、进行社会主义精神文明建设的战略行动，德、智、体、美全面发展，是我国培养一代新人的教育方针。美育与德育关系至为密切，但是德育不能取代美育，著名美学家叶朗先生曾指出德育和美育的不同功能所在，他说："从社会功用来说，德育主要是着眼于调整和规范社会中人与人的关系，它要建立和维护一套社会伦理、社会秩序、社会规范，避免在社会中出现人与人关系的失序、失范、失礼。美育主要是着眼于保持人（个体）本身的精神的平衡、和谐和健康。美育使人的情感得到解放和升华，使人的感性具有文明的内容，使人理性与人感性沟通，从而使人的感性和理性协调发展，塑造一种健全的人格。这一点在现代社会中越来越显得重要。美育也涉及人与人的关系，但美育是通过维护每个人的精神的和谐，来维护人际关系的和谐，进一步达到人与整个大自然的和谐。"[1] 这就将美育与构建和谐社会的关系做了令人信服的说明与阐述。

现在精神文明建设已经成为社会主义现代化建设的重要的一个组成部分。

在人的精神层面，美育是一个系统工程，也是越来越受到党和政府高度重视的工程。曾繁仁教授曾指出新时期以来我国美育事业发展的四个里程碑，通过这个记述，不难看出美育在我国的教育发展中日益重要的地位和功能。从美育方面来认识大众传媒所应担负的社会责任，这还是一个新的角度和新的意识，但这个意识却是必须树立的。大众传媒对人们的精神生态影响至深至广，成为人们须臾不可离开的"伴侣"，当然应该有让人们得到愉悦的义务；而给人以健康美好的审美享受，更是大众传媒最为不可推卸的使命！如何在大众传媒中施行美育工程，这是一个关系到每个人的心灵健康、人格完善的大课题，焉能不重视！

[1] 叶朗：《胸中之竹——走向现代之中国美学》337 页，安徽教育出版社 1998 年版。

音乐对于现代城市人的精神生活的重要

杨燕迪 1963年生。音乐学教授、博士生导师。现任上海音乐学院副院长、中国西方音乐学会会长、中国音乐评论学会副会长、中国音乐家协会理论委员会副主任、中国音乐美学学会理事。先后于1983年、1986年和1994年获得学士、硕士（导师谭冰若教授）和博士学位（导师钱仁康教授）。发表著译近200万字，另发表校译文字约200万字。涉及音乐学方法论、西方音乐史、音乐美学、歌剧研究、音乐批评与分析、中国现当代音乐评论、音乐表演艺术研究等多个专门化领域。主要作品有：《音乐的人文诠释——杨燕迪音乐文集》《乐声悠扬》《孤独与超越——钢琴怪杰古尔德传》（编著）《西方文明中的音乐》（合作译著）《作为戏剧的歌剧》（译著）、《音乐美学观念史引论》（译著）《音乐史学原理》（译著）《二十世纪十大音乐家》（主编）等系列论文包括“二十世纪西方音乐分析理论述评”、“论西方音乐研究在我国的重建”、“作为人文学科的音乐学”、“莫扎特歌剧重唱中音乐与动作的关系”等。曾获得上海市高校优秀青年教师(1993)、国务院终生特殊津贴(1993)、美国亚洲协会(ACC)学者研究奖(1993)、文化部优秀专家称号(1994)、霍英东教育基金会研究奖(1996)、上海市哲学社会科学论文三等奖(1996)、全国优秀留学回国人员称号(1997)、上海市曙光学者称号(2001)、上海市育才奖(2001)、上海市教学成果一等奖（集体奖，2001)、全国教学成果二等奖（集体奖，2002)、中国文联文艺评论三等奖(2002)、德国学术交流中心(DAAD)学术研究奖(2002)、中国文联文艺评论二等奖(2005)、教育部“新世纪优秀人才”(2006)等荣誉和奖励。

现代音乐生活的产生基本是在启蒙运动之后，是启蒙运动的一个直接产物。从自启蒙运动以后音乐不再承担审美之外的功能，它就是为审美而存在，从而成为自律性的现代艺术体系的一员。然而，正因为自律和自主的特征使音乐和艺术在现代人的生活中开始滑向边缘。在中国目前城市文化环境中，严肃音乐环境里出现一些危机，表现出三种不良倾向：一是音乐的过分附庸化倾向；二是过度娱乐化倾向；三是纯粹的公益化倾向。针对当前音乐生态，我呼吁做出某种抵抗，第一，我们应该持续关注音乐的人文和文化价值。第二我们应该寻找到这种价值与这个时代的观念对应关系。第三，我们要用各种方式告诉民众，并且影响民众的音乐意识与观念。

音乐进入城市文化生活并成为城市文化生活的重要组成部分并不是自古已然，音乐原来并不是在城市里生根发芽的。在古罗马，音乐跟宗教活动有更多的关系，后来逐渐随着人类城市文化的发展，音乐变成城市文化生活中的非常重要的组成部分。这是社会发展进入现代社会的一个结必然果。

音乐现代性的悖论

现代性问题在最近十年是中国学界或者艺术界反复讨论的问题，我自己对这个话题也比较感兴趣。大家可以想象，我们现在所熟悉的音乐生活的方式和介质，包括音乐会这个介质，音乐作品这个概念，交响乐队的组合，像歌剧院、音乐厅这样的建筑等等都是在启蒙运动以后，在社会向现代迈进进程中逐渐成型的。

维也纳皇家歌剧院于1869年5月15日建成开幕，首演莫扎特歌剧《唐璜》。

我刚刚在深圳音乐厅做了一个讲座，我发现音乐会是大家习以为常的、现代音乐生活中不可或缺的音乐生活的组成要件。现代音乐生活的产生基本是在启蒙运动之后，是启蒙运动的一个直接产物。音乐进入到现在习以为常的城市文化生活，同样是现代性进程的产物。大家知，道现代性不但是欧洲的现象，目前已经通过西方文化的扩散成为全球意义的现象，而且从某种意义上说这种进程是不可逆转的。现代城市和音乐生活越来越以音乐艺术的生产和消费作为它最合法的产物。我们中国也同样如此，中国现代性的产生比较后发，应该说到五四以后才进入现代性的进程。当然人现代性也受到很多批判，有一种观点认为它给人类带来很多福音，另有些观点认为它也带来很多问题，包括非人性化的环境，还有艺术中出现的很多问题。所以现代性是个双刃剑，它一方面带来人类的进步，但同时给人类带来了负面效应。

现在我们再回过头来看，在现代城市文化中，我觉得艺术的现代性突出的表征就是艺术的自律性，或者艺术的自主性，艺术作为一个独立的部分，它不再依附于政治、纪律和宗教道德，它成为独立的审美对象，拿出来供人们观赏和用于教化。比如在十八世纪以前，不大会有人专门为了听音乐而聚在一起，原来的音乐总是附属于某个场合如庆典等。十八世纪以后音乐逐渐独立起来，所以交响曲这样一个带有强烈现代印记的体制完全是从十八世纪以后才有的，所以从自启蒙运动以后不再承担审美之外的功能，它就是为审美而存在，从而成为自律性的现代艺术体系的一员。

澳大利亚悉尼歌剧院

这里存在争义的问题是是我觉得艺术在现代社会生活中带来的问题恰恰是因为自律性或者自主性带来的，貌似自律和自主的地位使音乐和艺术在现代人的生活中开始滑向边缘，这是非常辩证矛盾的现象。音乐不再有功能，它没用了，它越来越成为一个装饰品。在当代音乐中这个问题越来越突出，所以审美的自主性和艺术的自律性造成了艺术的边缘化。这正是我们越来越感到的全世界范围内的审美现代性的悖论。于是我们出现了一个非常棘手而又现实的问题，在现代性的城市文化中音乐已经不再可能具有以前的政治、教化和宣传的功能，只是纯粹的为了艺术而艺术。那么音乐的重要性到底何在？

中国音乐的状况

中国的音乐问题与世界的音乐问题既有同构性也有特殊性，因为中国现代性比较后发，从某种意义上是为了回应西方的冲击而产生的，所以中国音乐的现代性起步应该说是二十世纪初以后，在五四新文化的带动下才产生和发展。中国音乐现代性转型的成果有这么几点。

第一，在二十世纪前期音乐作为一种独立艺术门类的地位在中国得到初步的确立，这是中国音乐现代性转型最重要的成果。特别以学院派专业音乐教育的兴起为标志，柏林音乐院诞生标志性成果。巴黎的音乐院是在1795年，它就是在启蒙运动，法国大革命之后，由当时的国民政府建立的，可见音乐学院本身也是一个产物。所以音乐作为一个独立艺术门类产生是在二十世纪。

第二，从二十世纪初至今，西方这一异国异族的文化大面积传到中国，并对中国音乐的发展和塑造产生重大的影响。从当下视角来看这种影响具有正负两方面，西方音乐传到中国很早，最早可以追溯到唐朝，到明末清初就已传进来了。但是产生大面积的影响决定是在二十世纪，以前是没有的，这也是一个现实。

第三，音乐中民族意识是现代意识的一个方面。我们中国音乐驱动向前的意识形态是民族性追求。我们看到中国也面临这样一个现代性巨大的转型，这个转型还在过程中，还远远没有走完，阵痛还非常剧烈。我看过一个很好的电视剧叫《走向共和》，非常感叹。电视剧讲的是清末民（国）初时的腥风血雨的故事，使人感到中国现代性转型的艰难，而绝妙的配乐，更增强了这部电视剧的震撼力。

在多元化的城市文化中，严肃音乐存在三种不良倾向

我们把视角拉回到现在，改革开放 30 年来中国音乐事业取得的成就巨大，主要体现在两个方面。第一，音乐生活出现空前繁荣的局面，中国音乐从来没像现在这么繁荣过，特别是上世纪 90 年代以来场馆的建设就数量增长而言都达到前所未有的水平，这十年我感到加速度增长。第二，音乐类型和样式的多样化形态已经形成，这包括在音乐生活中严肃的古典音乐、流行音乐、探索音乐、民间的原生态音乐，甚至是爵士乐以及世界各地的民族音乐。最近上海举办世博会，每天有各种各样的音乐在电视上播放，各种各样的音乐品种都在中国人的音乐生活中开始占有了一席之地。除此之外，针对对现在的音像制品和网络而言，其实各类音乐现在已经唾手可得，所以中国音乐的多元化形态已经形成。谭盾说他到纽约第一个感觉是在地铁里看人腿，没有两个人的肤色是一样的，在纽约听不到正宗的英语，每个人讲话都有口音。其实他说的社会多元化的状态。当然，我们中国的多元化也已经在形成。

电视剧讲的是清末民（国）初时的腥风血雨的故事，使人感到中国现代性转型的艰难，而绝妙的配乐，更增强了这部电视剧的震撼力。

我觉得在中国目前城市文化环境中，严肃音乐环境里出现一些危机，表现出三种不良倾向。

第一，音乐的附庸化倾向，它原来应该跟宫廷有关，但是它到了我们中国，中国的音乐一直没有摆脱某种附庸，特别是政治的附庸，这个问题一直到现在都没有解决。所以中国艺术的自律性进程一直在进行中，远远没有达到西方的程度。在中国这一点非常突出，音乐的存在意义不在于自身艺术内涵。我这里特别指那些貌似歌颂主流价值，但其实内含都非常平庸的晚会音乐。

第二，音乐娱乐化倾向。音乐本来有很强的娱悦性，但某种追求表面华丽已经渗透到国人生活的所有方面，在这个并不丰厚的生态环境中，则会对文化价值产生巨大的消减作用。民众的音乐意识中很少具有深刻精神含量的意识，一般只是为了放松和愉悦，而不去领会和体验音乐作品的内涵。比如中国音乐会的节目单很难见到具有深度的文化导读，这与德国的情况形成令人叹息的对照。近年来，很多人追捧大场面的景观歌剧，其实追求的是豪华景观的视觉冲击。

第三，音乐的公益化倾向。其危险在于国人仅仅满足于公益性。当

前，社会上的音乐活动诸如各类音乐比赛往往以技术能力高低作为考量的标准。音乐的文化意义在普遍的心照不宣的公益化中往往被忘却。那么音乐应该怎么样？虽然音乐确实作为附庸、作为娱乐、作为公益发挥过各种社会作用，因为它本来就有这些倾向，但是音乐的追求仅仅如此就从根本上歪曲了。

在中国，每年都有很大一部分人投身艺术。（上图为北京电影学院门口排队的考生）

针对当前音乐生态我有三个呼吁

贝多芬、马勒、勋伯格属于三个不同的时代，他们的音乐从根本上跟他们的时代息息相关，而且我觉得你说他们的音乐仅仅表达情感都是贬低他们，因为他们的音乐不仅表达情感，而且反映人的存在。我们不妨回顾一下贝多芬如何表达启蒙运动之后个体意识的解放，其实他表达的是启蒙运动最核心的价值。马勒特别富有现代性，听马勒的音乐知道现代人是什么样的心灵状况——特别焦虑，特别无所依从。我看过一个访谈节目，节目中俄罗斯人非常骄傲，他说，“你要听音乐，要听出在这个体制下知识分子是什么样的生存状态，你一定要听，否则你就不了解苏联。”他们的音乐以及无数其他真正具有品质的音乐每每显示人与社会的生存状况。我准备写一个文章，这个题目叫“音乐是存在之真的声音的显现”，因为音乐它不仅仅表现的是情感。我总觉得把音乐定义为情感的表达不足以说明音乐的重要性。

针对当前音乐生态我呼吁做出某种抵抗，第一，我们应该持续关注音乐的人文和文化价值。第二我们应该寻找到这种价值与这个时代的观念的对应。音乐最可怕是跟时代的脱节，我们的音乐越来越面临这样的窘境，就是音乐作品跟当下的生活没有关系，这是要抵抗的。第三，我们要用各种方式告诉民众，并且影响民众的音乐意识与观念。

这种抵抗是否成功目前尚不得知，我觉得现在的情况非常不乐观，但是从事美学理论研究工作者和一般意义上的音乐者应该坚持。让我们共勉，谢谢！

“非物质文化遗产教育”应列为学校美育课程

田青 佛教音乐专家，非物质文化遗产保护专家。现为全国政协委员、中国佛教协会顾问、中国艺术研究院音乐研究所所长、宗教艺术研究中心主任、研究员、博士生导师，曾任中国非物质文化遗产保护中心副主任。长期致力于中国民族民间音乐和宗教音乐的研究，积极推动中国非物质文化遗产保护工作，因力主“原生态”唱法、主张文化多样性、发现“原生态”歌手而在中国音乐界有较大影响。曾多次组织中国佛教音乐团和非物质文化遗产展演团出境、出国访问，为促进两岸和国际交流做出较大贡献。

由于我们没有在教育中体现保护非物质文化遗产的观念，因此现在大多数的孩子心中对中华民族的文化传统、对自己家乡的各种艺术形式没有概念。孩子们不会唱自己家乡的民歌民谣，不了解本地区的民俗，因此成为“无根的一代”。解决这一问题的唯一可能，就是从教育入手，把“非物质文化遗产保护”教育列入美育教育的课程。

因为所有的物质和非物质的文化遗产都要靠后人来传承，因此，首先要培养后代对中华传统文化和非物质文化遗产的感情。首先要认识，要接触，才能慢慢产生感情。爱国主义的教育，不应该是空洞的说教，而应该有丰富的内容的，让不同年龄段的学生在课堂上接触到我国博大精深的传统文化和自己家乡的非物质文化遗产。这不但可以使中小学生从小就对“家乡”和“祖国”的概念有更直观的了解，培养出深厚的感情，而且可以使我们民族精神的DNA一代一代传下去，使中华文化在不断的传承中发扬光大。

我们要使中小学生从小就对“家乡”和“祖国”的概念有更直观的了解，培养出深厚的感情，而且可以使我们民族精神的DNA一代一代传下去，使中华文化在不断的传承中发扬光大。

那么，在义务教育阶段怎样告诉孩子一个可以触摸到的中国？在大学阶段怎样理性地认识我们的传统？我想提请教育部门会同文化部门的学者专家进行研讨，制定出一个可行的非物质文化遗产进课堂的方案。

我建议：在六年小学阶段，把非物质文化遗产的教育和乡土教材作为必修稞。

第一、音乐课：1. 让每个学生学会用方言演唱至少三首当地的民歌；2. 让学生了解当地有特色的乐器，尽可能让每个学生都可以用这种乐器演奏一首当地流行的器乐作品。

第二、美术课：1. 让每个学生了解当地的民间美术的代表性作品和形式，2. 让学生学会绘制三种有地方特色的吉祥图案；3. 认识当地各种实用美术所使用的工具并参观制作过程、尽可能地参与制作；4. 带领学生就近参观当地的寺庙、民居等古建筑，让学生了解本民族本地区的传统建筑特色和审美习惯。5. 让学生了解本民族本地区传统服装的特色和美感。

第三、体育课：1. 让学生了解并基本掌握当地民间舞蹈的基本要领；2. 让学生对流传在当地的武术或其他竞技体育项目有一定的了解并倡导学生参与当地的竞技体育活动。

第四、语文课：1. 让学生学会用方言使用50条流传在当地的民间谚语或歇后语；2. 让学生认识当地历史上文化名人的身世和代表作，背诵其简短作品或作品片段；3. 参观一处当地的文物古迹，背诵其对联。

第五 . 社会课：1. 每个学生都必须熟背二十四个节气，并适当了解节气与农耕的关系；2. 了解春节、元宵、清明、端午、中秋、重阳等古老节日的来历，并适当参与相应的活动；3. 了解当地有特色的节日民俗并掌握其基本程序；4. 就近参观一处地方博物馆，了解其内容并了解博物馆展品与当地社会民俗的联系。

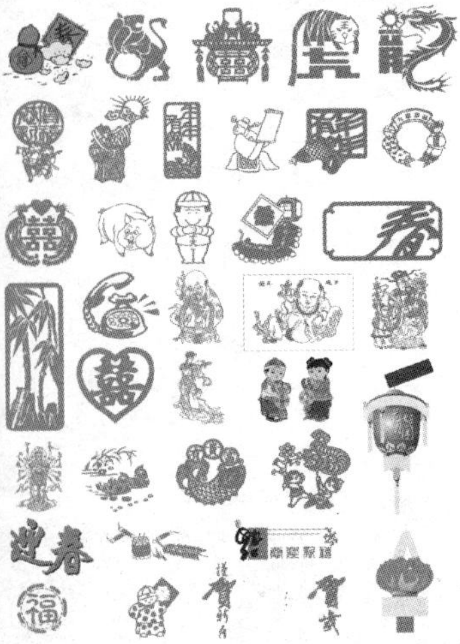

我们应让每个学生都了解当地有特色的节日民俗。

中学阶段（六年），以省和市（区）为单位，组织当地教育部门和文化部门的专家共同编写“非物质文化遗产保护教程”，课程要分初中段与高中段两本，初中段使用《××市（区）非物质文化遗产保护教程》，高中段使用《××省（市）非物质文化遗产保护教程》。课程要分别在三年间完成，并进行适当的考察。

初中段课程的要求是：

第一、了解“非物质文化遗产”概念。第二、了解所在市（区）的非物质文化遗产项目。第三、学唱五首所在市（区）的民歌。第四、学唱两段所在市（区）的地方戏。第五、参加群众性的民间舞蹈或者民间器乐合奏的表演，如陕北学生要学习腰鼓表演，闽南地区的学生要学习南音表演。第六、对省内风物传说有一定的了解。

高中段课程的要求是：

第一、了解“非物质文化遗产”保护的意义。第二、了解所在省份的非物质文化遗产项目。第三、学唱六首所在省的民歌。第四、学唱三段所在省的地方戏。第五、熟知本市（区）的风物传说。第六、对当地有特色的传统手工产品的工艺过程。比如贵州酿酒、山西酿醋的制作过程。

大学阶段（四年），在中国的普通大学里广泛开设“中国非物质文化遗产保护”课，让所有进入中国大学的学生通过选修了解中国非物质文化遗产的历史、现状和主要内容，其意义是：

河北梆子《长剑歌》

第一、了解民族传统，保护传统文化，弘扬中华文明，提高国家的软实力。第二、让学生了解昆曲、京剧或当地地方戏的经典唱段，了解传统表演艺术。第三、倡导学生学习书法、古琴、围棋等传统文人“四艺”。第四、让学生了解中国历史上著名的艺术作品。第五、让学生对学校所在地的非物质文化遗产进行考察和研究，比如了解当地非物质文化遗产的保护现状，考察非物质文化遗产保护与发展经济的关系，为当地政府部门的非物质文化遗产保护工作提供参考意见。

要实现中国学校音乐教育美育化

高建进 中央音乐学院音乐教育系教授、博士生导师。1979 年毕业于上海音乐学院音乐研究室西方音乐史专业，毕业后留校任教。曾任中央音乐学院附中理论学科主任。1998 年任音乐学系音乐教育教研组长，1999 年至今任中央音乐学院音乐教育系首任系主任。作为中央音乐学院音乐教育系的学科带头人，系统引进奥尔夫、科达伊、达尔科罗兹国际三大音乐教育体系，并融其所长，与我国民族音乐文化相结合，自下而上地进行新式学校音乐教育实验。2005 年荣获“区永熙音乐教育奖”，2008 年荣获教育部“宝钢教育奖”，同年其“高等音乐学院音乐教育体系综合改革实验”获北京市教育教学成果奖（高等教育）一等奖，此项目同时获得 2009 年第六届高等教育国家级教学成果奖二等奖。开设有西方音乐教育史、教学法、教学实习等课程；编著、翻译教材有：《西方音乐教育简史》《音乐的读与写》《科达伊教学原则实践》《娃娃的歌》等。

去年是我们音乐教育系建系十周年，十年来我系按照音乐属于每一个人的理想进行了中小学音乐教育改革的探索，在实践当中我们认识到要实现这个理想，必须以学校音乐教育美育化的实施为起始点，以学校音乐教育美育化的实现为终点。

当前学校音乐教育存在智育化的倾向，素质教育要求德育、智育、美育的全面发展，学校音乐教育主要属于美育的范畴。历史上学校音乐教育曾经走过全盘政治化的弯路，当前学校音乐教育主要问题是存在智育化的倾向，表现在以下几个方面。

第一，音乐教学内容知识化。首先，是音乐元素的学习过于强调认知。第二，歌唱教学不以审美体验为主旨。第三，欣赏音乐都以非审美体验为主。

第二，音乐教学手段的知识化。一是认知前于体验，第二是体验不以审美为主线。这种方法违背美育审美性原则和感性体验特征。一是它忽略音乐教学以审美为主导的原则，二是忽视学生学习的基本途径是感受和体验音乐。这个实际沿袭了智育教育的一般方法，所以我们把这种称为学校音乐教育的智育化方面。

学校音乐智育化的后果及原因

学校音乐智育化的后果是什么？现行音乐教育并不能够很好的丰富学生的生活，因而多数学生不能主动的将音乐审美化为造就他们人生的文明素养。九十年代中央提出要加强素质教育，但是到今天为止已经二十年过去了，尽管学校音乐教育大大加强了，但是学生的音乐审美素质仍然没有根本性的提高，最大的问题是学生们比以前更不会歌唱了。

上世纪 90 年代中央提出要加强素质教育，但是到今天为止已经二十年过去了，尽管学校音乐教育大大加强了，但是学生的音乐审美素质仍然没有根本性的提高。

九年义务教育的结果是绝大多数孩子们不能完整唱出曾经在学校音乐课本上的歌，他不能用音乐表达、合作与交流。接受了 12 年中小学音乐教育后的孩子，甚至于报考音乐学院的孩子，他除了能唱规定一首民歌曲目以外居然唱不出第二首民歌。有的报考音乐学院的孩子提出能不能唱一首《国歌》，有的孩子说我能不能唱一首《找朋友》，这种情况就是智育化的结果。造成当前学校音乐教育智育化的原因主要有以下四条。

学校音乐教育是人文教育的一部分，是所有的人在他的成长过程中都应该接受的素质教育。

第一，学校音乐教育沿袭专业音乐教育的方式。学校音乐教育是人文教育的一部分，是所有的人在他的成长过程中都应该接受的素质教育，它最深刻的价值是通过人的审美体验提高他们的生活质量，提升他们的审美素质和文明素养。由于历史的原因，我国音乐学院的教学体制主要靠引进国外德国、法国、苏联等专业音乐教学体系，以音乐知识、音乐技能为主题教学内容。我国普通学校的音乐教育受专业音乐院校的影响，学校音乐课往往忽略人文艺术的特点，简化成一门以音乐知识为主导的理性体验课。音乐课的主要内容就是音符、节奏、音乐术语、音乐形式的认知。

第二，当前中小学校的音乐教师习惯使用自然学科的授课方式。当前的中小学音乐教师所学的音乐知识、音乐技能多数理论形式，他们在大学主要通过书本掌握音乐知识，从教以后采用自然学科的授课方式教学，那就是很自然的了。他们没有学过通过学生对音乐的听、唱、视、动、感觉体验来教授音乐，而是让孩子们听老师描述，听老师讲解音乐作为音乐的主要途径。这使本来生动有趣的艺术性教学变的枯燥无味。

第三，热衷于学习音乐技能的功利目的。家长把学校音乐教育的价值定位在学了多少知识技能，对孩子的升学是否有益处，所以不少教师不管出于主观原因还是客观原因，一味要求孩子们按照老师的语言表达音乐，按照老师的感受理解音乐，这种做法违背孩子们的自然天性，不可能引起孩子们的审美兴趣，无益于孩子的德智体美发展。

第四，学校音乐教育管理效能普遍实行智育教学的三考制度，学生考试、教师考核，学校考评，这样的教学管理制度强化了音乐教育的智育化倾向。

音乐教育要回归本质—美育

第一，以学生的音乐审美实践为主要教学内容。音乐教育主要从事人的心灵教化，但是这种教育起到的教化作用是经过长期的音乐熏陶和审美实践潜移默化才能达到的。音乐知识的学习主要为学生音乐审美实践服务。学生在体验、认识不断深化的音乐实践中逐渐了解音乐的价值，提高音乐审美水平。人最自然的音乐实践和最原始的音乐审美都来自于歌唱。所以国际著名的音乐学家创建的音乐教育体系的基本理念是“一切通过歌唱”，但是当前学校音乐教育弱化了音乐的教育内容，更谈不上教育方法。

近二十年中国有上千万的孩子学琴，上千万琴童出现成了中国音乐教育别样的景观，这好像是值得炫耀的成果，但是这些孩子在音乐实践过程中缺少审美，对多数孩子来说弹琴、拉琴没有给他们形成乐趣，他们只是把奏乐学习当成手艺，而没有掌握音乐语言的基础语言。我们曾经对北京市西河湾、十八等这些学过乐器的孩子进行音乐能力测试，能够完整的唱完一首歌，正确识谱歌唱的竟然不到5%，大多数孩子不能从奏乐中得到美的享受。正如德国音乐教育家柳内提到的："奏乐的真正价值不在于奏乐本身，而在于人们如何奏，以及奏了什么"。

第二，通过能动参与提高学生的审美兴趣。能动参与是能力与动力相适应的积极参与，这也是引起学生审美兴趣的前提，歌唱是学生最容易、最能参与的音乐活动，所以学校音乐教育应该以学生能动参与的歌唱为首要教学内容。

第三，在音乐实践中培养良好的审美习惯和情趣。音乐能培养良好的审美习惯这个已经定论了，问题是用什么音乐，从什么音乐入手，通过何种途径才能培养起健康的审美习惯呢。音乐教育主要是感觉教育，培养良好音乐审美习惯的最佳途径是用美的途径，通过音乐进行感觉体验，使学生从感性的初级审美逐渐提高深入到理性的高级审美。民歌是本民族人民经过成百上千年选择传承下来的具有自然美的音乐，唱民歌最容易激发自然状态的审美享受。所以中小学生应该从唱民歌开始。

第四，通过音乐审美愉悦让孩子们健康成长。

孩子们总是在歌唱，几个孩子聚在一起，他们相互伴奏，有舞蹈，还有合唱，使他们在音乐得以愉悦和规范化。这里一切其他都以歌唱为中介，在我们这里最单纯的享受和最单纯的教学都是通过歌唱得以活跃并打下烙印的。我们在一切可能想象的事物中选择音乐作为教育的元素，因为从音乐出发，开拓均衡各条道路会向各个方面扩展。

歌德的一段话道出了让孩子们在音乐审美教育中健康成长的教育理想。

这一大段话无比形象的道出歌德让孩子们在音乐教育的审美中健康成长的一个教育理想。2009年我们系在北京市石景山开办第一所每天有一节音乐课的实验小学，一个半学期的教学我们努力尝试让孩子们在审美愉悦中学习音乐，明天上午在石景山有一个常态课，希望大家去看。当然有各种各样不足的地方，但是我觉得这是一个方向，至少我们是让学校音乐教育美育化作出的第一步。

第五，让学生对音乐的审美追求内心化。让学生克服为纯功利目的学习音乐的心里，使音乐成为人生美好的内在修养；通过体验、实践、感受审美音乐，让好的音乐引起孩子们的内心冲动、内心喜爱、内心追求，是中小学音乐教育应该努力实现的深层目标。

实现学校音乐教育美育化的探索途径

加强我们学校音乐教育美育工作主要应从以下几个步骤循序渐进。

第一，让学生了解音乐美。我们是从音乐的母语走进音乐。我们现在做的工作是从幼儿园开始和小学一年级以本地区童谣民歌进作为入门学习内容，然后逐步扩大到外国民歌。当然，有很多东西是平行进行的。

第二，让学生理解音乐美。

第三，让学生体验音乐美。一切通过有修养的集体歌唱，当然包括用声音歌唱，用肢体歌唱等等全身心的歌唱。

第四，让学生实现音乐美。

关于学校音乐教育改革的建议

思考者——真正的音乐来源于对生命的思索

第一，突出歌唱在中小学音乐教育中的地位。德国音乐教育也出现过脱离音乐实践的倾向，上世纪 80 年代德国音乐界进行了反思，提出了重新回到歌唱的方针。所以在上要届，可能是前两年进行的“学校音乐周”，它的主题变成了“让我们站在这里歌唱”，因为有一度他们取消了歌唱。针对当前中国中小学的音乐状况，我们应该明确提出“回到歌唱去”。

第二，组织编写突出音乐实践的音乐教材。

第三，增加中小学音乐实践的量。

第四，改革音乐教学管理方式，不以音乐知识的考试为衡量学生音乐的标准。

第五，改变音乐教师的培养模式，重在培养其实施人文教育的能力。

音乐作为美育的一项重要内容，理应是全国每一个孩子都应该接受的素质教育，如何探索一条让全国国民真正认识到美育的重要性，真正认识到美育的重要意义是很难的。但是实现学校音乐教育的美育化更难，所以希望理论家们和我们一起共同努力，使我们让音乐属于每一个中国人的理想能够早日实现。

渗透与探微 《

电视美育参与少儿身体意象建构的诗意导引

于隽，女，1980年11月出生于辽宁鞍山，汉族，广播电视艺术学博士，现为北方工业大学文法学院中文系讲师。专业致力于传媒创意、经营的研究与实践。

在崇尚视觉叙事的今天，具有“仿像”优势的电视艺术对大众的身心影响是不容回避的客观事实。少年儿童是未来和希望，电视艺术对少儿的影响是一柄双刃剑，如果利用不当，会对少儿的社会化进程造成无可挽回的负面影响，如果利用得当，也可以成为少儿教育的有效手段。在消费社会诱惑颇多的当下，还是需要全社会一起穿越利益迷雾，坚守文化自觉意识，打造纯净的收视空间。尤其创造出更多蕴含自由、积极、健康精神指向的身体影像，这就是大卫·格里芬说的人与自然的“复魅”，也就是海德格尔说的“天地人神”和谐共在的“诗意的栖居”。

“身体意象”是文化研究中的一个重要命题，它既是一个心理学的概念，也是一个社会学关注的范畴。身体意象的创始人施尔德认为，身体意象就是我们在心理形成的关于自己身体的图画，其中一个重要层面是个人对自己身体的满意程度，以及如何让自己的身体成为满意的存在。身体意象的形成将直接影响到个体的身体塑造及行为的生成，是一个不容忽视的成长结构。作为个体与社会因素互动而生的产物，个体身体意象的建构受到各种社会因素的影响。在视觉文化大行其道的今天，电视已经成为大众认知世界的主要手段之一，也是个人形成身体意象的主要参照。电视的影像叙事，尤其是电视身体影像（电视影像生成的身体）的叙事凭借其“镜中之我”的直观方式与大众身体意象建构产生了密切的关联。这种深深嵌入日常生活的示范对于那些身心尚未养成、缺乏判断力的少儿观众影响更为深远。相对于成年观众，少儿更易对于屏幕中影像的身体产生临摹、敬畏心理，并据此建立个人的身体意象。

身体意象”是文化研究中的一个重要命题，它既是一个心理学的概念，也是一个社会学关注的范畴。

当前，受到大众文化、消费文化的驱使，电视艺术的娱乐功能、消费功能被片面夸大，某些影像中的身体被掺杂了窥私、消费、暴力等消极内容，成为了浅薄无味的娱乐化、商业化信息的符号。如此异化的身体影像如不加以引导和管理，将对少儿的身心成长造成重大困扰和危害。作为社会教育的重要工具，电视艺术不仅具有认知、娱乐功能，更应具有教育和审美功能。加强电视艺术的美育功能，审美地把握世界，创造出积极、健康的艺术形象，还孩子们一个清澈的青春视野，一个诗意的成长空间是电视艺术发展的应有之义，并值得全社会共同关注和努力。

电视教育：少年儿童身体意象建构的重要平台

社会学理论认为，青少年社会化是早期社会化的一部分，是一个人为正式进入或开始其社会生活而作准备的过程，它对人的一生具有重大影响。少年儿童社会化过程中一项重要内容就是完成自身身体意象的建

80后的童年记忆

构。在今天，电视在现代生活中扮演着十分重要的角色，它除了承担信息的传播功能之外，也是个体尤其是少儿社会化的重要媒介。对此，媒介研究学者尼尔·波兹曼在《童年的消逝》一书中早就有过描述，现今时代孩子对于电视的需求和依赖程度超过了以往任何一个时候，以印刷文化为基础的学校教育，正在经受电子媒介制造的“读图时代”的挑战，电视的图像叙事正在取代文字的地位成为少儿成长的“元叙事”。

也就是说，电视身体影像为少儿的身心养成提供了机会成本最低、也最容易接受的范本。此外，在身体意象建构方面，电视教育也的确具有其他媒介或教育方式无法企及的优势，这主要有两个方面的原因。

其一，从心理学角度来看，观众对于身体影像的钟情源自于观众身体与身体影像所建立的内在亲近感。拉康的“镜像”理论认为，在镜子面前，婴儿以不完整的身体镜像为媒介，产生出作为想象的“我”的雏形，对自我镜像进行认同。比较一下，不难发现，婴儿在镜子前感觉到的“镜像之我”与电视观众在屏幕前体验到的身体影像颇有相似之处。屏幕仿佛就是一面镜子，由丰富、立体的声画语言建构的身体影像具有一种特殊的“号召力”，让观众易将自己设身为屏幕中的人物，随着剧情或者节目心情起伏，从而获得一种“替代的快感”。而如今的电视艺术正在通过各种技术的突破实现更多“仿真”、“超真实”的影像，让观众如梦如幻，欲罢不能。

其二，依据传播学理论，面对不断发展变化的客观环境，没有哪一个人可以根据单纯的亲身经历完整地描述庞大的现代社会。人们有意无意地渴求一个可以信赖的社会镜像帮助自己达到经验的完善。透过媒体去学习和窥探别人的行动，从而建构自身的“身体意象”，不失为最快捷、方便的办法。相对于成年观众，少儿观众对这些身体参考讯息更为敏感，因为他们正处于生理与心理改变的青春期，身体意象尚未成熟，学习和接受能力也最强，他们正在渴求寻找一个标准的范例。而由视听语言打造的各色电视身体影像恰好从服装到行动，从表情到举止等全维度地为少儿观众提供了诸多可资借鉴的摹本。

因此，无论是从电视媒介的传播力度还是从受众的心理接受层面来考察，电视艺术对于少年儿童身体意象建构都施加了其他媒介无法比拟的深刻影响。作为一种强势媒体，呈现在电视屏幕上的图像就等于被赋予了“合法地位”。影像不仅仅是影像，还是一种公开的示范，具有强大的说服能力。然而，电视屏幕中的身体影像并不就是身体本身，而是被影视技术塑造、被影视文化选择和建构的“影像的身体”。就像媒介学者们所说的那样，“所有影像都是人为的”[1]，它们“拥有真实的内容，对应真实的需求，但也仍然保留着虚假的形式和欺骗性的外表”[2]。被电视媒体创造或者建构的身体影像，其背后承载着现时各种各样的文化信息，这些文化信息也正在通过生动的身体影像向大众悄然暧昧地表露心迹。因而，要重视起电视艺术的涵化教育功能，就必须对当今电视艺术的文化现象做出清晰的鉴别。

审美评判弱失下身体意象的扭曲生成

现代潮流文化造就出来各种各样的偶像

遗憾的是，受到大众文化、消费文化的驱使，电视艺术的娱乐功能、消费功能被片面夸大，体现在实践层面就是许多电视节目为了争夺高收视率而放弃了电视艺术审美地把握世界的责任，生产出诸多以杂耍、窥私、消费、暴力为内容的影像，旨在吸引大众的眼球。此间，身体意象创造成为了电视娱乐叙事的一大重要法则。

身体一改传统审美中羞涩与回避之态，赫然登堂荧屏，成为了各色欲望的赤裸代言：广告中对肌肤、面容、身材的爱惜追求，背后是商家利益的推手；一些整形选美节目正在宣告这样一个事实——只有标准美女才能获取“眼球时代”通往成功大门的金钥匙，才能成为有价值的身体；更有某些低俗节目中以若隐若现展示“奇观化”、“器官化”的身体以娱大众（或者说是“以愚大众”）……

电视创作审美评判的弱失加之尚无分级制约的播放制度，那些充满奇幻刺激势的身体影像堂而皇之地进入少儿观众毫无戒备和判断能力的视野，势将在他们的心灵中打下重重的烙印，对少儿观众身体意象的建构造成极大的扭曲和变异。而这些扭曲变异也正在成为当下少儿成长中的事实。

其一，渴求成为“偶像”的身体意象。在大量显现于屏幕的“造星”、“选秀”节目中，经典叙事中崇尚时代精神的“英雄”在此失语，取而代之占据了舞台中心的是“偶像”的新生与存在。造星运动示范了一种情境，那就是塑造明星化、奇观化的身体更容易达到成功和“一夜成名”。并且只要参加这样的节目成为优胜者，风光豪华的生活便唾手可得。这些被电视构造的身体幻象对于此类节目的主要受众——少儿观众具有极大的诱惑力。少儿难免会幻想通过这类节目不劳而获，拒绝付出艰苦的

[1] ［英］约翰·伯格著《观看之道》广西示范大学出版社，2005年，第2页。

[2] ［英］罗杰·西尔弗斯通著《电视与日常生活》，江苏人民出版社，2004年版，第240页。

如今谁还记得儿童时期的梦想？

心智劳动。于是，近年来将造星这一游戏规则视为通往艺术大门的“捷径”，放弃手边的学业，放弃进入专业轨道进行艺术修炼的途径，争相进入“一夜成星”的投机行列的青少年大有人在。而孩子们争相追摹的“平民偶像”说到底却是为文化工业和大众媒体获取商业利益的工具。幼小的心灵被涂抹上了浮躁、投机取巧的心态，在他们稚气未脱的面孔上也被刻写上了对于名利的欲求和渴望。“成功观”是一个人人生进步和社会追求的动力，被功利和投机涂抹的“成功观”难道不是成人世界制造的丑陋范本？

其二，渴求成为“商品”的身体意象。在后现代主义侵袭下的当代社会，身体已经成为各种符号彰显身份的最佳“展台”，作为“消费社会最美的商品”[1]，身体已经被大众文化赋予了明确的价值观——现实中的躯体越是接近青春、苗条与性感的理想模式，它的交换价值就越高。电视中大量的美容、美丽节目将“不甚完美”的身体予以改造：告诉你要怎样在波西米亚的流行风潮中更有个性，男人要怎样锻炼才会拥有施瓦辛格的身材，女性的三围达到如何尺度才能让男人更加满意……并且大量的广告、购物节目也在示范唯有下定决心修改自己的身体，才能成为具有欣赏价值和经济价值的身体工艺品，得到社会的“尊重”与“认同”。在这些以传递美丽、制造美丽身体为借口的节目中，我们看到的却是对于身体多样性的摒弃、对于身体自然性的摧残、以及在其背后招手的商业利益诱惑。

“梦想”的样子

当这些几乎具有说教意味身体影像呈现在孩子们面前时，他们自然而然地把广告说服、商品代言当做了塑造个人身体意象的范本。《超级女声》遴选出的小偶像转身就一改清纯的学生气，变出了一张明星脸，儿童节目《超级少年》中的小选手身着小号比基尼演绎辣歌热舞，广州的一个9岁的小女孩面对媒体坦言“自己喜欢被别人夸做‘性感’”[2]……成人“商品化的身体”、“美丽的复制品”通过电视的传播无形中成为了孩子成长参阅的重要标准。本应充满个性和差异的童真、童趣的身体变成了微观的“成人身体”。就像梅罗维茨在《消逝的地域：电子媒介对社会行为的影响》中形容的那样，“进入电视时代后，儿童似乎不像‘孩子’，他们说话、穿衣和行为比过去都更像成年人，传统儿童和成人的分界线消失了”[3]。尤其需要指出的是，节目中美丽的身体影

[1] ［法］让·波德里亚《消费社会》，南京大学出版社，2001年版，第139页。

[2] 梁健敏：《广州儿童掀拉丁舞热，女童称喜欢别人夸性感》载于《信息时报》，2008年1月5日。

[3] ［美］约书亚·梅洛维茨著《消失的地域：电子媒介对社会行为的影响》，

像是一种统一化的范本，这对孩子的多样性发展极为不利。长此以往，我们所倡导的身体的自由和解放，又将在孩子们的成长中降落为经由现代工业炮制的“单向度的人”。

莫里斯·梅洛·庞蒂：个体身体意象的建构是关系到个人自我塑造，是人类不可回避的重大命题。

在上述异化身体的示范和扭曲的身体意象展示中，童年无疑被大大地缩短了。一些成人世界的名利观随着身体影像的示范而渐渐进入这些年轻的生命当中，使少儿逐浪虚名——丧失了童真；被消费社会、大众文化统一规训的“理想身体范式”使他们的身体过早地“成人化”——丧失了童趣。本应丰富多彩的、纯净天然的童年被刻写了太多成年人的印记、甚至是成年人也无法坦然面对的不良印记。

此外，更加令人担忧的还有一些电视节目将某些色情、暴力的身体影像公之于众，被是非辨别能力弱的少年儿童不加取舍地予以吸收，最终导致了令人心痛的少年儿童犯罪现象。对此，荧屏上暴力和色情的身体影像负有不可推卸的责任。难怪有学者慨叹，“媒介色情与其他各种社会因素交织在一起，正在断送未成年人的花季年华”[1]。这不禁让人回想起鲁迅先生在半个世纪前“救救孩子”的呐喊，在今天以大众文化推动的电视影像制造的文化幻境中，社会对这种当头棒喝的需要显得如此急切。

加强电视美育，找回身体诗意的栖居

现象学大师梅洛·庞蒂这样评价身体，“说到身体，人们通常把身体当做肉体，仅就思想而言，这是对身体的降落。”[2] “身体是多维度、多层次的现象”、“身体是我在世的方式”[3]，个体身体意象的建构是关系到个人自我塑造及身心在社会的存在，是人类不可回避的重大命题，它的养成需要整套社会教育系统高度重视和精心培育。

作为大众艺术最典型的代表，电视艺术以视听一体的直观和与生活零距离的对接对人们的日常生活、身心养成产生着重要的影响，具有极强的涵化能量和示范作用。要塑造“完整的人”就不得不高度重视电视艺术无形的教化功能，而其中最为急迫就是要重新认知电视艺术美育教

团结出版社，2007年版，第52页。

[1] 胡建成，胡红宇：《让媒介色情远离孩子》，载于《中国保安》，2002年第1期。

[2] [美]安德鲁·斯特拉桑，王业伟、赵国新译《身体思想》之“编者的话”，春风文艺出版社，1996年，第1页。

[3] [法]梅洛-庞蒂著《眼与心》刘韶涵译，中国社会科学出版社，1992年版，第13页。

永远的舞步

育的重要功能。黑格尔有言，“审美带有令人解放的性质”，相对于其他艺术形态，电视艺术立体而生动的艺术语言更擅长感染人，使人如痴如醉，难以割舍。电视艺术应当运用美的方式，通过生动的形象、优美的意境、健康的趣味给人以审美需要的满足，潜移默化地影响人的情感、观念、趣味、气质、性格、胸襟等完整、完善的身心，这才是示范“身体解放”的真正内涵。电视艺术理应为大众，尤其是社会的未来—少年儿童自身意象的勾勒和完善做出应有的贡献。

如何加强电视美育，导引少年儿童身体意象的健康、良性建构，我认为在现阶段在电视艺术的创作中应当注重调整几个方面。

其一，“美在自然”的导引。具体来说就是要生产一批符合童真童趣的艺术作品。《庄子·人世间》有言：“人谓之童子，是之谓与天为徒”，“童子”在此指的是孩童。少儿与天为徒，体现了孩子天真未剖、与天地万物浑然同体的本然存在。这里描绘的是少儿在童年时代的一副率性任真、游弋天然的生命画卷。目前，在电视屏幕中，表现少儿纯然天真的电视节目屈指可数，电视基本上是成人化节目展演的平台，在很多成人节目的场景中，儿童穿着漂亮的衣服、唱歌跳舞，但他们却并不是演出的主体，而是节目的陪衬，是明星、大腕们的伴唱、伴舞。这种边缘化、点缀的影像形象的比不过作为主体的成人、明星的光芒。这直接导致了少儿身体影像的主体性缺失。在电子媒介参与少儿“童年叙事”的今天，实施电视美育首要应当注重创作表现天真烂漫、稚气未脱的儿童身体图景。少儿节目制作者应秉承“贴近群众、贴近生活、贴近实际”的创作态度去关注少儿，组织电视制作人员、心理学和教育学专业人员等共同投入到高质量少儿电视节目的开发中来，提高少儿节目的质量和吸引力，给孩子们一个属于同龄人的影像示范。不仅带给孩子更多充满童真、童趣的示范和遐想，更给成人社会带来童年的怀想和真挚纯净的意象空间。

其二，“美在向善”的导引。身体穿越我们，也囊括我们的心灵。少年儿童在身体意象养成的过程中应当获得社会给予的更多的精神养分，而不应是大量流于表面的浮华。电视艺术的教化又是责无旁贷。在电视身体影像的塑造中应当注重“合目的”的导引，通过直观的影像传递大量内蕴真、善、美的“完整的人”的范例。在电视艺术创作中应注重表现人的情感美、心灵美、道德美，这才是真正美丽的身体的华章。《道德模范颁奖典礼》节目中的道德模范的面孔虽然个个普通，却在他们举止言谈中闪耀出美好心灵的光彩；《金色舞台》中展示的老年人的形象虽已是青春不再，却是依旧意气风发，令人怦然心动；残奥会开幕式上的舞蹈《永不停跳的舞步》肢体虽然残缺，却又是那样的震撼人心，令人激动不已……精湛的艺术，必然通过快感达于受众心灵，令受众获得认识上的启迪、灵魂的净化。这些艺术形象并不是依靠外表的赫然华丽打动观众的，而是因其内在的精神力量陶冶观众的情感，使人为之动容。电视艺术作为叙事的艺术，擅于通过活动的影像向人们展示生命的本真状态。深入表现美好心灵，深刻揭示美好人生的影像作品是电视艺术之所长，也势将对观众产生最直接的示范力量，使人受到身心洗礼，追求个体的完善。

其三，“美在和谐”的导引。电视艺术是面向大众的艺术，更是诸多门类艺术的承载和示范平台。电视艺术之美不应是狭隘地展示独有的声光之色，而应博采众家艺术之长，补己之短，向其他艺术形态学习，努力开发受众的艺术感觉，提升人的审美趣味。如今的电视屏幕受到利益的驱使可谓极尽吸引受众眼球之能事，呈现了审丑的狂欢和无序的杂乱。电视艺术正在丧失其艺术品格，即缺乏绘画艺术的空灵留白，又缺少音乐艺术的音韵和谐；既缺乏文学艺术的隽永意境，又缺少戏剧艺术的悠长意蕴。在些许浮躁的文化语境中，电视艺术是否应当与其他艺术一道沉浸心态进行精益求精的创作，适当放慢节奏，真正扮演使人身心和谐的减压阀，或许惟其如此，才能让电视艺术堪称“染乎世情，系乎时序”的艺术形态。

电视艺术对少儿的影响是一柄双刃剑，如果利用不当，会对少儿的社会化进程造成无可挽回的负面影响，如果利用得当，也可以成为少儿教育的有效途径。在消费社会诱惑颇多的当下，还是需要全社会一起穿越利益迷雾，坚守文化自觉意识，打造纯净的收视空间。

结论与思考

总之，在崇尚视觉叙事的今天，具有“仿像”优势的电视艺术对大众的身心影响是不容回避的客观存在。少年儿童社会的是未来和希望，电视艺术对少儿的影响是一柄双刃剑，如果利用不当，会对少儿的社会化进程造成无可挽回的负面影响，如果利用得当，也可以成为少儿教育的有效途径。在消费社会诱惑颇多的当下，还是需要全社会一起穿越利益迷雾，坚守文化自觉意识，打造纯净的收视空间。尤其创造出更多蕴含自由、积极、健康精神指向的身体影像，这就是大卫·格里芬说的人与自然的“复魅”，也就是海德格尔说的“天地人神”和谐共在的“诗意的栖居”！惟其如此，才能示范给孩子们一幅幅身心交融、和谐与共的美好图画，为他们创造一个有声有色、更加美好的童年。

音乐艺术创作中的美感

姚恒璐中央音乐学院作曲系教授、博士生导师。1990 年获英国利兹大学作曲专业的音乐硕士学位 (MMus)、1994 年获得该院作曲专业的第一位哲学博士学位 (PhD)。1995 年起在北京中央音乐学院作曲系任教，为全院开设作曲技法选修课 “20 世纪作曲技法分析”课，并从事作曲专业的教学、音乐创作和理论研究。主要出版物有：《20 世纪作曲技法分析》(上海音乐出版社 2000 年版)；主编《音乐技法的综合分析》（作曲技术理论综合课程，高等教育出版社）；《作曲的基础训练》(人民音乐出版社，2010 年版)；2009 年由北京环球音像出版社出版发行 CD，《‘升华’ – 姚恒璐音乐作品典藏》；2010 年由人民音乐出版社出版 CD+ 曲谱《原始的音迹—姚恒璐钢琴作品选》。创作的音乐作品涉及室内乐、钢琴、管弦乐、交响曲、民族器乐和艺术歌曲等各种领域。 2000 年获选国家教育部第二批艺术类学科 ”跨世纪优秀人才培养计划 (人文社会科学音乐类唯一入选人)；2000 年获美国柯尔比科学与文化信息中心颁发的世界网络优秀论文成就奖。最近 10 年来，每年与韩国作曲家共同组织东亚新音乐作品交流音乐会，参与的国家和地区有中国、韩国、日本、以及台湾和香港。在作曲技术理论的学术研究方面，主张音乐作品的综合分析理念，采用相应的分析实践方法，进而综合拓展传统四大件的分析领域，从事近现代音乐作品的分析研究，所教授的本科作曲专业、硕士作曲和作品分析专业以及博士作品分析专业的学生 30 余名。

对于普通人来说，美感取向的高低关系到艺术修养和人格的提升；对于音乐家而言，美感取向的高低直接影响到学术成果的真实性和音乐作品成形的品位素质。本文从音乐创作的外延环境，到其内在心理感知的过程，对音乐创作中的美感进行剖析和梳理。诸如，美感需要实践的基础、创作思维过程中的感性与理性的心理路程、协和与噪音、高雅与低俗等关系到音乐创作方面的实质性问题。

音乐是听觉艺术，所谓一度创作——作曲，当然也应当以音响的构成为先决条件。美感取向围绕着作曲的内因构成与外部环境而无处不在，它既有形成作曲家个人美感取向的内在因素，也有制约着作曲家们美感取向的外部条件，由此产生出能够引起社会良好反响的个别作品和能够形成一个时期艺术潮流的系列作品。所有这些，如果只从作曲技法本身去追寻其中的因果关系，往往不能得出正确的答案。因为审美取向才是选取作曲技法和决定音乐风格的真正动力，而审美取向又是心理追寻和内心听觉体验的过程。如此看来，深究音乐创作整体运作过程和作曲家的个体美感取向，以及内因产生的过程和外因形成的影响，才会更深认识到存在于社会生活中、音乐创作当中美的印记和本质。

“不学艺，勿谈美”——美感的实践基础

朱光潜：不学艺，勿谈美。

谈美，就要有感而发。感觉、感悟、感动从哪儿产生？当然不是从虚无的推理和无意义的论证，而是来源于个体或集体的实践感触、历史的继承关系及其社会存在的影响。著名美学家朱光潜先生的名言：“不学艺，勿谈美”——精辟地论证了美感与实践互为依存的辩证关系。当一位音乐家，从其幼年就经历了学琴、学唱的实践，随着年龄的增长，这些可贵的艺术实践必然会成为其理论研究、创作表演的认识基础，进而很自然地引申发展为种种具备艺术美感的创作表演实践和应用性、思辨性的理论。而从未有过实践经历，仅凭着理论推理和哲学式的思辨，尽管也会产生某种感悟，但由于缺乏实践基础，其理论不会产生广泛的反响和呼应。在推广和普及这样的理论过程中，常常会产生与艺术实践相抵触的论点和“规则”，以至于“人云亦云”、“以讹传讹”，制造出某些“伪学术”产品，轻则导致“论据不足”而无法得出令人信服的结论，重则扰乱正常的学术“市场”，使其混迹于商业化的文山书海当中而不能分其优劣。长此下去，贻误广大学子的视听，形成一系列“理

中国古代编钟，穿越时光的声音。

论垃圾”。

“音乐美学中的混乱反映了音乐实践中的紊乱。音乐，不管它还是些什么，首先必须是一套人类的实践，美学的基本任务必须是寻求使这些实践易于理解的原则。”（选自《现在与未来的音乐美学》——《新格罗夫音乐与音乐家大辞典》词条“音乐美学”）艺术的实践与感悟能力是音乐美的形成基础。在接受者一方，有过音乐艺术实践和相应的感悟能力，就要比没有过这方面经历的人更容易接受和理解音乐作品，对学习音乐者而言，以一句“悟性好”，来评价一位学子的艺术美感能力，就是最高赞赏了；而这种能力不是从天而降，而是长期以来的艺术实践与认识感悟综合发展的磨合过程。任何学科都会以这样的过程相磨合而得以发展：理论——实践——再理论——再实践。任何音乐家都没有空谈 “美”的资本，而只存在对于音乐艺术美的“感悟”。

感性与理性的有机交融——美感的心理路程

音乐创作的过程在表面上是技法实施的过程，但在其深层应当是心理体验和音响抒发的过程。有过这方面实践的人们都知道，仅仅依靠着创作激情是无法完成创作的过程，还需要理性的技法实施写作；而仅凭理论布道，缺乏音响想象的“现场感”，也难于达到创作的目的。在其中，感性与理性结合的心理路程始终伴随在创作的过程当中，曾经有人问过作曲家，在你的创作过程中，理性和感性哪一个占得比重更大些呢？这样的问题自然是幼稚的。要想探寻每位作曲家的心理路程，远比探寻他的技法特点难得多，音乐理论家亨德森（W.J.Henderson）说：“在音乐中，指导感官使用的规则，部分属于理智，部分属于情感。…一个音乐的有机体的结构纯粹是智慧的成就。”（选自美国《国际音乐与音乐家百科全书》II）实际上没有、也不可能存在两者之间的“量化”结果，而应当始终是一种相伴相随、有机的融合。朱光潜先生说：“艺术都是主观的，都是作者情感的流露，但是它一定要经过几分客观化。艺术都要有情感，但是只有情感不一定就是艺术。”[1] 这里所谓的“客观化”，就是指理性的思维过程，“情感”，就是音乐表现的基础。在分为若干阶段的音乐创作心理过程中，作曲家的思维水平是在实践中逐步提升的过程。

1. 音乐创作心理的概念及其基本过程

音乐创作心理是人类音乐思维发展的高级阶段，是在音乐知识、技

[1] 朱光潜．谈美书简 [M]．北京：人民文学出版社，2001：16.

能总量的积累基础上的质变。其认识水平和心理感受的过程可以追溯为几个发展阶段：

1）人们对音乐、音响的无意识认知，到有意识的模仿；

2）能够对音乐产生思维上的共鸣，感悟音乐作品的情绪内容及其音响的表情内涵；

3） 在认知水平上达到对音乐音响一定数量和时间上的积累，并且能够产生和激发出个体的音乐想象和思维能力；

4）逐步培养将音乐思维和音响想象演绎为音乐语言符号的能力，即，经过必要的记谱方式的训练；

5）在音乐思维、想象与运用音乐语言符号的长期磨合中，发展心、口、手一致的阐述和表达能力，逐步达到丰富的音乐心理想象与完美的记谱方式的有机结合。

6）随着作曲家对外部世界认识上的丰富和深入，经过个人思想上的升华和音响表现手段的不断积累，以及有意识的美感取向的建立和完善，逐步形成个人创作风格的成熟和个性。有成就的作曲家应当是一位在思想上有感触、理念上条理清晰、美感取向上有追求、技法上多元化的音响表现者。

彼得·伊里奇·柴可夫斯基（俄文：Пётр Ильич Чайковский，英文：Peter Ilyich Tchaikovsky）又译为柴科夫斯基（1840 年 5 月 7 日—1893 年 11 月 6 日），十九世纪伟大的俄罗斯作曲家、音乐教育家，被誉为伟大的俄罗斯音乐大师。

柴科夫斯基下面这段话，可以表达出作为一位作曲家对于音乐创作心理路程的切身感受：“作曲家的灵感可能有两种：主观的和客观的。在第一种情况下，作曲家在他的音乐中表现出自身的喜悦和伤愁的感觉，一句话，像抒情诗人表露他的所谓内在心灵一样。在此种情况下，标题不仅是不需要的，而且是不可能的。但另一种情况是，当音乐家读一首诗作或是受大自然景色所感染，打算在音乐形式中表现出那种激起他内心灵感的题材。这时标题就必不可少了。……总之，在我看来，两者都有完全相同的存在权利……”[1]

2. 音乐想象力、内心听觉与记谱方式

从众多著名作曲家如， 肖邦、贝多芬、舒曼、勋伯格、鲁托斯拉夫斯基等人的有关论述中，可以追寻到种种样式的音乐创作思维的轨迹。先在头脑中将乐思构想为成型的作品，进而才下笔写作，记谱方式只是作曲家音乐心理想象的必要手段和最后实现的阶段。如果不经过必要的音乐想象的构思阶段，一挥而就式的写作，往往会制造出“习题式的产品”，既不能激发自己、更不能感动别人。

这其中可能会存在着几种特殊情况：

[1] 柴科夫斯基. 柴科夫斯基论音乐创作 [M]. 逸文译. 北京人民音乐出版社，1984：45

灵感犹如流星，同样的美，同样的稍纵即逝。

(1) 专业作曲技术的训练不足（常常表现为缺乏实际的记谱能力），同时存在着创作心理的缺失和音响想象能力的不足。

(2) 原本缺乏必要的心理音响想象能力，而企图在记谱中得以实现作曲家的愿望。记谱呈现出较为丰富的样式（织体形式），而实质上只是有着局部的亮点，却缺乏前后联系的因果结构和音响实现的基础。

(3) 心理音响想象与记谱后的音响实现并不统一，心理过程往往会比记谱结果更加丰富，记谱技术上不能达到随心所欲的表现能力。

爱因斯坦曾经说过："想象力比知识更重要"。"提出一个问题，往往比解决一个问题更重要。因为解决一个问题也许仅仅是一个数学上或实验上的技能而已，而提出一个新问题，新的可能性，从新的角度去看旧的问题，却需要有创造性的想象力，而且标志着科学的真正进步。"[1]对于音乐创作而言，由想象力产生的音乐构思，比落笔记谱更加重要，因为它将决定着写什么、为什么写、写得怎么样。作曲的呈现阶段——记谱方式的复杂化和多样化，从客观上反映出由于社会生活环境日趋丰富，所给予现代人更加丰富的想象空间，我们往往可以从谱面就可以观察和感觉到作曲家的睿智和想象力的空间感，由此在音乐舞台上展现出现代音乐作品的复杂音响和丰富的音响呈现方式。

3. 创作"灵感"与作品结构思维上的逻辑性

"灵感"是音乐创作中美的化身，它反映出作曲家心理感受和表达能力的统一性。灵感属于长期积累下的潜意识结晶，就是我们通常解释的"好主意（good idea）"。作曲技法实施的三阶段：（有特点的）主题——（多样化的）展开——（有逻辑的）结构，都是"灵感"的直接载体，也可以说，只有兼顾到音乐创作的完整过程，将"灵感"坚守到底，音乐作品才会收到应有的良好效果。在音乐创作的现实当中可以看到种种不完善的美：有了好主题，不会发展；对音乐的材料发展不加规范，不顾及音乐整体的结构关系；很长的作品因为没有一个触动人的好主题而白白花费了展开阶段的无用功，等等。灵感的来去匆匆，非人所能掌控，而是来自于人基于生活积淀的"潜意识"。一个人自己的心理活动往往自己却不能有意识地察觉到，这种不能察觉到的心理活动就是潜意识。创作中的灵感便是由这种潜意识造就的，它不仅存在于音乐创作，而是存在于一切有创造意识的人类活动当中。它的存在和利用的确是一种值得我们关注和留意的心理思维问题。

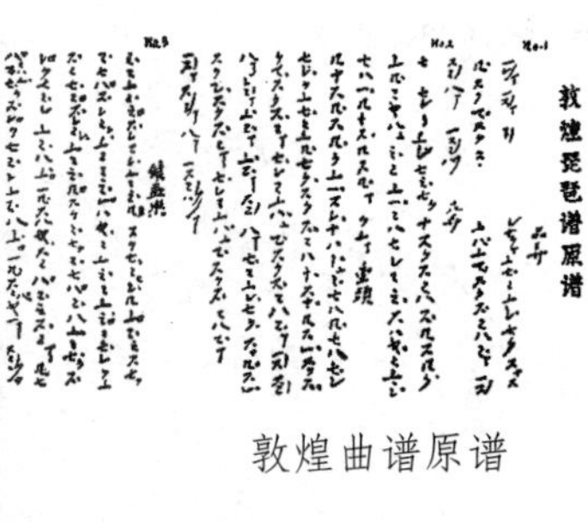

敦煌曲谱原谱

音乐的主题动机与音乐作品整体结构之间的内在逻辑关系是永存的，也是艺术美的直接反映，但它存在的同时又是灵活多变的，没有什

[1] 选自《音乐与科学》沈建军著，P.17

么固定的模式可以套用，套用和模仿永远不是创作。

灵感中产生的乐思与作曲家内心听觉的感受程度密切相关。美国作曲家科普兰说："真正重要的问题是：'作曲家用什么开始创作：从哪里开始创作？'回答是：每个作曲家都从乐思（idea）开始创作，要知道，这乐思不是思维的、文字的或超音乐的….乐思可能以不同的形式来临。它可能是一支旋律——只是一支可以哼给自己听的旋律。也可能以带伴奏的旋律形式出现在作曲家的脑海中。有时他甚至听不到旋律，只是设想一种伴奏音型，然后也许能在这个音型上加上一支旋律。另一种情况是主题可能以纯节奏音型的形式出现。他听到某种特殊的击鼓声，这就足以是他动手了。在击鼓声中，他很快就会听到伴奏和旋律，然而最初想到的只是节奏。另一种类型的作曲家可能以对位的手法把同时听到的两、三支旋律编织在一起，不过产生这种主题的灵感比较罕见。"[1]作曲家可以不顾及听众的接受程度，但不可不顾及音乐作品本身构成中的逻辑美。音乐音响的美可以直接与听众交流，但作品内在的结构美与展开手段、过程，却往往存在于更为宽泛的空间而不易被察觉。守护灵感就是守护美的真谛，也就是守护美的内涵和呈现形式。

协和与不协和存在于互相对立的感受中，噪音也可以成为增进音乐表情意义的一种"原料"。

音响的体验与品位——协和与噪音的美丑观

现实的音乐创作对于"美"的选择和把握呈多样化态势，已经不仅仅限于传统意义上以感性为指导的"好听"的唯美范畴。在理性选择方面，由于音乐表现功能的扩大、对音乐表现范围拓宽的美学要求，引导着作曲技法的更新和变异，进而导致音乐音响呈现方式的多样化。

协和与不协和存在于互相对立的感受中，噪音也可以成为增进音乐表情意义的一种"原料"。譬如，在传统意义的和声当中，增减七和弦原本是一种不协和音响，但在大量小二度、三全音的音响背景之下，也可能成为一种协和的标志；打击乐的噪音原本振幅和频率超出正常人所能接受的音频范围，但在某种合理的节奏律动和管弦乐的鼓噪当中，也会被认为是协和的产物。音乐音响中的美丑关系总是在一定的条件范围内相互衍变，成为心理换位和接受者认可条件下的互变因素，也会在反复接受当中形成新的认可规范和新的创作"游戏规则"。著名美术家吴冠中先生曾经形象地比喻说："先学唱歌，后学谱曲。也就是先从具象中发现美感、寄寓美感，继而揭示美感、升华美感，并在一味强化、突出美感的过程中，逐步摆脱具象之束缚。所以抽象画风之盛行，也属造

[1] 选自［美］艾伦·科普兰《怎样欣赏音乐》 丁少良译， P.13、14。

型艺术发展历史中的必然阶段。”[1] 对于美与丑的认知，是不以道德水准为依据，而是与认知者审美能力和审美趣味相关，因而这种认知被认为是“纯粹的”。音乐审美是一种深刻而细腻的音响体验过程，不能因为“从众心理”作为评价的标准，更不能因为种种功利性的目的而违心评价。音乐艺术中的品味和美丑观是审美取向的核心体系，由个体艺术趣味所决定，同时文化、经历和艺术实践也是形成直观感受的决定性因素。有趣的是，随着人们体验的加深，美丑观念还可能随之变化。很多人都有这样的经历：在听第一遍时感觉很美的作品，多次听后却感到“腻烦”；而有些作品初听时甚至不能接受，在再次、多次的聆听中会觉得“越来越有味道”。这些经历是否也可以值得我们反思审美取向的体验呢？科普兰也说过：“每次都向你述说同样内情的乐曲很快就会变成枯燥的乐曲；而每听一次都能有细微不同涵义的乐曲则具有更强的生命力。”[2] 音响构成的取舍同作曲家审美取向的定位有着极大的关系，不同风格技法的音乐创作其音响构成的不同是一种客观存在，接受者的欣赏习惯应当与作曲家的美感定位之间进行及时的沟通，不能回避，也不能各行其是，仅仅是为了缩小二者之间的美感差异，获得更多的理解和同感。同时，不能否认的是，艺术创作通常总是超前于同时代的欣赏水平，这是被无数历史事实所印证的音乐创作的实践规律。

高雅与低俗的交界——人格素质决定着美感取向

人类美感取向的高雅与否往往并不决定于物质生活水平的提高，美感取向、审美趣味的高低取决于人格的素养。现实生活当中，我们遗憾和痛心地感到：在整体社会物质生活水平提高的同时，美感取向、审美趣味却大幅度滑坡，许多传统意义上的美感取向不加筛选地被斥为“落后于时代”，许多新潮的美感取向不加区分地被迎奉为“与时俱进”。一曰，遵从商业规律，宣扬时尚，二曰，为大多数人服务，迎合群众的需要，三曰，配合政治、经济任务，例如，媒体以收视率高低为节目的唯一评价准则、音乐会以单纯票房价值来衡量曲目的优劣、音乐创作只能为某一阶段性任务的需要服务，只有如此才能获得资助，或为了商业目的而作才能有收益等等。艺术审美都要服从于“娱乐目的”和“市场规律”，艺术就是依附于他人的娱乐工具，唯独不提艺术作品的自身规律和审美趣味的全民提升。从未想过建立健全音乐创作经纪人制度或艺术基金会等促进制度，音乐创作沦为“自生自灭”的项目。如此下去，

人类美感取向的高雅与否往往并不决定于物质生活水平的提高，美感取向、审美趣味的高低取决于人格的素养。

[1] 吴冠中《谈美集》广州人民出版社 2001：P34。

[2] 选自［美］艾伦·科普兰《怎样欣赏音乐》丁少良译，P.8。

高雅艺术从音乐创作阶段就自身难以保证，何谈艺术审美的导向，何谈区分艺术品味中的高雅和低俗？！把真正的艺术标准沦为娱乐的、功利的或政治的工具，而不顾及其自身的发展规律，进而就会完全打乱普通人的审美标准，打乱人们提升艺术审美趣味的正常步伐。这与社会大环境中，集体意识中的“急功近利”、实用、重名利等人生价值观念无不相关。

美是社会生活的产物，是有其客观标准的，音乐艺术的审美标准应当基于多种因素融合形成，而不是依据个人的喜恶或者是否为阶段性政治经济服务来判定。高雅与低俗的观念，既有人类共同享有的“约定俗成”，也有能够经过时间和实践考验的种种“品位—格调”的需求，而其中重要的因素则在于其接受者和发扬者——人的品格和素质——是否具备类似的认识水平。

作曲家要有“培养听众”的意识，听众的理解和接受才能是最终发展音乐艺术的土壤。

美感取向应当从其历史地位看（继承性）、发展的眼光看（前瞻性）、从“阳光与阴暗”的界定看（引导性）、从心理层面到外部表现方面的统一性看（一贯性）等等。从这些评价标准来看，许多流行一时的美感取向，只能乘一时之美而不能长久，或是某种美感只是适合某种群体而不具普遍性。许多所谓“美感”并非来自于人的有意识选择，而是“从众”和“追星”的扭曲心理的表现。这些现象都反映出“趋炎附势”式的“光彩族”、“模仿秀”式的“追美族”，毫无艺术个性而言，是一种可悲的堕落。

如何培养我们的美感取向呢?

一方面作曲家要有“培养听众”的意识，听众的理解和接受才能是最终发展音乐艺术的土壤。另一方面，我们也应当认识到：艺术是由“艺”和“术”两种元素构成的，体验音乐艺术的美感需要具备必要的音乐技术手段，作为体验条件，技能知识的不足明显地会限制我们的美感体验；而反之，单纯作曲技术的提高也往往不能代表美感层次的提升，其中可能只是显示出其智能性的表达方面，而并非有意识的美感取向。因而，除非创作者有着自身的美感诉求的指向性愿望，技术深厚与其美感层次是否深厚很可能就是两回事。古人所谓“曲高和寡”的说法，除了具有欣赏者对于意境和技术高的作品不容易理解的含义之外，还可能还有“曲高不一定意境高雅”因而“失去听众”的含义。从创作的整体意义出发，掌握和发挥技术相对容易，真正创造、引领美，从“艺”当中体味如何创造新的美感，是相当不容易的事情。

艺术的、创造性的美原本是张扬个性意识，宣扬和表现种种不同于他人的美感体验和审美取向的。有意识地选择美，才能在美感的取向中彰显人格魅力和艺术素质，这一过程应当是一切艺术创作意识的主流。各个行业都有各自创造力的不同体现，音乐创作是展现创造力的艺术，只有符合音乐创作规律的运作才能产生相应的好结果。艺术创造力是衡量美感的重要标志，也是衡量人的内心素质的标尺。人，只有在高雅的品格中，才能培养出良好的美感取向、产生出独特的创造性能力。

环球掠影 《

波兰音乐美育现状

科洛维兹 · 杰瑞，作曲家、即兴钢琴演奏家兼文化促进者，1959 年 8 月 12 日生于都柏林。他就读于华沙音乐学院师从 Tadeusz Baird 和 Marian Borkowski，后就读于海牙皇家音乐学院师从 Louis Andriessen。除此以外，他还参加了 Kazimierz Dolny、达姆施塔特和 Villenueve-les-Avignon 的作曲课程，曾荣获荷兰政府、文化基金会以及英国文化委员会颁发的奖学金。他曾接受英国广播公司、波兰广播电台、波兰广播电台试验演播室、英国广播电台歌唱家栏目、华沙之秋国际音乐节、De Ereprijs 管弦乐队、约阿希姆四重奏、布拉格爱乐乐团和弗罗茨瓦夫城的委托撰写音乐作品。在 1989~1992 年和 2002~2007 年期间，他担任波兰的现代音乐协会董事会成员。自 2003 年起，担任波兰作曲家协会会长、华沙当代艺术 Zamek Ujazdowski 中心音频和声音的空间艺术节的艺术馆长，他曾经在卢布林的玛丽居里夫人大学担任教师。2005 年，荣获凯莱阿蒂斯奖。

我是作为波兰作曲家音乐协会代表来参加中国美育论坛的。波兰作曲家协会成立于1946年，从1956年至今，每年作曲家协会都会举办全世界最大的音乐节之一——“华沙之秋”国际现代音乐节。除了举办“华沙之秋”音乐节，我们作曲家协会也经常举办其他一系列的音乐节，包括出版很多音乐。所以我是作曲家，我也是音乐活动家，可是我今天所讲的是我自己个人的经验，而不是科学性的、研究性的知识。

我的第一个话题是音乐这个词本身的意思。第二个话题是现代音乐是什么？音乐有很多种类也分为很多层面。一层，它是沟通的桥梁。我自己认为经过音乐人和人会沟通，人会互相传达一些具体的意思，具体的想法。但是有一些研究者会不同意我的观点，说音乐是抽象的，是人的感觉、感情，而不是沟通的方式。我认为这种想法不全面，他们仅仅言及音乐的一部分，而没有对音乐有全面的了解。当然有一些音乐也不需要表达具体的意思，也没有具体的含义，不过只是一部分。

所谓现代音乐，意思是说它必须要表达现代人的新的想法、新的感受，要跟现代人的想法有很密切的关系。

另外一层是说音乐是一种跟说话表达相似的沟通方式，虽然它跟文化领域其他艺术，如视觉艺术、戏剧等表达内容有区别，也不能像说话一样非常直白地表达内容，可是它还是会传达一些具体的思想。它是传达思想的一个工具，虽然这个工具会让人有不同的理解，甚至有时会让人难以理解。

音乐不能像说话一样非常直白地表达内容，可是它还是会传达一些具体的思想。

另外一个话题是现代音乐。现代音乐是什么意思呢？我认为，所谓现代音乐，意思是说它必须要表达现代人的新的想法、新的感受，要跟现代人的想法有很密切的关系。我除了作为作曲家协会会长之外，也参与在波兰国际现代音乐节活动。我们这个音乐节的想法是音乐的种类不重要，音乐表达的现代内容才重要。所以在这里无论是什么音乐的种类，无论是古代的古典音乐、爵士派还是普及性的音乐，都普遍存在。我认为，音乐具体的种类不重要，最重要是它表达的含义，诞生、死亡、灵魂、原谅，还有一些爱情、痛苦、娱乐等，虽然可能是传统的内容，但现代作曲家能能通过自己的想象，加入个人新的了解、新的看法等都可以加入这个范围里面。

波兰现代音乐发展三个时期

第一个时期代表人物是波兰现代音乐的奠基人卡罗尔·希曼诺夫斯

波兰现代音乐的奠基人人卡罗尔·希曼诺夫斯基（1882－1937年）是20世纪波兰作曲家中寻求个性解放的一个典型代表。

基（1882－1937年）。他是波兰伟大的现代音乐作曲家、钢琴家、教育家、评论家，被称为“波兰现代音乐之父”。他自幼受音乐教育，很早就表现出杰出的音乐天赋，但因腿部有伤，大部分时间用在音乐学习上。曾师从涅伊豪斯学习音乐理论，很小就会作曲和弹钢琴。1900年，希曼诺夫斯基写了9首钢琴前奏曲。1901年去华沙跟诺斯科夫斯基学作曲、随扎维尔斯基学和声。1905年去柏林，受到施特劳斯及其他作曲家的影响，在那里写了第一交响曲。后又与G·菲泰尔贝格、L·鲁伊茨基、A·谢卢托等波兰作曲家组成“波兰青年音乐协会”，以出版物和组织演出形式宣传波兰的新音乐，柏林爱乐乐团曾为他们举行了作品专场演奏会。

1908年，希曼诺夫斯基离开柏林回到故乡。此时他的乐曲已受到一些波兰音乐家的推崇，如鲁宾斯坦、菲泰尔贝格与其妹妹斯丹尼斯拉娃，曾指挥和演唱了他写的许多作品。在波兰大提琴师科汉斯基的鼓励下，他写了第一小提琴协奏曲和其他作品。1920年定居华沙。后来曾去巴黎、伦敦和纽约访问，参加过当地一些现代作品音乐会，回国后致力于发展波兰民族风格，创作了几部受民间故事启发的作品。1926年起，希曼诺夫斯基任华沙音乐院教授，后任院长，此间改革了教学方法，1930年因患肺结核辞去院长职务。1933年他完成了第二小提琴协奏曲，由科汉斯基进行首演。此后一年里，他以钢琴家身份在欧洲各地巡回演出自己的作品《交响协奏曲》。由于身体日渐虚弱，他不得不再随后几年边作曲边求医，终因久病不愈，于1937年3月29日在瑞士洛桑疗养院去世。

希曼诺夫斯基是20世纪波兰作曲家中寻求个性解放的一个典型代表。他的音乐创作受表现主义和法国印象派影响较深，但同时又和波兰传统音乐有着密切的联系，其代表作有《波兰民歌主题变奏曲》和《降b小调练习曲》。回波兰后，他又受到肖邦的爱国主义思想启示，致力于研究祖国的音乐，尤其是塔特拉山里人的歌舞，创作出许多具有后浪漫主义色彩、内容丰富和带异国风味的歌舞剧、交响乐曲、小提琴和钢琴协奏曲，以及大量歌曲。

对希曼诺夫斯基影响较大的是米奇斯瓦夫·卡尔沃维奇扬斯基（1876——1909年）的音乐。卡尔沃维奇扬斯基注重民族内涵的体现，大大推进了波兰浪漫主义音乐风格的形成。但不醒的是他英年早逝，在一次意外雪崩中遇难，年仅33岁。这是二战爆发之前，波兰现代音乐的第一次大发展。

第二个发展时期是1953年之后。这时期，波兰的领导者给波兰文艺界营造了自由创作和演出人文环境。1956年，波兰举办首届“华沙之秋”国际现代音乐节。仅仅在两年后，波兰第一届詹伯里爵士音乐节又拉开帷幕。不久以后，波兰罗兹电影学校为社会输送了大量的天才电影家，如安德烈芒克、耶日卡瓦莱罗维奇、罗曼波兰斯基、安杰依瓦依达等。这时（1957年），波兰著名的作曲家、音乐学家约瑟夫·波他考瓦斯基在波兰广播台建立非常有名的试验工作室，后来成为世界排名第四的电子音乐中心。

波兰当代著名音乐大师——潘德列斯基

20世纪六七十年代，波兰现代音乐和波兰先锋音乐的发展迅猛，一些音乐学家认为此时已经形成了波兰的现代音乐乐派。这些先锋派里面有一些作曲家可能中国朋友们会认识，包括潘德列斯基、塔德乌什马贝尔德、谢弗维托尔德、鲁托斯拉夫斯基、沙洛内克等等。这个时期的波兰音乐语言一般称为“Sonorism ”（一种音乐创作的方法，注重个性特点和声音的质感。由于对新声音的强调，Sonorism往往会通过试验性的乐器去拓展新的演奏技术）。这一时期的典型音乐特征是多元化的音乐表达和完备的技巧。当然，也有许多个性化的，与波兰Sonorism风格截然不同的音乐出现。比如托马什西科尔斯基，他的音乐语言十分精练，是一个简约派作曲家。

1975年一个新的作曲家群体（生于1951年）宣告诞生，他们是由安德烈·克扎诺夫斯基、亚历山大·拉森和欧克·纳皮克组成的。至此，波兰新浪漫主义学派形成，其特点是sonoristic与传统风格的结合。对此，人们看法不一，一些人可能会认为这是现代音乐的回归，一些人认为这是现代音乐内涵外延的扩展，具体就体现在作曲家对音乐材料的选择运用和创作观念上面。

第三个时期是1989年波兰改变政治形态以后。现代音乐有了很大的发展，很多很多年轻的作曲家，他们做了非常有意思的音乐，也不一定受到市场的影响。

现在波兰的作曲家越来越像其他国家的作曲家那样，是关注生存的问题，而不是政治性的问题。

现代音乐独特性是来自不一样的文化领域，采取不一样的手段，现在好像没有限制，都能用，都能改变。对波兰的年轻人来说，音乐越来越重要，在不同的社会层面，音乐的作用越来越大，越来越重要。以前政治因素含在音乐里面，现在没有了。现在最需要的是自由，是个人的自由。那些以前占据主流的宗教思想和在政治历史背景下的现代音乐已经随着历史消失不见，所以它这方面也自由化了。现在对波兰作曲家最重要的是个人的探索和观念，所以我们现在可以说波兰的作曲家越来越像其他国家的作曲家那样，关注的是关于生存的问题，而不是政治性的问题。

结束语

现代音乐具有所有个人和群体的内涵，但也有个性和独特性以及对世界的好奇感。波兰的现代音乐有过去的，也有对传统的新认识。

现在，我们一方面有那么丰富的传统文化，另一方面有那么丰富的时代文化，这就要求我们给它新的称谓，新的认识，并且要与时俱进，不断更新自已。

香港音乐美育历程

费明仪早年习琴，启蒙老师丁善德教授，1948 年就读南京国立音乐学院，随易开基教授继续主修钢琴，1950 年在香港随赵梅伯教授专习声乐。1956 年赴法国里昂音乐院，主修声乐，稍后转学巴黎 Schola Cantorum，随世界著名女高音轩纳夫人继续深造。费明仪女士现任“香港艺术发展局”委员及音乐小组主席，“明仪合唱团”音乐总监及指挥、“香港合唱团协会”主席、香港大学亚洲研究中心“名誉研究院士”、“香港民族音乐学 会”会长、“香港中华圣乐团”董事、音乐总监 / 指挥、“康乐及文化事务署”音乐顾问、“香港中乐团”资深顾问等。2001 年荣获香港特别行政区行政长官颁授铜紫荆星章，2006 年荣获委任为中国文联全国委员会委员，2008 年 6 月荣获香港演艺学院颁授“荣誉院士”，2010 年 3 月又荣获香港教育学院颁授“荣誉院士”名衔。

1841年香港是以私塾教育为主。到了20世纪初，随着法国人传道、传教到中国，随之带来西洋音乐。可是那个时候唱歌、弹琴等仅限女子学习，这和中国古时候有些相似，女孩子必须要懂诗琴书画。1905年，也就是是光绪31年，那个时候清政府宣布废除了科举制度，于是全国各地就开始模仿日本和西洋音乐教育，出现了学堂乐歌。这是中国大陆近代音乐发展的情况。可是这些都有没有影响到香港，直到那时香港没有任何地方教习学堂乐歌，或者这一类的歌。

现在，我要说的是香港20世纪四五十年代的音乐教育。因为在1947年4月，中华音乐院在香港成立，马思聪任院长，李凌等人任副院长，教师有严良堃、谢功成、陈良、谭林、黎国荃、黄锦培等人，另外也曾经有一位在那个时候很出名的男高音叶鲁先生担任过院长。在1950年的时候，这个学校让英国政府给封了，因为院长跟教师都是当时所说的所谓左派人物。这些人大部分都回到祖国，因此香港中华音乐院实际上只存在了两年多。中华音乐院的主要师资走后，学院改名香港音乐院又办了两年后解散。

费明仪（右）在颁发新秀奖

1950年是很重要的一个年份。邵光在重庆青木关国立音乐学院学作曲毕业后，他曾到南京泰东神学院圣乐系担任教职，后来因为时局的变化，于1949年到了香港。1950年，他办了基督教中国圣乐院。这个圣乐院编制是非常完整的音乐专科学校的编制，四年制。所以这个学校后来在1960年改名为香港音乐专科学校，一直到现在还存在，是香港第一个有完整编制专业音乐院校。这个地方我为什么要提呢？因为邵光后来去了美国，由于车祸去世了。第三任院长是叶小纲教授的父亲叶纯之。他在1992——1997年担任该院院长，在他那个时期香港音专的编制、教材编写、对外交流等工作都走上了轨道，特别是教学方面、师资方面，可是音专这个学校一直很穷，没什么钱，不过办学仍然是有声有色。很多现在在香港音乐界人士都是该校的毕业生。在叶纯之先生去世之后，我也曾担任过一个学期的校长。

20世纪60年代中期香港中文大学音乐系的成立，标志着香港专业音乐教育有了新的发展。香港中文大学创办于1963年，两年后，即1965年增设了音乐系，这是香港第一个大学程度的高等音乐教育机构，1983年还获得了颁授硕士学位的资格，目前它是香港唯一能够颁授音乐博士学位的学府。香港中文大学音乐系开始时采用美国式的音乐教育体制，到70年代后改以西洋及中国音乐并重的方针，训练、培养兼研中

小提琴作曲家、音乐教育家马思聪。

西音乐艺术的文化的人才。美籍华裔音乐学家赵如兰教授从1974年起一直担任中大音乐系顾问，该系中国音乐的课程由此逐步稳固。现任教师有罗炳良、曹本冶、陈守仁、韦慈朋、余少华等，现任系主任是陈永华。香港中文大学音乐系采用中文、英文的“双语”教学，其教学制度是基于美国式的。香港目前最活跃的一些作曲家、音乐学家，很多都是毕业于中文大学音乐系的。

香港浸会学院在1972年成立了音乐艺术系，时惠康任系主任，教师有丘健华、黄育义、陈兆勋、费明仪、江桦、陈培勋等。该系与泛亚交响乐团、香港儿童合唱团等团体关系密切，学生有比较多的演奏、演唱实际锻炼的机会，培养了许多香港音乐人才。这所学校现已改名为浸会大学，其文学院音乐艺术系从1993年开始开设硕士学位课程。现有全职教员15人，在校学生91人。现任系主任是林青华。

香港大学是香港成立最早的一所高等学府，开办于1911年，前身是孙中山先生曾经上过学的香港西医书院。但是，香港大学直到1981年才成立音乐系。梅安妮（Anne Boyd）、林乐培等曾在这里任教，现有陈锦标等五位全职教师，设有音乐学、作曲等专业。现任系主任是澳大利亚人阿伦·马莱特（Allan Marett）。

香港演艺学院成立于1984年，下设舞蹈、戏剧、音乐、科艺四个学院。整个演艺学院的建筑费用高达三亿港元，是由“英皇御准”从香港赛马会获得的。其中的音乐学院是注重主唱、演奏的音乐教育机构，设有声乐系、管弦乐系、键盘乐系、作曲系、中乐系等。罗永晖任作曲系主任，王国潼任中乐系主任。

香港较重要的其他民间、私立音乐教育机构还有：清华书院音乐系（1963）、联合音乐院（1969）、海燕艺术学院（1969）、南方艺术学院（1975–1969）、香港音乐学院（1978–1984）、黄自艺术学院（1986）等。这些机构由于经费得不到当地政府的固定资助，因而师资力量比较薄弱，往往时办时辍，难以保证教学质量，但是也在不同程度上对香港音乐的发展贡献了自己的力量。

香港校际音乐比赛

香港每年在2月底到3月初，有的时候是3月中，有三个礼拜到三个半礼拜时间举行全港学生校际音乐比赛。比赛范围非常广，独奏、合奏、器乐、声乐、西洋音乐、中国音乐都有。为什么我会提起校际音乐比赛？比赛的目的究竟是什么？因为比赛香港也出了很多人才，前天北京现代音乐节开幕式上的李传韵就是我们本土培养的，他是香港的。所以，我要谈谈这个话题，供大家参考。

1949 年举办了第一届音乐比赛，那时候报名的人只有 68 个人；1959 参赛人数已达 2000 个人；1970 是 56000 多人；20 世纪 90 年代参赛人数达到 65000 人；近年来最高记录是 2008 年，有 161503 人参赛。这个记录还是很准确的。参赛人数的增加，可以证明香港的音乐教育非常普及。当然师资水平也是参差不齐，有很多专业教师，有很多是半专业的兼职教师，有一些甚至不是很明白音乐，可是他们也在教。所以我们香港整体音乐教育水平也是参差不齐。不过总体来说，香港现代音乐教育有了突飞猛进发展，从上世纪 70 年代开始，大陆很多专职的教授到香港去任教，形成了当前的局面。不过，要在音乐教学方面整体提高，教学教材统一要求，教学手段规范完善等方面，香港音乐教育还有很长很长的路要走。

香港大学

香港合唱艺术的发展

很多朋友老师都知道我是女高音，唱歌面对观众，可是后来我是背对观众，更多的是担任合唱指挥。我总觉得一个人唱不如更多人一块唱，于是我开始筹办了自己的合唱团，后来又组建了香港合唱团协会。合唱艺术在香港因为每年的校际音乐比赛中，是竞争最激烈项目，有很多的忠实听众，买不到票进场听是很平常的事。香港学校的合唱艺术繁荣景象令海外许多专家教师拍手称奇，怎么会有这么多，唱的这么好的学校合唱队？实际上，香港的合唱艺术在上世纪 30 年代就已经开始了，它比独唱和其他的音乐艺术门类开始更早，所以我们常常认为香港的音乐教育、演艺方面肇始就是合唱。在上世纪 30 年代，大多数合唱团演唱的是抗战歌曲、救亡歌曲，由于种种原因这些合唱团都被港英政府禁止，撤消了他们的注册。20 世纪 40 年代，香港合唱艺术仍然是快速发展时期，那个时候还很年轻的，大家都熟悉的指挥家严良堃先生，就在那个时候指挥 1000 人的合唱团演唱《黄河大合唱》，是为纪念聂耳而举行的合唱音乐会。

著名指挥家严良堃

20 世纪 30 年代到 50 年代我自己认为这只是香港合唱艺术发展的开始阶段，因为政治的原因，因为人才的原因，所以这一个时期发展断断续续，缺少持续性。当然这期间，有一位中国音乐界的前辈赵教授来到了香港，他除了教学生声乐，也从事合唱，大大推动了合唱艺术水平的提高。但总的来说，上世纪 30 年代到 50 年代还是萌芽期。

20 世纪 50 年代到 70 年代是一个开拓期。这一时期的显著特征是合唱曲目的丰富。在 20 世纪 30 年代、40 年代很多歌曲被禁止演唱。稍微有一点民歌特点的歌曲都是不能碰的，虽然可以唱《旗正飘飘》，但也只是到此为止。

20 世纪 70 年代到 90 年代是香港合唱艺术蓬勃发展的时期。因为在内地有很多专业的人去了香港，所以合唱团的数量迅速增多，合唱艺术的整体水品也迅速提高。

20 世纪 90 年代至今，香港合唱艺术一直在不断发展，其特点是海内外演出交流的机会增多。

20 世纪 90 年代至今，香港合唱艺术一直在不断发展，其特点是海内外演出交流的机会增多。这个时期，香港合唱团已经不局限于在本地演出，还会经常去东南亚，去欧美演出、交流观摩或者研讨座谈。

总起来说，香港合唱艺术的发展差不多分为以上四个阶段。

另外我还要谈及的一个问题是香港目前合唱团的基本类型。大致分为四种，一是学校的合唱队，就是我刚刚说的，随着校际音乐比赛而蓬勃发展的学校合唱；二是唱诗班，这是专唱宗教音乐的合唱队；三是各个社区组织的社区合唱团，比如香港分东区、北区、南区、尖沙嘴区、旺角区等，各区都有自己的社区合唱团，是一种群众合唱组织团体；第四种是各种各样的民间合唱团。这四种类型的合唱团的演出曲目包括宗教音乐、传统音乐、古典音乐、中国艺术歌曲、中国各民族名额以及现代派创作的合唱作品等等。所以，当前香港的合唱艺术呈现出的是自由蓬勃发展的景象。

话外音

虽然香港地方很小，但它是祖国不可分割的一个重要组成部分，也是一个藏龙卧虎的地方。如果大家还不太了解香港的音乐艺术，希望你们来香港，听听我们的音乐，香港真的有很多好的作曲家、演奏家、演唱家。欢迎你们到香港来。谢谢!

英美日现代艺术教育的实施模式

曾繁仁　杨杰[1]

世界各国政府与教育界不仅在理论观念上已经充分认识到艺术教育的必要性、重要性和迫切性，更是身体力行，积极探索通过艺术教育促进素质教育的有效方式和最佳途径。

上世纪90年代末的视觉文化艺术教育（Visual Culture Art Education）则改变了精英主义艺术教育仅仅囿于课堂而脱离现实生活的不足，将艺术教育纳入社会文化的更为广阔的视野。

现代美国教育的不断探索与勇于创新是其政治、经济飞速发展而领先于世界的有力保障和坚强后盾。从20世纪60年代的学科基础艺术教育到90年代末的视觉文化艺术教育的演变勾勒出艺术教育实践探索的轨迹。自20世纪60年代肇始的精英主义的以学科为基础的艺术教育（Discipline-Based Art Education）使得原来处于次要、附属地位的艺走向教育活动的核心，与数学、语言等学科并驾齐驱；上世纪90年代末的视觉文化艺术教育（Visual Culture Art Education）则改变了精英主义艺术教育仅仅囿于课堂而脱离现实生活的不足，将艺术教育纳入社会文化的更为广阔的视野，有力地推动了学生综合素质的全面提高，尤其是对社会文化现象的分析、判断力的提高。

在以学科为基础的艺术教育实施中，国家实验室的实验活动卓有成效，美国国会于20世纪60年代审议通过了《小学与中学教育法案》，联邦政府以巨资投入支持包括中央中西部地区实验室与中央大西洋地区教育实验室在内的众多大学实验室。前者主要探讨涵盖音乐、戏剧、舞蹈和视觉艺术等各类艺术课程计划及其配套教材的制定，后者则为学生制定了一系列有利于体验各门艺术而铺垫基础知识的学习目录。盖蒂艺术教育中心强有力地推动了以学科为基础的艺术教育的探索，它不仅积

[1] 曾繁仁，男，博士生导师，教授，山东大学文艺美学研究中心主任。
杨杰，男，博士，济南大学文学院教授。

极推动该项目的推广宣传，还资助相关理论的研究，先后出版几十部论著，这为艺术教育的教学实践提供了充足的教材。同时，还创立艺术教育刊物以及第一个全国性的艺术教育网站，设置国家艺术捐助基金和专业奖学金，广泛提供职业培训等，在它资助下的许多州提供多种以学科为基础的艺术教育模式，对教师进行培训，这为教学改革实践提供有了力的师资保障。以学科为基础的艺术教育不仅注重学校层面的教学改革，还将教育"课堂"拓展到整个社会，请艺术家参与到教学实践中，让学生直接感悟、体验艺术魅力，社会中的艺术馆、博物馆等许多珍贵资源也得到充分利用。由于盖蒂艺术教育中心的鼎立支持与实验的显著效果，很多州的艺术教育成为高中必修课程，同时，更为重要的是也得到了国家教育部官员、国家艺术捐助基金主席以及社会的普遍赞赏与支持，各州的教育规划在课程与预算中对此都给予充分重视，这一切都有力推动了 1994 年美国联邦政府的国家课程标准的颁布——《国家艺术教育标准：每一个美国年轻人对各类艺术应当知道什么以及做什么》，为艺术教育取得美国教育中的应有地位在制度上提供保障。

盖蒂艺术教育中心（坐落于洛杉矶市的布伦特伍德，是世界最为富有的艺术机构之一。收藏了美国本土最为精美的名作手稿和老照片，是美国同类艺术品最大的收藏机构之一。中心是从事视觉艺术的国际文化机构和慈善机构。）

视觉文化艺术教育是伴随视觉文化在西方兴起并逐渐成为文化研究关注焦点的发展态势而受到艺术教育青睐，因为视觉文化以席卷全球之势成为当今社会日常生活不可或缺的组成部分，它不仅是含有一定审美成分的视觉形象所引发的对信息传达方式的变革，还是特殊的以形象的方式对世界的展现。哈佛大学视觉艺术委员会的调研结论认为，"心灵的成长是其意识区域的扩展。通过一种本质上是审美的造型活动，那个意识区域在持久的意象中被锤炼得优秀、潜能得以开发和呈现"。因此，教育家们积极探索视觉文化艺术教育的多元教学法[1]。针对 G. 罗斯的视觉形象意义分析的三个场所理论[2]，丹柯提出视觉文化艺术教育的教学法，包括重视视觉文化艺术教育中的文本产生的语境（涵盖历史语境）以及由此产生的意义、社会政治与经济的功能；通过制作形象体会

[1] 多元的教学法主要包括要求学生：①对传统艺术形式中出现的通俗文化进行评价；②将通俗文化的某些元素融入绘画中；③将通俗视觉文化融入对当代艺术家作品的模仿中；④进行当代媒介诸如报刊等形式的创作；⑤侧重个体主观性的言说，相对忽视社会因素影响的评判；⑥以通俗视觉文化为基点，将研究视野扩展到其他的诗歌、影视等文本。（Hard, T.: Art Education in a postmodern world. Bristol, United Kingdom：Intellect, 2006,pp,105-106）

[2] 形象的生产场所、形象本身和观众观看场所，每一个场所又有三个层面组成：技术、构图、社会性。（Rose, G. :Visual methodologies: An introduction to the interpretation of visual materials. London: Sage, 2005, p.16 ）

视觉文化创作从业者的思维过程，以此领悟在这一过程中自身主体的建构以及如何通过形象构建自我；教学形象本身、背景、观看方式应该成为视觉文化艺术教育的核心并成为组织教学活动的背景；使教育者清楚存在于不同年龄对文化场景理解的差异性，由此认识到伴随时间流逝，文化场景可能就由前辈的厌恶演化为后代的认同甚至欣赏；为此，教育者应该以对话的方式加强沟通以接纳更多新的文化场所。之后，丹柯又提出“兴趣教学法”，认为这与通俗文化本身的快乐特征密不可分，艺术教育者要使学生在学习过程中获得快乐，认同知识青年学生对通俗文化的情感参与，正视其本身的快乐属性，而不是像过去那样简单、粗暴地一味批判其对理性、传统的颠覆性、破坏性特征，借此以期获得对通俗文化两面性的全面把握。

美国的艺术教育实践的成效还是很明显的，课堂艺术教育的范围得以扩展，各种大众传媒、流行文化等视觉文化进入艺术教育的视野并引发学生重新审视与重新思考，同时，教师的教学模式也发生了根本性转变，教师由过去的对权威形象的灌输方式走向引导学生创造性地去思考，以批判的眼光重新审视、挖掘某些艺术对象的意义所在。因此，创造性的自我表现艺术教育模式得到教育实践的重视和推崇，课堂教学成为学生的个人体验以及展现个人体验愿望的舞台。

近年，以哈佛大学为代表的美国大学对艺术教育又进行了积极探索。众所周知，哈佛大学以“博雅教育”（Liberal Arts Education）著称，其坚守的教育理念是通过核心知识和能够转化的技能教育学生，培养其社会责任感、强烈的伦理意识和价值意识，能够应对社会重要问题挑战而时刻为社会做出有价值的工作并成为社会的公民领袖。通常，博雅教育包含通识教育和专业教育两个部分，前者使学生学会“做人”，而后者将学生培养“成才”。例如，本科学习阶段接受的是博雅教育，之后再选择某种学科作为继续深造的专业，如工学、医学等。发表于1950年被我国教育界译作《哈佛通识教育红皮书》的《自由社会中的通识教育》[1]就试图展现现代美国概貌，并对哈佛大学的教育理念和通识教育进行了较为全面的梳理与反思。进入新世纪，哈佛大学以“在21世纪的第一个四分之一中作为一个有教养的人意味着什么”为问题又对核心课程进行了评估和再思考，对博雅教育的内涵进行了拓宽，以期提供给学生一个更为广阔的选择空间。这份评估中的通识教育部分直到2007

哈佛大学的食堂

[1] Harvard University Committee on Objectives of a General Education in a Free Society. General education in a free society: report of the Harverd Committee. Cambridge, Harverad University Press,1950.

年才以《通识教育特别工作小组报告》出版。报告在重新界定通识教育课程目标的基础上拟定了一个通识教育课程，课程分作八个门类供学生选择，其中的第一类“审美与诠释性理解”（Aesthetic and Interpretive Understanding）与艺术教育密切相关。至2007年，新任女校长成立哈佛大学艺术特别工作组，其使命是全面调查哈佛大学艺术教育现状，规划未来艺术教育，反映出哈佛以一贯之的对艺术教育的重视。

世界一流高等学府——英国牛津大学。

与美国大众教育模式相异的是以精英教育为突出特征的英国教育，但英国的艺术教育却在现代也展现出由精英化向大众化转向的趋势。通常，外国教育史将英国教育的这一历程分作三个阶段：一是17—18世纪英国高等教育近代化后期的由精英阶段到大众化的长期徘徊阶段，二是20世纪70—90年代的大众化的小步前进阶段，三是大众化后期以及进入普及的跨越发展阶段。当西欧各国的高等教育突飞猛进的时候，1963年英国才迎来迟到的为英国高等教育大众化奠定基础的《罗宾斯报告》，当然，它的历史功绩还是不容忽视的，因为由此拉开了1991年大学艺术教育的跨越式发展的序幕，英国政府颁布作为高等教育改革和快速发展宣言的《高等教育的框架——英国高等教育白皮书（1991年5月）》，教育改革首先使高等教育机构独立于中央和各级政府的掌控之外，参与社会竞争，入学规模的的扩大有力促进艺术教育受益者的增加。尽管英国高等教育比之前期有了较大的发展，但由于受到种种因素的制约，总体上看，英国的艺术教育受到来自社会各界传统固守精英主义教育理念思想的反对以及各项制度的限制，艺术教育并没有像美国那样真正走向大众化轨道。这也是今天的英国高等教育不能领先于世界的一个重要原因。

二战后的日本，艺术教育与教育的发展相一致。受当时占领国美国的影响，教养教育成为战后日本教育改革的关键词。1945年颁布的《新日本建设的教育方针》是战后的第一部教育改革纲领，提出“废除以前基于服从战争需要的教育政策，实施以培育建设文化国家、道义国家之根基为目标的文教政策”[1]。之后美国又指出日本偏重专业教育的弊端——“日本大学教育机构设置的课程中，很少有一般教养教育的内容，过早地以及过分狭窄第专门化，而且职业色彩也过分浓厚”[2]，为了使受教育者成为“理解以前社会、一切民族思想精华，在提高家庭与社会

[1] 海后宗臣、寺崎昌南等：《大学教育》，东京大学出版社1969年版，第480-481页。

[2] 细谷俊夫等编集：《新教育学大事典》，第一法规出版株式会社1990年版，第122页。

生活水准、使产业与政治运行更加有效且富有人情味、推行理解与友好合作等方面居于指导地位、富有才能的青年人"[1]，必须加强教养教育。1947 年日本国会又通过了《学校教育法》等系列针对教育改革的规定，明确"教育必须以形成人格，培养热爱真理与正义、尊重个人价值、勤奋而有责任感、充满自主精神、身心健康的国民及和平国家与社会的建设者为目标"[2]，《大学基准》的颁布将教养教育规章化、制度化，提供了运行机制上的保障。其中明确规定，应同等重视教养教育课程与专业课程，以"2+2"方式将大学课程设置分作两个阶段，前 2 年集中开设一般教养教育课程，后 2 年开设不同专业相应的专业课程。同时，对高等教育中的教养教育的实施做了具体规定，各大学必须从下面所列三类一般教养科目中选三门以上加以开设，总数上要求文科类大学或学部为 15 门，理科类大学为 12 门，人文学科类包括哲学、教育学、心理学等课程，社会学科类包括政治学、社会学等课程，并且对获得学士学位的教养教育类学分予以明确规定，[3] 按照文部省规定，学生至少修满 124 个学分才可以获得学士学位。[4] 与此规定相适应，日本大学体制也做了很多的改制，譬如东京大学就组建了负责教养教育课程的教养学部，这是学生进入大学后首先接受的教育。逐渐，教养学部和教育部成为日本大学负责一般教养教育的常规机构，在学术、行政等诸方面与其它的专业学部地位同等重要。日本大学在行政组织与课程设置等方面的系列改革举措，为日本战后教养教育的广泛推行起到至关重要的作用。

日本东京大学

就如同任何经济飞速发展时期的国家重视自然科学教育一样，日本也经历了强化理工科教育而在一定程度上淡化教养教育的阶段，这在一定程度上使最初的素质教育意义的教养教育转向专业方向新模式，部分教养教育与专业教育实现一体化，这一局面直到 20 世纪 70 年代得以改观。文部省于 1970 年重新修订了《大学设置基准》，自由设定教养教育科目的方式得到肯定，并首次提出开设综合性课程的概念。进入 90 年代后，社会现实的变化使得以往将教养教育与专业教育课程截然分割的教育模式显得滞后，于是，要求课程及教学体制改革的呼声日渐强烈，

[1] 细谷俊夫等编集:《新教育学大事典》,第一法规出版株式会社 1990 年版，第 149 页。

[2] 细谷俊夫等编集:《新教育学大事典》,第一法规出版株式会社 1990 年版，第 146 页。

[3] 海后宗臣、寺崎昌南等：《大学教育》，东京大学出版社 1969 年版，第 480-481 页。

[4] 仓敷艺术科学大学教养部:《"关于大学教养教育的实态调查"报告书》，关于大学教养教育的实态调查委员会 1996 年版，第 8 页。

人们呼唤培养宽广深厚的教养和综合判断力以及丰富人性的课程，至1991年的《大学设置基准》修订稿，教养教育变得不再机械划一而是富有弹性。有的采用逆反式，即随着年级的增加教养课程递减而是专业课的递增；有的采用融合式，即将原有的人文、社会、自然等教养课程与外语、保健等一般教养科目予以融合，编制不同类型和层次的新的教养课程以供不同学科专业选择；有的采取主修与辅修的课程模式，尽管具体教育实践不同，更多地呈现为教养教育与专业教育有机联系的一体化的本科教学模式。同时，为配合教养教育的改革，日本大学的机构也做了相应的调整，将教养部予以改组。经过系列教育改革，本科教育突出了系统性、连贯性、衔接性的特点，在延续以往重视教养教育的传统基础上，将其课程融合、重组，更加注重综合性、开放性和基础性。这使得教养教育与现代专业教育更好配合，相得益彰，较好地承担为社会培养具有较高综合素质的专业性人才的功能。

从世界范围审视，艺术教育正在步出的少数人受教育的象牙塔而面向更为广大的学生。

结束语

以上仅仅选取几个发达国家为典型进行剖析，希望窥一斑而知全豹。从世界范围审视，艺术教育正在步出的少数人受教育的象牙塔而面向更为广大的学生，担当起培养、塑造具有专业知识和综合素质相统一的知识经济时代复合型人才的历史重任，而且，艺术教育的形式越来越趋向灵活，但又遵章行事——与专业教育密切配合，具有内在的逻辑性、系统性。为此，各国政府和教育机构不断深入研究、积极探索改革实践。其中富有重新性的教育观念与有效途径值得我们虚心学习和积极借鉴。

精彩演讲 《

易中天

音乐是中国通向世界的捷径

易中天

主席先生，我今天报告的题目是《音乐是中国通向世界的捷径》，严格的说叫音乐是中国文化走向世界的捷径，但是我不想把题目弄的太累赘，何况中国要走向世界，文化就得要走向世界。

我讲这样的题目是因为我在南方周末看到一个小故事，说国内有一个小乐团来到欧洲某国住在旅馆，找不到场地排练，我们的演奏员就很着急，于是私自动用了旅店大堂的钢琴。第二天，大家一上车导游就说昨天你们有人动了人家的钢琴吗？老板娘都哭了。”我们演奏员就非常紧张地站起来说：“报告，是我，对不起，我可以赔礼道歉，罚款也行”。导游说：“不用了，老板娘是为你的音乐感动，老板娘说，中国的音乐太美了”。

我又想起来，当我们在欣赏音乐的时候，考虑过国别、国界吗？考虑过民族的差异吗？没有。我们欣赏其他民族音乐的时候也是这样的。也就是说，这个旅馆的老板娘她可能没有来过中国，她也不认识中国字，她也不了解中国，但她听到中国音乐的那一刹那间，她和我们中国人心心相印。我们在欣赏其他民族的音乐时也是这样，因此，我觉得可以得出一些结论来。

第一个结论，人类是有共通性的，没有共通性我们就不会为陌生人演奏其他不熟悉的艺术所感动。为什么会有共通性呢？因为我们都是人，是人就有普遍人性，就有共同人性，这叫“共同性”。“共同性”是“共通性”的基础。但是人类的共同性或者共通性是很抽象的，仅仅有一个抽象的共同性不足以使我们感动，要想真正做到共通还必须要有共通感。

第一个叫共同性；第二个叫共通性；第三个叫共通感，有了共通感人类才真正心灵相通。

我们怎么样有这个共通感呢？必须得有一定的形式，因为感觉、感受、感动都是从一定形式那里得到的。这种形式没有一定之规，也许是我们狭路相逢时的微微一笑，也许是我们告别时的轻轻挥手，非常简单就足以使我们感动一生。但是，这样一种共通感的形式是带有偶然性的，于是人类就产生一个念头，我们能不能够创造一种既有效又专门的形式来保证我们总能感受和体验共通感呢？当然能够，也应该，而且这种形式已经被人类所创造出来了，成为人类社会生活当中不可或缺的部分，这个形式就是礼仪和艺术。礼仪和艺术都是人类最早为了交往沟通，为了体验共通感而创造出来的。因此在人类社会生活的早期，艺术和礼仪往往是密不可分的。比方在中国的西周和东周时代，各国的使节来往、签定盟约、参加宴会时都要赋诗，赋诗就是吟唱，吟唱的可能是自己或别人创作的诗。中国上古时的诗都是可以唱的，它是歌诗，是吟唱的。比方我们举行一个欢迎宴会，主人就拿起一杯酒赋诗——“你从哪里来，我的朋友，你好像一只蝴蝶飞进我的窗口”。客人回答，同样要赋诗——“不要问我从哪里来，我的故乡在远方”。（笑声）可见，我国古代礼仪和艺术是密不可分的。

中国的西周和东周时代，各国的使节来往、签定盟约、参加宴会时都要赋诗，赋诗就是吟唱，吟唱的可能是自己或别人创作的诗。（上图为周公画像）

现在，我们参加正规的音乐会，我得穿上西装，打上领带，参加中央音乐学院这样隆重的集会我也得这样。其实，我很不喜欢这样，但是只能这样。为什么这样呢？就是因为艺术和礼仪关系非常的密切，但是艺术和礼仪又有很大的区别，这一点中国古代最早的美学和艺术学著作《礼记》中说的非常清楚，“乐由中出，礼由外作”，礼是管外面的，乐是管里面的。人与人真正做到心心相印还得靠艺术，为什么得靠艺术呢？因为在我看来，艺术就是情感的交流与传达。什么叫交流呢？说的白一点是你情感给我，我的情感给你，这叫交流。什么叫传达呢？就是借助一个中介体现相同的情感。体现相同的情感为什么借助中介？因为情感都是每一个人自己的，是每一个人自己内心深处独特的不可替代的体验。

我要想别人体验到和我相同的情感，我直接是拿不出去的，我必须借助一个东西，一个中介，好比说，我要请你喝水，我是不能把水直接灌到你嘴巴里的，当然恋人除外。（笑声）一般我要请人喝水得有一个东西，得有一个杯子。艺术品就是这样一个杯子，杯子里装的水就是艺术家的情感。有了艺术品这个杯子，艺术家就可以把自己的情感传达给别人，传达给欣赏者，就可以在人与人之间交流和传达。但是，我们必须说清楚这种传达的可能性只是理论上的，实际上未必一定能够传达。

而且这个比喻是蹩脚的，因为只是喝水的话，什么杯子可以，一次性的纸杯可以，玻璃杯也可以，瓷器杯子也可以，喝的水是一样，但是艺术品是不一样的，艺术品的形式是极其重要的，艺术品的形式不能有一丁点的更改。

我看过一幅漫画非常有意思，是一个美术家，男人，长头发。我发现学美术和学音乐的人大不一样，学美术的男的都是长头发，要么就是光头，基本只有两种发型。我有一次参加美术研讨会，进去以后要么是梳小辫，要么是光着，就我自己头型这样，反而感到自己不太正常。（笑声）那个长头发的艺术家站在一幅画前生气，那幅画是一系列的圆点。他很愤怒的站在那里，旁边有两个布展的工人说悄悄话，一个人说，“艺术家生气了”，另外一个工人说，“为什么？”他说，我们把他的画挂反了。它其实就是一个圆，我不知道怎么挂倒了。可见，艺术品的形式是一点不能含糊的。

欣赏者体验到的情感未必跟艺术家绝对相同，因为这种情感是抽象的，就像“问君能有几多愁”，李煜写这首词是因为他做了俘虏，所以他才说“小楼昨夜又东风”。这就是艺术的特点：艺术家抽象地表现，艺术品抽象地传达，欣赏者抽象地体验，唯其抽象才能传达，越抽象的东西才有普适性，世界上最抽象的是什么？概念，概念适合于所有符合这个概念的东西。比如桌子这个概念，可以表达所有的桌子，所有的桌子都可以用桌子这一个概念表达，而具体的桌子它就是这一张。所以越有抽象性就越具有普适性。

舞蹈语言它能够造型，乐音不能造型，所以音乐是最抽象的艺术。

同样，艺术语言越抽象，传达情感的功能越强。音乐恰恰是艺术语言中最抽象的，音乐是乐音的运动形式，乐音的特点是抽象。当然，我要讲清楚，这个抽象是艺术的抽象，总体上说艺术还是形象的，这个形象是和概念上对应的。在艺术形象当中，它有具象形象和抽象形象，音乐形象是抽象形象，舞蹈形象是抽象形象，建筑形象是抽象的形象。比如中央电视台新楼，人们就叫它“大裤衩”，广州的电视台叫“小蛮腰”，其实它就是个塔，这些说法就是一种比喻而已。可见，建筑语言也是抽象的，它可以做各种解释的。舞蹈语言也是抽象的，我这么做是什么意思？（做出翘首、翘脚、举手的动作）呼唤，向往，投奔，打的，都可以解释。

但是，音乐语言是最抽象的。音乐语言甚至比概念还抽象，因为概念还有一个功能是表意，概念是可以表达意思的，概念不能表达意思，概念就没有意义了。我们说到杯子，大家都知道是什么，说到话筒，大家也都知道是什么。但是乐音没有表意功能，其他的建筑语言、雕塑语言、绘画语言、舞蹈语言它能够造型，乐音不能造型，所以乐音既不能表意也不能造型。所以音乐不能表现黄河，只能表现在河边，也就是音乐是表现状态和情调的。这就跟情感相当一致，因为情感就是一种状态情调。情感就是状态，而且这种状态一定要表现情调，没有情调就没有情感。比方说，爱是一种情感，但是你说爱没感觉，你得把爱的样子表现出来，怎么样爱的，爱成啥样子，这就是情调，而音乐最擅长于表现这个。因此音乐成了情感传达的最佳方式，因此成为最典型的艺术，因此成为艺术中的皇冠，就像科学中的数学。当然它也成了中国文化走向世界的捷径，为什么是捷径呢？因为音乐的语言是不需要翻译的。

有人说，其他艺术语言也不需要翻译，绘画语言、舞蹈语言、雕塑语言、建筑语言也不需要。但是，它们需要换算，要透过这些语言再去体验背后的情感。古希腊的亚里士多德有个说法，说“音乐表面上看什么都不模仿，但音乐是最具有模仿性的艺术，因为音乐直接模仿情感”。正因为它直接模仿情感，音乐不需要翻译，也不需要换算，因此它也不忌讳讲方言。实际上音乐都是讲方言的，任何音乐作品都有它的民族性，民族性不会成为音乐的障碍，反而会为它增添魅力。音乐不在乎你讲方言还是说国语，它在乎的是你说的是不是最真实的情感，是不少最诚恳的，是不是最好听的。这样一来，音乐完全可以充当一个民族的文化大使，当然其他的艺术也可以来当这个大使，但是不如音乐方便。建筑搬不动，雕塑占地方，绘画和舞蹈不是随时随地能够看，唯独音乐可以无处不在，人人都可接受，所以它具有超强的文化传播功能，是最好的文化大使。

中国古代乐器——石磬

我最后要说的是，音乐虽然不需要翻译，音乐虽然可以讲方言，因为虽然没有国语和方言的问题，但是音乐有文言和白话的问题。我经常听到文言文的音乐，说实在话，听不懂。所以就文化传播而言，我主张讲白话。文言很好，很高雅也很高贵，可惜就是大家听不懂。有一次我在中央电视台和崔永元对话，崔永元说：“为什么要读书？”我说：“读书有乐趣。”他说：“为什么有乐趣？你读文言文古人的作品有什么乐趣呢？你读一段我们看看到底好在哪。”我马上背了一段孟子的文章。背完以后，崔永元问：“谁说的？”我说：“孟子。”崔永员又问：“孟子是南斯拉夫人么？”所以就传播而言，有一个接受的问题，有一个听不懂的问题。如果你的作品人家听不懂，那么你的作品再优秀、再深刻有什么意义呢？也许这就是我们请音乐当文化大使，让中国文化走向世界必须注意的一个问题吧。

当然这是另外一个话题，衷心感谢各位耐心听完，谢谢大家！

艺术教育的核心与感性素质的培养

周海宏

周海宏

我有一个学生，这个学生不仅仅学钢琴，还学小提琴，同时报了六个课外辅导班，把这孩子压的透不过气。孩子他妈说，孩子将来得上好学校，目的是将来有好工作，好工作的目的是有出息挣大钱，有出息挣大钱的目的是孩子将来生活幸福。归根结底，为孩子做的一切就是为了让他幸福。但是，这样每天让他学习，什么都不让他干，那么，他能幸福吗？我们家长的普遍观念是先苦后甜，吃得苦中苦，方为人上人。

我的问题是你将来让他幸福的目的能实现吗？

每年金秋十月我愿意去香山植物园玩。我发现许多小孩在那么美丽的自然风光当中不看景，而是拿小本抄树名，回去写作文，家长高兴，老师也高兴。

我的问题是，当你要求孩子凡是和学习没关系的事情一律不准做，你有没有意识到他失去了什么？

我的回答是，你剥夺了他感性能力的发展机会。什么是感性能力？视听味嗅触，人身上所有的能力都是通过训练才能发展。我们的头脑因为思维而敏锐，我们的感觉因为感受而敏感。如果我们从小不重视感性能力的发展，我们就会使他的一生枯燥乏味。

有的人可以说是生活当中该有的东西都有，但是他对什么都没兴趣，他不幸福，为什么？因为他没有幸福感。为什么没有幸福感？因为他麻木，因为他没有感觉。我们要想获得幸福的人生必须有一个前提，作为一个完善的人，我们不仅仅要有获得幸福条件的能力，还要有体验幸福的能力。

当然，体验幸福必须有有敏锐的感受，细腻的情感体验，丰富的感性需要。感性能力低的人是不会享受美好生活的，比如来到湖光山色的景区，湛蓝的天空，清澈的河水，有感觉的人能够享受，没感觉的人回车里睡觉去了。

这时一个小朋友，穿着红色的小夹克，有感觉的人操起相机记录了生活中的感觉，但是没感觉的人觉得都一样。小朋友跑到这的时候是不是其他的时候才按下快门效果会好一些？这就叫构图，这就需要感觉。有的人照相，能把人框进去就不错了。我们的家长、教师乃至全社会往往剥夺这种能力的发展机会。

在中小学校听课，先听体、音、美，这是小三门，就是不重要的课程。为什么不重要？因为高考不考，为什么高考不考？因为人们没有意识到感性的发展对社会和谐是多么重要。现在，很多人怎么享受生活？除了吃、喝再没有别的。过节吃、过年吃，过生日吃，聚会吃，连珍稀动物都吃过了，还在想怎么吃。为什么整这些东西？因为他其他感觉器官不发达。简单的感官愉悦容易腻。一个女老板跟我讲，说她家资产过亿，她跟她老公说你想买奔驰就买奔驰，想买宝马就买宝马，想要啥就买啥，想要哪就上哪，可她成天就不想活，说活着没意思。一个亿万富翁什么没有？怎么能活着没意思？我估计，简单的感官愉悦她早已腻透了，她生命的质量没办法进一步提高。

小朋友跑到这的时候是不是其他的时候才按下快门效果会好一些？这就叫构图。

吸毒、赌博从本质角度讲，也是为增加人生感受，缺少高品味的精神生活的人，就在这些地方找出路。为什么？一个人生命的总能量是一个常数，不花在这些地方就得花在其他地方。比如领导、企业家，那么高的地位要什么没有？他们就去赌博。那么可怕的风险、那么可怕的代价，为什么？因为一个人必须把自己的成就转化成感受。当我们发达富裕了以后，缺少文化意味的享受会滋生很多贫穷社会没有的社会问题，所以“长三角”、“珠三角”是吸毒、赌博、犯罪率最高的地方。我们可以大胆的预测，如果我们不从现在开始文化艺术的建设，将来就需要花很多钱修禁毒所和监狱。

下面从社会发展角度重谈这个话题。

请大家注意，这是我们中央音乐学院办公室的一个电话转接器，待机铃声这么难听，可是产品工程师设计出来的。工程师觉得挺好就给厂长看，厂长觉得挺好就生产，我们员工觉得挺好就买回来用了一年多。这说明什么？说明我们全社会听觉感受的感觉麻木。

电子门铃大家见过吧？嘀嗒嘀嗒多难听啊，没有人觉得难听。我们家装修买“叮咚门铃”，跑遍北京城，还真有卖的，一看是欧洲进口产品，机械门铃，很贵，这么大的一个盒子，发出的声音非常和谐。一个如此发达的国家要生产机械门铃而不生产电子门铃，为什么？所以，我们国家和发达国家的差距不仅仅在于经济和科技方面，更在于国民对环境感性的质量缺少要求。

现在我们与世界发达国家在科学和经济方面的差距越来越小，但是环境质量的差距似乎越来越大，为什么？是不是因为我们很多人身上缺少一种素质？大家说随地吐痰、乱扔垃圾素质差，到底是什么素质差？我把这种素质明确概括称为感性的素质。首先是感性能力强，其次是感性的要求高。大家现在都在谈素质，领导素质、员工素质、素质教育。但是，我们关于素质的分析是没有进行精细定义的。我认为，一个完善的人必须应该同时拥有以下三种素质，作为一个家长父母、一个教师，我们也必须同时培养我们的后代以下三种素质。第一，理性素质。一个理性不发达的人，头脑混乱思维不清的人将一无所成。第二，情感素质。一个无情无义，不能交流不能沟通的人他也没有朋友。第三，感性素质。缺少任何素质的人都是素质不完整。当然，我们现在理性素质已经得到充分的强调，情感素质得到呼吁，但是对于感性的素质人们没有起码的概念，没有把它作为重要的素质构成方面。没有在人才选拔当中得到考察和检验。

如果一个人感性素质低会对恶劣的环境麻木不仁。实际上，我们国家环境差一个非常非常重要的原因是在这种环境下生活的人并不在乎这件事情。如果人们感性素质低就会只顾实用，不顾审美。这是一架钢琴，钢琴上有什么东西？由于一个人的感性素质低，所以他在决定一件事情的诸多权衡中放弃了环境要素。

我们国家为什么这么丑？小广告需要治理，其实大广告更需要治理。

感性素质低，就会对恶劣环境麻木不仁

我们国家已经没有建筑文化，建筑不再是城市文明的标签。这是在俄罗斯，一张令人非常感慨的照片。大家看到装修外围完全是画，这就保证了城市建筑原来的风貌。因为建筑是一个城市的文化标签，是人类文明的标志。而我们国家的城市呢？上世纪三十年代多漂亮的建筑，现在一个大屏幕上去了。感性素质高的人往往为环境感性质量付出一定成本。感性素质低的人，什么挣钱来什么。我们管理者素质低的时候是什么样子？治理小广告就拿喷枪一喷，你说这是不是比电话号码还难看。如果一个分管城市感性质量的人，他自己没有感觉你能指望他做出什么事情？当经营者感性素质低的时候，他是不是一点都不感觉这东西难看？

苹果公司重新崛起的启示……
什么救了苹果？

这是国家大剧院刚开业的时候我拍的照片，这是走廊，走廊路面有黄色的警示带，因为隔几米一个台阶，隔几米一个台阶。那天我上厕所的几分钟就拌倒好几个人。我想说，但凡任何一个环节上有一点感性的素质，这种工程既不可能施工，也不可能验收通过，更不可能使用这么长时间。但遗憾的是，每一个层次的人都没有感觉。如果一个人感性素质低，搞出来的东西也会很拙劣。这是广场，广场绿地上是变形金钢，满公园都是这种雕塑，太可怕了。

如果管理者、经营者感性素质低，他们工作越努力越可怕。

这是我在美国买的量杯，一个塑料杯子几十块钱可以了，为什么花这么多钱？它在正面搞了刻度盘。什么叫产品附加值？附加的就是感性的价值。我要强调的是，这都是我们中国人生产的，但是是外国人设计的。为什么中国成为了全球的加工厂，进行低层次、高资源消耗、高环境污染的加工活动？为什么学习最好的中国人，却缺少创造力，缺少想象力？就是因为没有这种感性教育。

这是我在美国买的量杯

前几天我听了一个讲座，历数历届政府工作报告中关于国家要转型的要求，结论是三十年过去了还是没有转过来。为什么？你没有支持这样一种经济形态的国民，你的国民素质不足以支撑这样的经济形态。我们的科技人员、政府领导，他们的工作经验、智力水平，特别是努力程度不比任何国家差，但是他们普遍素质素养很不完善，所以人文关怀不够。因为他们没有这种教育。

如果国民缺少感性素质，生产力的发展是可怕的。

为什么很多人只注意经济增长，不注意保护环境、建设环境？我想这可能有非常复杂的原因，但最重要的是国民的感性素质低，环境的问题根本就不是会考虑在内的问题，所以任何一件和环境相结合事情，他们都会放弃环境。明白为什么吗？因为大量感性素质很低的人提拔到了领导岗位上。

政府提了科学发展观、以人为本、和谐社会，但是如果不是来自感官对美和和谐的要求，这些理念怎么落实？我们要想创造和谐的社会人们更不能缺少感性素质基础、感性素质的提升是通过艺术教育实现的。

绕了这么大一个大圈子，是为了说这句话：

艺术在人类生活当中固然有认识世界、改造世界的作用，但是艺术在人类生活当中不能替代的作用是美化人类的生存环境，满足人的感性需要。

这是国家大剧院刚开业时拍的照片

在社会舆论乃至意识形态当中艺术这方面的职能大大忽略。现在我们的不足是把艺术教育变成知识教育、技能教育，人们除了工作绝对不会享受生活，一个越没有生活情趣，越不享受生活越让人“放心”。我要强调的是中华民族破坏环境不是从现在开始，虽然我们生产力发达了，但是国民的感性素质没有提高。两个轮子转的不一样快。

缺少国民感性素质的基础，生产力的发展是可怕的

最后我要特别提醒在座所有领导、专家学者，我们呼吁美育的时候，不要偏离审美的本质。艺术的本质功能不在于，也不依据于：开发理性智力，提升道德情操，推动社会和谐，促进科学创新，增进人类沟通。当我们强调艺术教育不要忘了当年正是有很多人用同样的理由扼杀艺术最本质的功能，是为艺术而艺术，是唯美主义。所以在这个问题上我们是吃过大亏的，并不夸大和渲染艺术的功能，艺术可以有这个功能，但是艺术不一定非要承担这样的功能。当艺术没有这样功能的时候它在我们人类社会生活当中的地位是自足的。

让我们全社会都来重视艺术，重视艺术教育，重视个人艺术素养，这关系到中华民族未来的命运和全局性、基础性的大问题。良好的感性体验是幸福人生的具体体现，个人的感性素质是获得幸福人生的条件。没有丰富感性体验的人生是枯燥的人生，没有艺术的人生是不完整的人生。

谢谢大家！

当前学校美育新挑战与国民素养建设

王一川

王一川

谢谢主持人，很荣幸接到中央音乐学院北京现代音乐节和中国美育论坛的邀请，来这里跟大家做一点交流。来到全国最高的音乐学府，自己的心情还是很特别的，也很激动。因为这个地方见证了中国新时期美育的复苏，艺术教育的复苏，是一个重要的圣地。

我今天跟大家交流的题目是当前学校美育新挑战与国民素养建设。几年前，我的一位朋友的女儿在念高中的时候，她背着父母悄悄写了两部长篇小说，而且交到出版社出了，结果让她父母知道了大吃一惊，后来我把这两部长篇小说讨来看，我看了以后觉得这孩子很有想象力，写的都是跟玄幻有关的，包括穿越，这让我大吃一惊。同时我也感慨，改革开放三十多年了，改革开放时代成长的孩子已经成人了，已经可以作曲、唱歌、写小说、写电影、写电视，他们是在新时期改革开放环境中成长的新一代，他们受到的艺术教育、美育的环境跟我们这一代迥然不同。从这切入我想谈一下对当前学校美育新挑战的一点思考。

中央音乐学院

一、当前学校美育的新挑战

大家知道学校美育同社会美育、家庭美育和其他相关的美育一样，是我们今天美育的主要方式之一，或者主要途径之一。学校美育作为青少年美育的一种主要方式，在当前正在面临新的挑战，我们必须面对这种挑战。这种挑战见仁见智，我从三个方面来概括。

第一，从非中求美转向美中立美。什么意思呢？三十年前我们还是青少年的时候是在非美中要寻找美，我们面临文革的环境，不允许我们去追求美，美被认为是资产阶级的东西，不是无产阶级的。那么无产阶级怎么向资产阶级学习呢？像文革时期穿喇叭裤，有专门的人拿着剪刀在大街上把裤子剪破，那时期是非中求美。三十年前是在非美中寻找美。三十年后是要在审美的环境中寻找美。著名作家张洁，她在1978年写了一部小说，她写的是文革时期被贬到东北时期的一位老师。有一天，他在民建空地上演奏长笛，长笛的声音吸引一位少年，他听到这样一段音乐，音乐旋律在他面前展现一个他从来为见过的奇异世界。这就是非中求美，在非美中获得了美，只有那么一点就通了，心有灵犀一点通，那是三十多年前面临这样的一个环境。

巴尔扎克的著名小说《高老头》

但是今天改革开放已经三十多年了，整个国家经济、社会、文化、政治有了长足的发展，尤其是在改革开放环境下出生和成长的青少年，他们受到了比前辈更好的美育环境的熏陶，他们今天面对着什么样的情况？他们面对着的是一种在审美的状态中寻找美的新的状况，我把它称为美中立美，在泛审美的环境中确定审美。整个社会美变的生活化、通俗化、商品化、实用化，可以说到哪里都是，哪里有街道可能哪里就有美。但是我们要问一问，这样的美难道是我们的先辈蔡元培、王国维以及美育的创始人席勒所追求的审美境界吗？所有的这些美难道就是我们的初衷吗？在已经泛审美化了的生活中如何寻找美，这就是我们遇到的一个新的课题、新的挑战。

第二，我们要从无中求知转向知中出知。过去是在无知识的环境下变的有知识，现在回想起来那时比较容易。回想我当年从下乡青年变成大学生是因为我要寻找社会。现在的青少年处在知识爆炸、知识剩余的社会，他们感到困窘的不是找不到书看，而是书太多了。记得在1978年5月刚刚禁解的时候，我为了买《高老头》这本书，头天下午4点多就去排队，一直排到第二天10点才买到这几本书。为了买这几本书要排通宵，我想我的经历中恐怕不会再有第二次了。现在书太多了，我想起一句诗：你给我丰富的痛苦。丰富不一定是快乐，是丰富的痛苦，知识太多了，在近乎知识爆炸的信息量面前我们选择哪些知识，当然也包括音乐知识、美术知识、舞蹈知识、文学知识等等。我们面临多重选择，所以我们跟孙长林不一样，一旦长笛的声音响起，他的生命灵魂被吸引过去了，这注定了他一生的命运。我们今天不一样，很多孩子从小就受到良好的艺术、美育环境的熏陶，他们面临的问题在哪里？这是第二点，是从无中求知转向知中出知。

书店里琳琅满目的书籍

第三，从有朴及文转向多中难择。从朴素的状态提升到文明的状态，最初我们一无所有，是无知的，好像一张白纸，我们是纯朴的，由纯朴的状态转向文明的状态今天看来比较容易。三十年前我记得当时的美学家李泽厚那个时候处在有朴的状态中。三十年后我们在多元的价值观包括审美价值观的面前，我们面临选择的困境。艺术要讲风格、流派，我们是哪种风格、哪种流派我们很难选择。当年的孙长林他质朴未开，他来到北京的一所中央音乐学府，我相信就是此地，所有的孩子来报考，只剩下一个名额，7 个孩子争一个名额，非常残酷。但是孙长林一来，他的着装就打动了主考官，他为这个孩子质朴所感动，所有的孩子都说让他演奏一曲吧。一曲响起，所有在场的听众都被深深打动了，沉浸在长笛奏出的美好境界中，一曲长笛演奏完，七个孩子一起喊：老师，就把这个名额给他吧，他是最好、最优秀的。残酷的音乐专业考试，所有的孩子都变的纯美无暇了，这是美育境界。更多是小说家幻想的审美的乌托邦，就是三十年前我们前辈所向往的美育境界。可是在今天，这样的状况也许还会有，但是可能很少，更多的存在于我们的想象中。教师们看着那七双眼睛仿佛是七个孪生姐妹，他们就在音乐的一瞬间就感动了，荡涤了所有的功利之心而变得完美无瑕。

这样，新的挑战凸显出来，上面三个问题汇集在一起，就是如何在一个泛审美或泛艺术的环境里实施美育，这个挑战变的不一样了。

我给大家引述一段春树的《北京娃娃》（2002 年出版的一篇长篇小说）

“在匆忙迎接中考的半个月，我们的谈话那么谨慎华丽，像活在神话世界了，没有一切，只有音乐。”

小说中的他明明知道在现实环境中会被击碎，但是也会沉浸在那个状态里。这是今天的孩子面对新的状况，也是我们呼唤美育时候面对的新的状况。如今的青少年学生可能对艺术麻木不仁了，或者他们在竞相发出诱惑信息的五光十色的艺术面前丧失掉选择的主动、清醒或者明确，这是我们面对的问题，这是我要跟大家交流的第一点。

二、流体人格对美育新的挑战

最近我和我的课题组承担国家社会基金重大课题，我国软实力发展战略的研究。为了做这个课题我们调查了许多在校大学生他们眼中最具代表性的中国文化符号是什么，外国文化符号是什么。做之前，我有一个预测，我说我们在校大学生 80、90 后选的时候会不会选周杰伦、动漫他们喜欢的东西，我有一点点这样的担心。最后结果出来以后让我大吃一惊，这样的一个调研，学生们作出的选择跟我想象的东西是不一样的。有这样几点：大学生所认同的中国文化符合更多集中在传统文化符号、政治文化符号、非物质文化符号上，他们的选择趋同性、理性化，地区差异、男女生差异、家庭收入状况的差异都很小，他们一致的选择排在第一的是汉语、汉字，是这样一些我们成人可能会选的符号。另外，还包括京剧、中医药、刺绣等等，这就让我刚开始感到很不理解。

对于当代人，尤其是当代的年轻人来说，奋斗成为他们唯一的精神支柱。在超强度的社会压力下任何思索和艺术都是带有功利性的目地。

后来我一想确实也有一个道理，今天的大学生已经正在生成一种新的人格，我把它称为隐形的双重文化人格。他们跟我们那代大学生比，已经不一样了。我们心里想与什么喊出来的口号表达是一致的，我们当时可能也偏激，但是里外一致。我们那个时候大约有一种固体人格，现在青少年、大学生有一种流体人格，它可以灵活多变，理性和感性可以分开，可以不一样。他们在学习中、生活中更现实，更有理性，更明智，更稳重，他一方面可以感性、可以开放，如年轻一代大学生有特有的追星的强烈需求，另一方面可以有令人感觉沉稳的责任感和建设意向。他们感性喜好和理性价值认同似乎可以相互分离和共生，从而在个体人格上呈现出一种特殊的二元构造，即感性的与理性的相对对立又相互共生，这是一个很有意思的现象。

想想也不难理解，今天的大学生置身在一个多元价值、多元文化取向当中，包括多种艺术、多种审美取向都在竞相诱惑他，他们怎么办？他们不可能再回到三十年前我那一代人读大学时的状况，他们有他们自己生活问题、生活困窘、生活取向，所以这些我觉得从人格的角度来理解可能有这样的特点。这种问题的出现可能还需要具体分析，我暂时提出来这样一种假说。

三、美育的人格及其转向

美育在今天到底要培育什么样的人格范式？如果固体人格占主流的 20 世纪 80 年代，美育要基于青少年的非中求美特定状况而设立，是要凭借高雅而精神的审美艺术，把青少年从蒙昧状况提升到文明状况中。那时的在校大中小学生服从于全社会的发展状况和上述基础上的人身价值取向，主要以国家民族的集体性精神愿景为个人愿景。当时国家民族的集体性精神愿景和愿景是统一结合比较好的，当时美育课题可以设置为以精神的审美开启青少年的心智，意味那时人格范式目标在于非个人化的集体性的精神人格的养成，突出的是精神性。

美，是一种境界。

今天，我们已经进入到21世纪的第一个十年，美育的状况已经发生变化，这是因为生活变了。现在的社会建构的核心课题是要以人为本和社会和谐，怎么理解以人为本、社会和谐？

以人为本并非以20世纪80年代人的集体性、精神性诉求为本，而首要的表现为以人性的复苏物质欲望和精神欲望的满足为本。原来住8平米，现在要住16平米，32平米，60平米，120平米，人的物质愿望越来越高涨，从而拉动消费。其次以人的物质利益与精神利益协调为本，是要处理协调好个体与个体，集体与集体，个体与集体等诸多关系，达到社会和谐，所以社会和谐首先要面对的是失谐，即从失去和谐中追求和谐，要达到一个平衡态。

面对今天双重文化人格、流体人格的出现，在这样的状况中美育的课题是否需要发生改变？不再以单纯的精神性审美开启青少年学生的心智，因为那样显然是置当今强势复苏的个体利益而不顾；而是要在精神性审美与物质性审美的对话中建立无功利性审美与功利性审美之间的可能性。

过去我们要在无功利中寻找审美，我觉得可能康德美学已不能够完全概括当今美育的特点，我们面对的是功利性和无功利性之间互为性的关系。这点我赞同曾繁仁先生谈的观点，就是要针对今天这个时代面对的新的问题，从新的生态观来思考美育的问题。这样就和我们今天面对人的物质利益、精神利益的协调问题紧密结合在了一起。

四、当前学校美育新课题与国民素养建设

今天我们谈美育可能核心的焦点还是要寻找人的自由，人的完整，回到席勒说的完整人的状态。

要做到这一点我觉得要考虑一个新的课题，我把它称为国民素养。我不想用国民素质，质我觉得好像有点固态，我希望用“滋养、涵养”的涵义。人的素质是养成的，整个国民素养有理智素养、道德素养、科学素养、技术素养，当然也有审美素养，我觉得审美素养可能不是在所有素养里最重要的，但却是最不可缺少的，既是所有素养先导的基础，也可能是所有素养得以如何沟通的黏合剂，一个中介环节。

美育要回到席勒和蔡元培的初衷，席勒要通过美育回到完整，蔡元培要通过美育把人的现象世界和物体世界沟通起来，他说美感之教育是人的现象世界和物体世界之间的津梁，那就是一个渠道，一个中介环节。所以我们今天的美育要重新思考人的完整性这个问题。

我想重审一点：美育不等于艺术教育，美育也不等于中国古典的诗教、乐教，美育有它的新的时代内涵，我们要把中国放到全球环境下，放到各民族的审美知识、审美传统、艺术知识、艺术传统相互冲突、对话、交融的更大的平台上，让我们面对古今中外所有的审美和艺术遗产、艺术创造来进行沟通，寻找属于现代中国人新的审美和艺术素养。所以正是在这个意义上我觉得美育应有它自己的新的内涵：

在今天倡导以人为本的年代，当个人化物质性愿景与非个人化集体性精神愿景之间形成多种多样冲突时候，美育作为一种必要的调解途径被铺张开来，美育要承载人的新的期待、新的愿景去实现现实的任务。

第一，国民审美与艺术技能的培育。即使这个人一辈子不吃“艺术饭”，但是普通国民的审美和艺术的知识技能是应该有的，比如他可以简单的唱唱歌，可以画画简单的图形，这样的技能应该有培育。

第二，国民审美感与艺术感的培育。他可以没有技能，但是他要懂得一般审美规律、审美方法、艺术状况，他要懂得欣赏优秀的艺术品，优秀的审美遗产，他要具有形式感的眼睛，懂得尊重别人的美。

第三，国民审美与艺术文化品味的培育。我觉得这是更高的层次。国民要懂得一定的艺术是在一定文化根基上的，他要学会从文化的高度去吸收本民族和其他民族优秀的审美创造、审美趣味、审美风格，以便让他活在这个世界上感到充实，感到有意义，感到自己的完整体回来了。

美育作为国民素养建设的中介环节，它要承担起这样的任务。一方面针对专门的艺术人才，可能另一方面要针对非艺术专业的普通的民众、公民或国民，它要使两方面的人都得到提升，美育的任务才能实现或者完成了。

所以从这个意义上说通过美育培养国民素养，在不同的时代应当有其相对不同的问题中心以及具体途径。在今天倡导以人为本的年代，当个人化物质性愿景与非个人化集体性精神愿景之间形成多种多样冲突时候，美育作为一种必要的调解途径被铺张开来，美育要承载人的新的期待、新的愿景去实现现实的任务。所以我们其实还是任重而道远，我们可以借鉴以往的美育经验、美育教训的基础上提出一些新的办法。

我在这方面只是一些初步的思考，可能还要靠各位行家通过扎扎实实的调研来做扎扎实实的事情。如果我能够在这方面尽一点个人微薄的贡献，我也是很愿意的，谢谢大家！

高峰对话《

要加快推动中国当代美育大发展

——2010 中国美育论坛高峰对话之一

时间：2010 年 5 月 24 日下午 4 时

地点：2010 中国美育论坛会场 · 中央音乐学院综合楼会议厅

对话嘉宾：杨燕迪、张晶、易中天、周荫昌、田青、 周海宏（从左往右）

主持人：易中天

周海宏：我们闲言少叙，从昨天到今天关于美育的问题大家已经展开了一些论述，下面我们把话题交给各位嘉宾。

易中天：你刚才的演讲非常精彩，演讲可能你比我行，主持可能我比你行。（易中天和主持人交换位置，坐到主持席。）

易中天：第一，美育这个题目非常之大，一言难尽。第二，诸位都是重量级人物，重量级人物多了以后就要考虑船的载重能力。咱们要轻松一点。先把提问的机会交给现场观众，哪位有问题？

什么是审美教育

观众提问：我有一个很小的问题，其实挺愚蠢的，我一直听到审美和美育。美育和审美是在同等层次的含义还是因果关系？我自己听审字好像是审问、审讯、审核、隔离审查，你既然要去审一个东西必须要有一个标准，关键是艺术没有标准，这个“审”字我知道这个意思大概是对美感的判断，那到底审美是审什么呢？

易中天：其实按照康德的观点它是一种不是判断的判断，它跟逻辑判断，跟事实判断，甚至跟道德判断都是不一样的。比如西方有一种主义认为美和艺术不是科学，因为它没有办法实证。事实判断就好像这是一瓶水，这是一朵花，它是可以审的。道德判断就有点问题了，你偷东西是不对的，里面包括两个判断，一个是偷没偷东西，一个是对不对，你偷同学的饭票肯定不对，到敌人那里偷了情报肯定是对的。审美判断更说不清楚了，这朵花是花是事实判断，这朵花是红的也是事实判断，这朵花是美的等于说这朵花：“啊！啊……”（作人闻花香时舒畅感、满足状）

烟雨江南

周海宏：这个概念其实很简单，就是一个名词，因为我们一提到音乐会有创作、表演、欣赏三方面内容，再找一个词概括这三种活动，于是大家用审美这个词概括三者及其相关的活动。为什么用审这个词？审比一般的动词内涵看来更丰富一些。

我建议，咱们今天还是把话题扣在美育方面，因为关于美本身就是一个非常大的话题，我想我们把这个话题切在美育和当今文化发展，以及与中国社会发展的关系方面。

美育要立足于本土文化的传承

田青：周教授的演讲，是近年来我听到的，少有的，思想清楚、有创新，而且真正像演讲一样有震撼力的演讲，这才叫演讲。它不但有理性的东西而且有感性的东西。

我接着他的内容说一点，我先说我的一个经历，一次我去杭州，从飞机场下来以后往市区去，两边我看到的建筑是新富起来的农民建的二三层小楼，许多都有一个模仿西方教堂的尖顶，也有民族化风格的，但在所有尖顶上不伦不类地弄了一个不锈钢的葫芦状的球，我不知道是葫芦还是足球还是什么。记得我第一次走这条高速公路的时候，第一次在别人指给我看这是农民建筑的时候，我有一种感动：我们农民过去这么苦，现在住起了小洋楼，这是我的感受。后来，我看到整个高速公路两边都是难看的建筑的时候，我突然想到：这是什么地方？这是江南？怎么印象里的所有的白墙屋瓦、小桥流水都看不到了！

江南这两个字本身就是感性的，字里行间透露着美感，很多意趣，很多文人朝思暮想的东西。你过去去江南会感受到它的丰富多彩，没有去过的起码看过画中的桃花江南，起码有诗给你的意境。但是现在这些完全被破坏，成了破烂不堪的东西。刚才周教授给我们看的远远不是最丑陋的。问题是：我们的美感哪去了？

中国人不是没有审美，我们去年在台湾台北搞了一次非物质文化遗产的展览，那些美好的东西让很多台湾现在的知识分子、老百姓一看，都十分惊讶：原来有这么好的东西，这么美的东西！一个法国的女士曾经在我们改革开放初期到贵州、广西收集苗族的服饰，很便宜，然后在巴黎办了一个展览。我们中国大使馆的人一到那才知道我们民族有这么美的东西。但是这位女士非常自豪的说，以后你们想看中国苗族的服饰只有到巴黎看，她买了成千上万件。我想说的是我们中华民族曾经创造许许多多的美，中华民族的美感渗透在生活中的每一个方面。

我再举一个例子，我的一个朋友前年在台湾举办了一个清代妇女的肚兜展，一千件，每一件都不同，那个美真是让人叹为观止。那么我要问，我们祖先拥有的美的创造力为什么到今天都没有了呢？甚至汉族到现在连一件民族服装都没有。我穿的这件是与满族服饰类似的对襟，我为什么穿它？因为这是我唯一选择，它和我们古老传统有一点关系。我总不能穿汉服的长袍马褂，而且我认为满族文化已经融入汉族文化。所以，我穿上这件衣服，因为我是一个中国人。

田青：我的一个朋友前年在台湾举办了一个清代妇女的肚兜展，一千件，每一件都不同，那个美真是让人叹为观止。

我们必须承认，从“五四”以来，我们有一个观念，认为西方的东西好，到今天以致我们的美感丧失，我们自己审美情趣没有了。

我自己要演讲的题目是《非物质文化遗产的传承与保护是美育教育中的一个重要部分》。现在我觉得我这个讲话说的不合时宜，应该先把周海宏教授的演讲内容放大很多倍，需要我们真正落实美育才需论及我这一部分，即我们怎么来实施美育。

我们今天谈到审美教育，这个词怎么来的？这些词都是西方传过来的？我国近代教育都是建立在西方教育模式上。我们的音乐学院跟西方音乐学院完全一样，没有区别。中央音乐学院和巴黎音乐学院没有区别。我不讲质量的问题，就讲思想和方法，这让我百思不得其解。在很长一段时间内，这里好像是一个榜样——中央音乐学院有的我们也要有，最后，我们国家整体音乐教育都建立在了西方教育模式之上。所以，我认为，在这个基础上谈美育还不够，还应该让我们的孩子从小对自己的本土文化，对自己的母语先有感觉，这个感觉最基本的核心的东西是我们母语的感觉，我们中国人要有自己的判断标准——认为什么是美。我觉得现在缺的东西是这个东西。

我们国家美育的问题，不光是教育制度的问题，从“五四”以来照搬西方，最可怕的是普通老百姓观念。那些因为一百块钱把一个清代的苗族服饰，或者把他母亲用一年半绣完的服饰给卖了，他买了一条牛仔裤，这个东西最可怕。这就是我们审美教育里的一个很大的空白。所以，我在音乐学院跟学生讲，你学声乐，暑假回家时要跟爷爷奶奶学一首民歌。

美育论坛的迫切呼唤

周荫昌：中国传统民间的绝活充满技能，但今天我们培养很多大学生，具有很高的学历，实际上在工作中却不受欢迎。为什么？

周荫昌：今天中央音乐学院举办美育论坛，由学院举办我感兴趣，由音乐学院举办我格外感兴趣。

现在把美育作为一个哲学思辩的问题探讨的不少，把美育作为一个实践的问题谈论是不多的。我对这个论坛本来是有几个期望，第一，我觉得在当前如果这个论坛能够发出美育迫切的呼唤，那就很好；第二，如果我们这个论坛能够澄清一些基本概念，探索到一点美育实施的道理那就更好。

刚才海宏谈到的问题，实际上是非常强烈的，是从我们现实生活的各个角度，从人们所看到的、听到的、实践中遇到的各个层面，发现的很多问题。这说明当前我们面临的一个迫切的问题，一个十分匮乏的东西是人们缺少美的教育。如果要我做一点什么补充的话，就是要把这个引到我们的教育里，因为你看到社会的现象，包括孩子的教育，但那是家庭的，我们真正缺少的是学校美育。

现在社会上有很多问题，这些问题出在哪里呢？我认为我们学校教育重视了一些东西，忽视了一些东西。

易中天：重视哪些，忽视哪些？

周荫昌：我们重视理性和理性的教育，忽视了感性和感情教育；重视知识的教育，与此相对，应我们忽视了技能的教育、操作的教育、实践的教育。

中国传统民间的绝活充满技能，但今天我们培养很多大学生，具有很高的学历，实际上在工作中却不受欢迎。如果拿音乐来讲，说的直白一点，我到下面去真正听中小学校长需要什么样的音乐教师。他们认为今天的本科毕业生不如过去的大专生，今天的本科生甚至不如过去的中专生，甚至高师的不如过去的幼师，为什么？就是因为我们的艺术教育过分的知识化，而缺少实际操作。美是需要有操作的东西，美不是讲道理。

中国传统文化的标志——青龙、白虎、朱雀、玄武

现在，我们在重视知识教育的同时特别重视构成学科的知识教育，我们忽视了什么呢？忽视了那些综合的、实践能力教育。我们重视了一些浅层的、显性的教育，忽视了内在的，心灵的教育，我们忽视了表达的教育（无论是口头表达的、书面表达的我们都应重视），轻视了表现的教育。大家知道现在，会做的不如会说的，因此我们把非常丰富的教育变的很枯燥。因此大家看到很多问题并不是知识能够解决的，很多问题并不都是理性教育出现的问题。难道今天贪污腐败分子不知道贪污不对，难道今天堕落下去的人不知道堕落是不好的？难道闯红灯的人不明白红灯是不该不走的吗？都不是。

易中天：那是什么？

周荫昌：人的实践活动里不仅需要有理性知识以及理性的支撑，人还要有感性的参与。

我希望我们这个论坛能够传递一个这样的信息，那就功莫大焉：美育是美的教育，美育不是美学教育，美育也不是美育的理论的教育，美育必须回到美的教育上，美育必须回到真正的美的教育上。

美育是美的教育，美育不是美学教育，美育也不是美育的理论的教育，美育必须回到美的教育上，美育必须回到真正的美的教育上。

美以及美对人的影响是一种客观存在，是在社会生活中与人同喜共存的客观存在，你说它有它有，你说它没有它依然有。而且美与不美并不因人给它的定义而改变，美以及美对人的影响是客观的，不美以及不美对人的影响也是客观的。面对今天我们的美育，大家认为，很重要的一个问题是重视美育，我认为，真正重视美育比重视美育更重要。当下，美育已经成了一种很时髦的炒作了，所以重视美育很重要，重视真正的美育比重视美育还重要，因为现在所谓重视美育里面有很多并非美育。搞了那么多，很多人都是以自以为是美的东西在那里传播，但那传播美吗？它没有传播美不等于没有产生影响，实际产生的是另外的影响。所以我觉得，如果我们这个论坛能够发出这样的呼唤，今天我们真正缺少美，我们缺少真正的美育，我们要真正的重视真正的美育那就非常成功了。

易中天：我们缺少真正的美育，我们要重视真正的美育，我们要实现真正的美育，大家同不同意？同意的鼓掌！（掌声）

提倡审美教育的文化内因

周海宏：因为我成了嘉宾，因此我就有权力再表达一下我想说的话。我演讲过程中有一段跳过去了，我把下面的话补上，同时献给田老师。

我想接着田老师说的话，我在PPT里面有一句话叫“中华民族从来不缺少感性素质”，但中华民族的文化形态有一个很有意思的特点：儒家是以理为本，道家以天为本，在我们这最主流的两大文化当中都没有赋予感性的合法的位置，然而感性的生活在民间特别活跃，为什么？因为天然的人需要美。但我们还不得不承认在意识形态、主流文化当中并没有给感性合理存在的位置。

过去有段时间，我们实际上并没有人在思想上认同感性的价值，所以当有人穿的漂亮点就会被人说成臭美，反而穿的很破烂的人，却有道德的优越感。

这里我们要分析其深层的文化原因。

在过去几千年，中国的传统文化理论和实践是两层皮，理论基本消除人的感性需求，但在实际中感性的需求非常旺盛。这时出现一个问题，我们缺少感性教育，所以一旦在实践上、执行层面上出问题的话就会出现灾难性的结果。比如说，我们曾经在长达近半个世纪里“以穷为荣，以粗鲁为自豪”。当我们否定感性认识，并赋以道德面貌出现的时候，就是对全社会的美的否定。也许，中华民族是非常强调实用的一个民族，但是这不是只有中华民族是这样，全人类的每个民族都很重视实用，但许多民族却保存了支撑自身发展与存在的审美观念、感性素养。

唱山歌

美育要体现其内容的包容性、多样性

周海宏：下面，我将我的发言献给田老师。1985年，我学民歌时研究过一个问题，也就是发现民歌音乐当中有大量的衬词，越是原始的越多，越是现代越少。我当时学的一首歌叫作《好久没有唱山歌》，当时很多学者探讨为什么会有这么多衬词，于是有了“活跃气氛”“深化情感”等很多说法，而我坚持不信。后来，我有了更多学科知识的支撑以后，我突然明白了一个道理，当人舌位靠前声音亮，靠后的时候声音暗，如果我们要去掉语意、表意的时候，去还原它自身的感觉的时候发现亮暗有一个对比，“好、久、唱、山”等都是靠后的，我们原始山民因为保留着上帝赋予他们的感性追求，使得他觉得不平衡，所以加了许多衬词来补足。这使我突然间意识到的一个非常大的问题，在人的语言当中，我们的语言不仅承载表意的功能，它本身还是一种表象，当人们具有对天然审美的追求的时候，这样的一种形态保留了下来。现在，衬词就剩一个“啊——牡丹”（唱《牡丹之歌》），一个“啊”了。

中国民间绝活

我突然又想起一首歌，我觉得这歌太漂亮了，您可能听过这首歌，词只有一句话，叫“妹子开门来，哥哥给你提个羊腿来”。它这样唱：妹子开门来，妹子开门来，哥哥给你提将羊格腿腿来，送郎希溜溜奴送……。现在的创作中，这样的一个具有语音感性美的歌曲已经没有了。

我认为，随着人类征服世界、改造世界的目的越来越清晰、能力越来越强的时候，我们感性的智慧在减少。

这时候我突然想到一个话题，我们为什么要保护传统？当然，现在会创造很多现代文化。但是现代化导致文化高度的融合，而这个融合一个最大的问题导致文化趋同，而美的本质是感性的，存在方式也是无比丰富的、多样的。

感性两个字几乎囊括所有我想谈的话题。当现在少数民族越来越像汉族的时候，当教育部门要求全国所有地区都要唱京剧的时候，它实际是在扼杀美的丰富性和多样性。

田青：当教育部让所有的学校学生都唱京剧的时候，是规定本身出现了问题。大家想，全国哪来这么多京剧老师啊，当广东人不会唱粤剧，江苏人不会唱昆曲，却都学唱京剧的时候，音乐教育已经离美育的要求越行越远了。

周荫昌：美育被重视以后，在大学要恢复美育的教学，经教育部批准的第一个教材各位知道是什么吗？《大学美育学》，难道可以用《大学美育学》代替美的教育吗？

易中天：关于教育部的话题咱们就不讨论了。

“美育”概念之思

杨燕迪：我主动做点补充，在我看来，美育存在一个这样的问题，我很同意田老师所说的，就是现在中国确实在艺术这个领域面临蛮大的困惑，就是传统的断裂。我在思考另外一个问题，美是跟感性直接相关的，实际上艺术教育不等同于美育，我甚至不主张用“美”这个字。

易中天：你主张艺术叫？

杨燕迪：因为美不能涵盖感性的意思。因为美这个范畴太狭隘了，它根本无法涵盖现代艺术。我愿意把21世纪所有的艺术称为艺术，却不太愿意用美这个字形容它，我宁愿用感性教育。它跟我们的核心价值有紧密关联。通过感性所表达的感受不是浅层次的感官刺激，包括剪纸和民歌，它都跟我们民族最深刻的生命整体和核心价值观念有紧密关联，所以感性的感知不是简单的感官感受。

杨燕迪：我们在艺术中所获知的生命经验，我宁愿把它称之为生存经验或者生命经验，它涵盖理性、感性和核心价值。

我们在艺术中所获知的生命经验，我宁愿把它称之为生存经验或者生命经验，它涵盖理性、感性和核心价值，它是更宏观的概念。原来在古老的人类、原始人类里所有的东西都不分，歌、舞、诗、宗教、艺术全部不分开，科学理性的东西是它的分支，生命体验是远远高于理性的。

易中天：这个问题我建议咱们也不谈，你一定要叫审美教育、艺术教育、还是感性教育，这不是关键问题，我们不能讨论概念。

杨燕迪：感性的东西跟一个民族文化的核心价值有紧密联系，这是为什么田老师这么困惑。

田青：我不困惑，我很清楚，感性和美还是两个概念。那些你认为是丑的、不美的，他可能认为是美的，美是主观的判断，不同的人对美有不同的理解。

易中天：他要把美育换成感性教育。

杨燕迪：或者叫审美体验教育。（此话题没有继续深入，看来大家基本赞同。）

美育就是提高人们的感性能力

周海宏：刚才周先生说了一句特别重要的话，就是我们艺术教育基本的哲学观点是理性主义的，而不是感性的。比如现在我们的美术审美教育基本是讲绘画故事，音乐美育是乐曲解说和乐曲知识的讲授。一个两岁孩子绝对不可能欣赏文学，但是音乐一响就跟着跳，感受节奏、情绪一点没有问题，可是到了中学美育就把孩子推出了艺术大门之外，变成了知识教育和技能教育，这是艺术教育存在的严重问题。

文学教育，小孩从小开始学识字，学会懂得区分新闻报道和报道文学？它为什么不是艺术？因为艺术和非艺术本质区别包含除了时间、地点、资讯等等之外的感情。我们中小学生干什么事情呢？第一个，概括段落大意，第二，总结中心思想。摒弃的是什么？是丰富鲜活、精彩绝伦的感性价值。当一个孩子在学校十几年如一日地做着去除个人感性能力的艺术工作，你还指望他有审美细胞吗？

易中天：这是我们害的。（笑声）

周海宏：最后，我想说的是，我们的审美教育从哲学层面，从意识形态层面，到政府组织层面，当然还包括我们学者自身的思想认识层面，都存在非常多的问题，我们应该把这个问题理清，不要使这个问题复杂化，也不要把艺术的功能无限夸大。我们应该实实在在的把问题分析清楚，才能像周荫昌先生所说的那样，从技术层面去真正培养人的感性。

举办美育论坛与历史惊人巧合

观众：作为听众我谈一点自己的想法。这个美育论坛可能在中国未来、在历史上都具有非常重大的意义。这使我想起法国大革命以后跟中国现在非常相似一段时期。法国大革命以前，法国人觉得封建是一定要被推翻的事情，于是搞法国大革命，结果把几千贵族全杀掉。之后，法国人反思这场革命，然后整个知识界都开始反省，反省的结果是要建立好的制度。物理社会学就是用制度建立一个理性上比较合理的社会。结果这个社会建立以后，他们发现仍很难解决问题，这时就有席勒这样的人，他认为要让美走在自由之前，美是什么东西？现在看来是带领生命走向自由，走向完美完善的东西，而且是建立在人感受的基础上。

我们再看我们中国，皇帝溥仪从紫禁城被赶出去以后我们也进行了革命——旧民主主义革命、新民主主义革命。又经过新中国改革开放30多年的发展，现在是国家经济发展、科学发展，什么都发展完了，仍没有得到我们想要的东西，所以才有了我们今天的这个美育论坛。我觉得这跟历史具有惊人的巧合。

观众：这个美育论坛可能在中国未来、在历史上都具有非常重大的意义。这使我想起法国大革命以后跟中国现在非常相似一段时期。

我们今天讲了很多美育建构问题，其实美育一个最重要的架构是对社会的批判。

我非常赞同每一位教授讲的观点，所以我才有破例的这样一个发言。为什么我们会边缘化，孔子的礼是周礼，礼乐制度是什么呢？礼者天地之序也，乐者天地之和也，所以我们绕一大圈建设现代化，建设科学的社会，但是最终我们回到和谐社会。和谐社会就是礼乐制度。我们为什么回来，因为中国人绕不开和谐，包括内心的和谐和社会的和谐。家和万事兴，中国人的和谐观念是根深蒂固的。所以我们对制度、科学过度崇拜的时候，我们忽视所有的东西都需要心灵承担，所以多元化时代要在人们心灵深处建立一个美丽世界。

艺术的自身定位问题

周海宏：我们千万不要把艺术凌驾于科学之上，它们是人类鸟之两翼，不能因为过去受理性的欺压和凌辱就把现在感性凌驾于至高无上的地位上。

田青：把艺术凌驾于科学之上这件事情完全没有可能。

周海宏：艺术不可能凌驾于科学之上，但是艺术从业者也不要引导这种舆论。

音乐教育的社会价值

观众：我们从韦尔施谈话开始，他讲美学和伦理学，实际围绕的内容是什么？艺术脱离内容只是一个空壳的形式，所以我们总要反映一些内涵。我觉得我们每一个美育工作者和艺术教育者都承担改良社会风气的神圣的社会责任。

观众：我想问易老师一个问题，这个问题本来是问音乐界的几位先生，但是我突然想到这个问题问您应该更合适。因为我们希望找到音乐教育的发展方向，尤其最重要的是对社会的影响在哪，因为我们现在从事的是学院派的教育。现在音乐教育本身对社会的引导，或者对社会的价值它应该体现在哪些方面？特别像您作为一个不是从事音乐的人来说。

易中天：音乐教育的出路很简单，就是从事音乐教育的人千万不要想我对社会有什么贡献，你只要能够做到让尽可能多的人爱音乐便功德无量。

周海宏：我给易老师做一点补充的话。现在音乐教育专业，不管你有多少理性的思考，不管你探索多么深奥的问题，真正去实行音乐的美育的时候，我用这几句话。

第一，必须进行音乐实践，音乐的本体是表演，是它创造出使人们能感知到的东西，要还原到这上面来。

第二，因为进行经典的优质音乐教育，经典包括三个方面：一，经典的作品，我这里所说的经典绝不是仅限于欧洲十八、十九世纪的艺术。艺术很难给人什么明确的思想，但是音乐所传递的东西远远丰富于那些可以用词语表达的某些思想；二，要有经典的版本，或者叫做经典的演绎；三，要有经典的音乐教育的过程，那就是真正按照欣赏音乐、体验音乐、融入音乐这样一种基本路子，这样的音乐教育绝不是花哨的，绝不是用现代器材能够买到的教育，绝不是在那些费了力而大家都不喜欢的音乐教育。

观众：我是来自大连舰艇学院教师，一个军人。刚才那位老师提的问题我也想回答一下，最简单的是孔子的“移风易俗，莫善于乐”，音乐对社会的引导就是要用音乐的方式净化社会的风气。我感觉我们整个社会文化氛围是个人主义，这跟我们音乐文化是有一定关系的，我们所表达的是个人主义的内涵，都是小我的文化，都是我怎么样，你怎么舍得我难过，而上世纪五六十年代的文化是大我的文化，是以祖国国家集体主义为中心的，所以培养的社会时代风气是集体主义的崇高美。如果从音乐教育角度介入社会的引导，我觉得要创造一些反映大我的集体主义的文化。

周海宏：我的专业是音乐心理学，没有任何科学研究报告可以证明音乐偏好可以改变道德状态，一个自私的人他可能有非常高的音乐修养，没有清晰的证据表明爱音乐的人比不爱音乐的人道德水平更高。没有任何清晰的证据证明音乐教育可以培养出学校所要求的智力水平。为什么我刚才一直在强调这个问题，当我们过度夸大音乐教育功能的时候，你恰恰给别人扼杀你提供了一个口实，所以这句话应该非常慎重的使用，不要夸大音乐教化功能。

周海宏：评价美育的一个最重要的标准就是使受教育者热爱艺术、热爱音乐，继而热爱生活。我们持续了30年的音乐教育，却没有培养出一代热爱音乐的国民。实际上，我们的音乐教育、器乐学习偏离了美育最终目标。

观众：您完全是艺术自律论，完全是为艺术而艺术。我们从韦尔施谈话开始，他讲美学和伦理学，实际围绕的内容是什么？艺术脱离内容只是一个空壳的形式，所以我们总要反映一些内涵。我觉得我们每一个美育工作者和艺术教育者都承担改良社会风气的神圣的社会责任。如果我们主动放弃这个责任，那么我们作为精英的知识分子不去做这件事还有谁能做。

易中天：我愿意表达我个人的观点，我非常尊重你的选择。

美育是否要建立一个评价标准

观众：各位老师好，我的毕业论文跟这个题目有一些靠，我觉得美育其实不是近几年的事情，好像一直在谈，而且我们国家发展到现在，美育对于我们国家的发展来说是迫在眉睫的大事，但是我个人有一点疑问，就是在美育进行的过程当中它相对于智育有一定的差别，那么这个差别在哪呢？我觉得要构建一个评价标准，毕竟教育是一个过程，这个过程是否成功，怎么检验至关重要，教育怎么样，最终还是靠结果来检验。美育有的时候很抽象，对于每个人的本体或者个人来说，比如我觉得这个美你觉得这个不美，这个差别非常大，我的问题是是否要建立这样一个评价标准，或者需要不需要？

周海宏：我们必须要区分美的标准和美育效果的标准这两个问题，这是两个截然不同的问题。我认为评价美育效果的一个最重要的标准就是使受教育者热爱艺术、热爱音乐，继而热爱生活。我们持续了30年的音乐教育，却没有培养出一代热爱音乐的国民。

田青：但促进了钢琴制造业的发展。

周海宏：现在有种现象，很多学生学了一门技术，恨了一门艺术，这是一个我们需要深入反思的问题。实际上，我们的音乐教育、器乐学习偏离了美育最终目标。

周荫昌：对于美育效果的衡量和判定需要有它表层的东西、深层的东西、阶段的东西和长久的东西，并不是小学毕业就能判断它深层的、到五十岁还在起作用的效果。

中国美育发展前景乐观

观众：我国的确是 30 年音乐教育大发展，而在之前的 30 年大家都知道，美育根本不是教育的中心。当时提的是德、智、体，所以我觉得我们要找到根源。解放以后的 30 年已经不要美育了，蔡元培提出美育没有了，我不知道是哪位领导的意见，但是这个确实给我们整个社会带来极大的负面影响。这前 30 年不要美育，以阶级斗争为主不要和谐社会，这是最根本的问题。一直到了改革开放以后初期，我还亲耳听见国家教委领导在高等教育思想的工作会议上说："我们的教育是德、智、体、美，这个美育怎么我还不知道呢？"。大家都笑了，他作为教委主任竟然不知道美育。这是一个我们走过的历史。当然，现在社会已经很进步了，但还存在很多问题。现在党和国家领导人提倡建设和谐社会，这是改革开放以后大的改变，这说明我们社会发展还是在前进，我对此比较乐观。

易中天：这是中央音乐学院的老书记，谢谢老书记的乐观。按照论坛的惯例，请各位嘉宾最后用一句话表达一下对美育的看法。

寄语当代中国美育

田青：美育。

周荫昌：还美育以美育的本质，以人的美的教育的本质任重道远。

周海宏：爱美是人的本能，如果没有人为的去扼杀它和破坏它的话，中华民族一定是一个爱美的民族。

张晶：多做点实际的美育工作吧，少来点理论的喧嚣。

杨燕迪：什么叫美育的成功？至爱艺术就是美育的成功。

易中天：谢谢各位捧场。

（整理人：丁旭东）

当前学校美育工作存在的问题与应对

——2010 中国美育论坛高峰对话之二

时间：2010 年 5 月 25 日

地点：中央音乐学院综合楼会议厅

对话嘉宾：曾繁仁、王一川、高建进、丁旭东（从右往左）：费明仪

主持人：丁旭东

丁旭东：今天非常荣幸的邀请到三位主讲嘉宾：曾繁仁教授、王一

川教授和高建进教授共同来谈谈我国当前学校美育的有关情况。首先，我们请曾繁仁教授发言。

美育本质及其在当代的重要性

曾繁仁：美育本身是一个通过艺术途径展开的教育，或者主要以艺术途径开展的教育，是一体验为主的。（图为在百老汇演出音乐剧《阿依达》）

曾繁仁：非常高兴、非常荣幸参加这样一个论坛，因为我们是搞理论的，这一次我直接感受到了音乐教育包括美育一线的一些情况，感受挺多的。因为时间关系我想讲两个体会。

一个是知识性和体验性的关系，我把它概括成智性和非智性的二律背反。美育本身是一个通过艺术途径展开的教育，或者主要以艺术途径开展的教育，是以体验为主的。在美国曾经发生一个美育能不能进入高校学科的这样一个大的争论，因为美育是经验，所以他们认为不能进入学科，后来争论来争论去还是认定为基础学科。

现在，我们国家把美育变成知识教育了，成了美学理论、美育理论等，所以高老师讲的要把歌唱、实践作为主要手段是具有现实意义的，因为美育的本质特点是体验、经验。

第二个体会我重审一下个人的感觉，美育在当代的重要性。美育不仅是个技能、素质、素养，我觉得美育是世界观。因为现在教育讲知识、能力、素养、态度，但态度决定一切。在农耕时代，人们的世界观是自然的世界观。工业革命带来的是科技世界观，科学技术是第一生产力。今天我们的时代就是审美的世界观。我们现在人类承受着太多的压力，包括战争、环境、工作、生活等引起的心理压力，所以不仅是中国，全世界都应建设和谐社会，建设和谐的心理，和谐的人格，和谐的人际关系。现在的和谐社会、和谐人格如何建设？要通过审美的世界观。审美地对待社会、对待他人，所以我觉得审美教育是世界观教育。

丁旭东：非常感谢曾教授精彩的发言，曾教授从事生态美学研究，往往会从环境各个方面考虑事物发展的过程，来定位事物的本质。

如何在美育工作中调和学生的喜好和教学的目标

高建进：我觉得应该多听一听在座来宾们的意见。但我还是要说一下，音乐它是一门科学，但它更是一门艺术，如果不认识到这个问题，那么就会出现很多问题。

观众：曾校长，我听了昨天有一个教授的演讲，他说，在所谓流行文化或者传统文化当中，发现现在的学生好像并没有按他的预期选择那些流行的文化。但我最近在北京的东城和西城区调研，发现小学生很喜欢流行音乐，比如周杰伦、飞轮海等，您觉得我们怎样在学校美育工作中调和学生的喜好和老师的教学目标。如果一年级的学生是一张白纸，我们可以教他哪个是好的哪个是不好的，五六年级的学生已经有了自己认知取向的时候，我们怎么样在教育当中与他们自身的审美趣味达成一种协调？

曾繁仁： 从理论工作者的角度来看，我们坚持经典和大众的统一。所有的东西都会随着历史逐步的消失，只有经典的东西随着历史的发展越来越显示价值，所以经典应该引起我们的充分重视。但是经典本身是发展的，它随着人类历史的发展不断的充实新的内涵。现在包括大众音乐、流行音乐，包括流行的美术，这里也有经典，只要反映人类美好心灵的，人类美好追求的（因为美的最高境界是自由），对这样的经典，无论是过去、现在还是未来的，我们都应该教给我们的学生。另外，审美教育本身有一个提升引导的作用。所以，我提倡，不和学生对立，而是逐步的引导，让学生自己学会选择，不是我们替他选择，对于这个教学过程，我想我们一线的老师体会应该更深。我的想法是经典要坚守，但经典是变化的，最高的经典是人类对自由精神的追求。

曾繁仁：所有的东西都会随着历史逐步的消失，只有经典的东西随着历史的发展越来越显示价值，所以经典应该引起我们的充分重视。但是经典本身是发展的，只要反映人类美好心灵的，人类美好追求的，无论是过去、现在还是未来的，我们都应该教给我们的学生。

丁旭东： 刚才曾教授已经谈到在学生的爱好和老师在美育当中内容选择的问题，他认为是选择经典。我刚才注意到王一川教授的主题演讲也谈到了这个问题，就是审美教育中流行与经典的选择问题。王老师，您怎么看待这个问题？

王一川： 我赞同曾老师说的基本意思，有一个时尚和经典的对话问题。我认为，美育要在青少年的美育中保持经典对话，时尚是伴随他们从小生长的艺术，但是同时还有前代人已经留给我们的经典，当代美育要做到二者嫁接融汇，保持时尚和经典的对话关系。

另外，美育说到底是活生生人的教育，假设人是五种感观，那么艺术教育它分别管不同的感观，美育是人们说的第六感观，是活生生完整人的教育。它要通过社会美育、自然美育、学校美育的手段塑造一个完整的人、活生生的人。但是活生生的人、完整的人在每个时代内涵不一样。比如席勒时代面对的是文明给人类带来的创伤，人的心理变成机器上的碎片。我们现在是在全球化多元价值冲突和对话的语境中当中实施美育，我们现在面对世界上多种价值观念的冲突，所以在我们今天的价值标准是如何来统一融合不同时代、不同民族给我们留下的艺术审美品味。美育应是一个大熔炉，把价值观在这重新熔化，化为这一代他们所认同的理想的生活方式。

丁旭东： 这是一线教师提出的一个现实问题，可是在现实中，现在的流行艺术，普遍存在媚俗化的现象，有的甚至会造成对人的精神污染。而这些，对于并没有具备完全判断力的学生而言，他们却很喜欢，那到底教师们应该怎么做出选择，怎样进行有效引导呢。

高建进： 我觉得如果教师有很明确的教学目的，有很好的教学方法、很好的理念，那么他一定能引着学生走，而不是学生牵着走。

这方面，我们有有很多历史的教训。在上世纪 80 年代，德国开始重新回到了歌唱，因为在这之前他们走了很多弯路。上世纪 70 年代他们也曾出现各种教学流派，其中有一种是以学生兴趣为导向，也有以科学要求为导向等，但是他们最后发现还是应该重新回到音乐世界，最主要措施是让学生重新开始歌唱。

如何调和美育工作中理性与感性的关系

王一川：美育要在青少年的美育中保持经典对话，时尚是伴随他们从小生长的艺术，但是同时还有前代人已经留给我们的经典，当代美育要做到二者嫁接融汇，保持时尚和经典的对话关系。（图为著名流行组合“飞轮海”）

观众： 刚才曾教授和高老师谈的第一个话题引起我的兴趣，我觉得他们谈到了一个是理论与实践的关系，涉及到艺术与科学的关系，感性与理性的关系，学术与艺术的关系。正如主持人最早提出的那个问题，1750 年鲍姆加登把美学定义为研究感觉的科学，美育认为是与感觉有关的，高老师是这种观点。

我的观点是：我觉得小孩可能唱歌就行了，但是随着年龄的变化，人从感性上升到理性认识，如果说面对大的孩子或者成人的教育，我认为我们还是应该让全国的搞音乐管理和一线教师到音乐学院系统学习一下音乐理论，我认为这对他们终身会有更大的意义。

高建进： 刚才我在演讲中说了一段歌德的话，内容是说从歌唱开始，也包括奏乐、舞蹈，对音乐的读与写，等等。随着学生对音乐语言把握程度的加深，自然就进入了理性认知培养的阶段。而且，我最后给你们看的两分钟的片子里面也不单单是唱，也包括了许多东西啊。

丁旭东： 我想您已经转换了一个概念，针对美育师资的教育和美育本身是有区别的。

普及的艺术教育是否是美育

观众提问： 我问一个问题，美育应该用哪一个英文词翻译？一种是美学教育或者艺术教育，但是我自己的观点是不是可以考虑美育是艺术教育的普及，普及的艺术教育就是美育？我想问问各位专家，您的观点如何。

王一川：我刚才已经在我的发言里说了，美育不等于艺术教育，如果把美育等同于普及的艺术教育那我们就用艺术教育这个词了，那就不需要美育这个词了。美育这个词有特殊的意思，它实际是以活生生人的角度来教育人。刚才我说了，它是按照活生生的人、完整人的标准塑造人，所以其他任何具体的教育不能代替美育。普及的艺术教育等于美育是把美育倒退了，或者否定了、取消了，所以你这个观点是比较危险的。

丁旭东：现在有一个较为统一的说法，美育实施主要的方式应该是艺术教育，而艺术教育是美育实施最佳的途径，因为它有更多人文的内涵。

丁旭东：美育不等于艺术教育，它是按照活生生的人、完整人的标注塑造人，美育实施主要的方式应该是艺术教育，而艺术教育是美育实施最佳的途径，因为它有更多人文的内涵。（上图为世界名画《陶醉》）

高老师的美学观

观众发言：我觉得高老师的演讲，实际代表了她的美学观，因为音乐美学中的讨论的问题就是音乐的美到底存在哪里，是在它的价值、形式还是在内容，这实际上是音乐美学长期争论的一个问题，一直到今天。过去我们国家一直受到东欧一些学派美学思想的影响，就是强调音乐的美存在于音乐的内容之中，就是要挖掘音乐的思想内涵，这是音乐的美，这是音乐的价值。而对于音乐的形式则有一些极端的观点，觉得音乐的形式仅仅是个躯壳，是没有价值的。另外一些哲学家们认为音乐的美存在于音乐的乐音形式当中，音乐的内容就是音乐的形式，这是不同的美学争论。我们国家由于受到东欧一些美学思想的影响，以至于学校的音乐教育对音乐形式的麻木，很多音乐教学都是关注音乐、挖掘音乐的思想内涵，主要从这个方面实施以至于我们在教学中对音乐形式的麻木。其实高老师关注的就是音乐教育美育化这个问题，她希望我们在音乐教学中通过歌唱的形式，对音乐的体验更加直接，因为音乐的存在就在于它的素材就是音响，它的材料就是速度、音高、节奏等。老师应该引导学生更多体验，增加对乐音表现形式的敏感，这是对人的直觉能力培养。美育通过基础直觉的体验，然后上升到理性的理解，实际高老师代表了这样一种美学思想。

丁旭东：谢谢你对高老师刚才演讲内容的概括和评价，我同意你的观点。

实施美育的有效途径

高建进：为什么要讲美育？为什么要强调教育？如果你没有好的方法，虽然它是一个好的东西，由于没有掌握很好的方法，就可能把这歌唱（演奏）的特别难听，你能说它是美育吗？它的美育的价值就不存在了。现在，我们音乐教育领域出现了一个比较严重的问题，就是因为老师没有品味，没有审美情趣，他们可以把很好的东西教的很烂，教出来的东西不是审美，简直就是审丑。

曾繁仁：对这个问题，我用康德说的观点来解释，就是美育要做到知、情、意的统一。它首先是一个情感教育，就是刚才高老师讲的，你首先要会唱，但是这里面包含各种理性的精神，就是康德说的“无目的和目的性的统一”“知和情的统一。所以，这里面我们要有选择，并不是有感性的教育就是好的，但是仅仅理性的教育肯定不是艺术教育，更不是美育。

现在高校的美育，知识性的东西太多，实践性的东西太少，目前的美育远远没有实现其根本的目的。感性是艺术的基本特征，艺术美育最要坚持的就是艺术的感性，所以美育还是要通过实践实现，从而提高人的感性素养，但它不是低级的感性，是包含着理性的和人文终极关怀的感性因素。

王一川：美育也好，教育也好，根本的任务是培养人的想象力，是想象未来的他，未来的你，按照你想象出来的未来的样子塑造自己。

王一川：刚才两位老师说的我都很赞同。我刚才听了高老师的教学法，但我觉得是不是还有一种，就是音乐美在听众的建构中，听众借助音乐建构一种他在生活中想要的意义，它既不美在形式，也不美在内容，我觉得它的美就显示出来了。所以在学校的美育中从事这样的工作非常有意义。

丁旭东：实际上，我认为，美育应该做到实践和理论的统一。

高建进：我很赞成，因为初级的感性他要借助于理性，要不断的反复才能够上升高级的感性，所以感性和理性是不能分的。

丁旭东：大家都知道审美在体验，反问一句美育应该教会人们体验了什么，体验出了什么，我不知道诸位专家还有没有别的观点。

王一川：美育也好，教育也好，根本的任务是培养人的想象力，是想象未来的他，未来的你，按照你想象出来的未来的样子塑造自己。我觉得想象力很重要，我记得著名的教育家怀特海说出一个很重要的思想，就是“教育让青年人和中年人在一起，培养青年人的想象力”。说到底教育和美育根本的目的是塑造人的想象。只要你有了想象力就能够在这个世界上勇敢的生存下去，找到自己发展的目标，并为之而付出。

丁旭东：时间快到了，现在我们把提问机会留给在座的观众。

观众：各位专家、老师下午好，我是来自一线的教研员，我们国家教育部对美育多少年来一直很重视、很强调，但是怎么能够有效。

高建进: 实施美育关键要有科学的教学方法，从而提高人的“五觉”，综合提高人的感性和理性素养。其中有三觉是感性的，两觉是感性的。听觉、动觉、感觉是感性的，视觉、知觉是理性的。

高建进：实施美育的关键是要有科学的教学方法，从而提高人的“五觉”，综合提高人的感性和理性素养。

如何面对和应对传统美育德育化的问题

观众： 这三天听了专家的讲座启发很大。

丁旭东： 你受到最大的启发是什么。

观众： 有三点。一是美育是培养一个完整的人不可缺少的教育；二是美育最终要落实到实践中。音乐有它的特殊性和规律性，它是人文学科领域，同时它有它具体的操作性，所以它跟其他学科不一样；三是音乐实践活动是用音乐的形式传达情感、表达情感。

我还有一个问题，我们国家艺术教育受到传统教育的惯性影响非常大，美育德育化是目前的主流意识，它不是一天形成的，我们教学中怎么来面对和解决这个问题呢？

王一川： 我在大学呆了那么多年，只能想一想，不配来回答这个问题，但是我还是勉强试着回答这个问题。我在写我写的美育教程里提出一个观点，因为康德美学强调美是无功利，而按照弗洛依德的观点，美学强调美是功利的，一个是无功利美学，一个是功利美学，在今天这个时代，我们如何面对审美？

我提出一个调和的观点，真正审美是发生在无功利性和功利性的互为之中。“美”往往处在利益和非利益，有用和无用相互对话转换的一刹那间，完全拒绝功利在我们这个时代做不到，完全是功利我们也做不到，所以我觉得真正的审美往往在功利向无功利转换的一刹那，它的审美作用就起来了。人们借助美育就是寻求功利和非功利之间的转化，获得瞬间的审美体验，瞬间的审美体验可以化解很多东西。所以老师在从事美育的过程中要在时尚和经典之间，在功利和无功利之间有一个调节。我们要从时尚的音乐当中读出经典的有意识和无意识的联系，比如周杰伦的《双节棍》，我们老师可以引领同学从这些流行中读出传统，从时尚中看到传统的东西，实现这样一种缝合，这是教师需要做的工作。

丁旭东： 我是这么理解，一川老师的观点是把功利和非功利问题冲突转移了，只要能让人得到美的体验，即使有功利的目的又未尝不可呢。

王一川： 也可以这么说。

费明仪： 我对功利跟非功利的看法是这样的：学生参加比赛是功利的，比赛要么得奖要么没有得奖，但在希望实现功利性目标的过程中，学生要通过大量的练习，大量的音乐实践，这其中获得的东西其实是最重要的。

观众感言

观众：今天上午我观摩了学生的学习，实际他们学了一套的方法，将来他们完全可以把这个方法运用到他的教学当中去。我羡慕现在大学里的学生能够学到这样很好的方法，将来可用这样的方法教育现在的孩子。如果我们每一个教师都能获得科学的方法，就获得了实施美育的最好的途径，很多理论都能够落地。

专家寄语

丁旭东：时间差不多了，将来我们还会有机会和大家共同分享专家的观点。现在，我们请专家最后每人说上一句话，谈谈他们对现在学校美育和未来美育工作的期望。

高建进：让学校音乐的美育化，实现我们的理想，让音乐属于每一个中国人。

高建进：让学校音乐的美育化，实现我们的理想，让音乐属于每一个中国人。

费明仪：我希望香港的音乐教育对美育理念的理解能够比目前更进一步。

王一川：希望美育让每一个受教育者插上想象的翅膀。

丁旭东：今天我们嘉宾的对话到此为止，非常感谢大家的守候与参与。再见！

（整理人：丁旭东）

附　　录《

中华人民共和国教育部令

第 13 号

《学校艺术教育工作规程》已于 2002 年 5 月 23 日经部长办公会议审议通过，现予公布，自 2002 年 9 月 1 日起施行。

部 长　陈至立

二〇〇二年七月二十五日

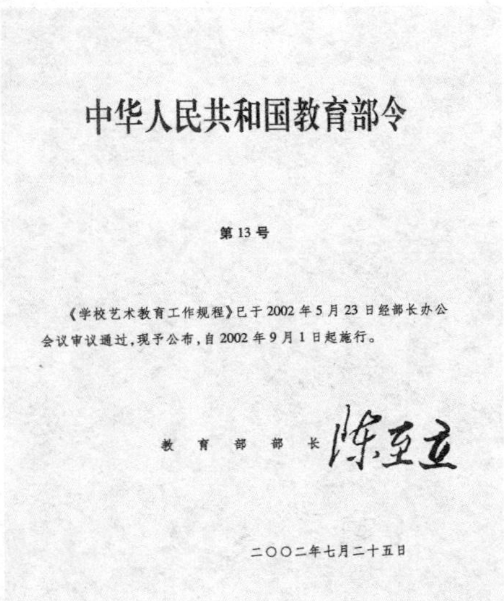

中华人民共和国教育部令

第13号

《学校艺术教育工作规程》已于2002年5月23日经部长办公会议审议通过，现予公布，自2002年9月1日起施行。

教育部部长 陈至立

二〇〇二年七月二十五日

学校艺术教育工作规程

第一章 总则

第一条 为全面贯彻国家的教育方针，加强学校艺术教育工作，促进学生全面发展，根据《中华人民共和国教育法》，制定本规程。

第二条 本规程适用于小学、初级中学、普通高级中学、中等和高等职业学校、普通高等学校。

第三条 艺术教育是学校实施美育的重要途径和内容，是素质教育的有机组成部分。

学校艺术教育工作包括：艺术类课程教学，课外、校外艺术教育活动，校园文化艺术环境建设。

艺术教育是学校实施美育的重要途径和内容，是素质教育的有机组成部分。学校艺术教育工作包括：艺术类课程教学，课外、校外艺术教育活动，校园文化艺术环境建设。

第四条 学校艺术教育工作应以马克思列宁主义、毛泽东思想、邓小平理论为指导，坚持面向现代化、面向世界、面向未来，贯彻面向全体学生、分类指导、因地制宜、讲求实效的方针，遵循普及与提高相结合、课内与课外相结合、学习与实践相结合的原则。通过艺术教育，使学生了解我国优秀的民族艺术文化传统和外国的优秀艺术成果，提高文化艺术素养，增强爱国主义精神；培养感受美、表现美、鉴赏美、创造美的能力，树立正确的审美观念，抵制不良文化的影响；陶冶情操，发展个性，启迪智慧，激发创新意识和创造能力，促进学生全面发展。

第五条 国务院教育行政部门主管和指导全国的学校艺术教育工作。

地方各级人民政府教育行政部门主管和协调本行政区域内的学校艺术教育工作。

各级教育部门应当建立对学校艺术教育工作进行督导、评估的制度。

第二章 学校艺术课程

第六条 各级各类学校应当加强艺术类课程教学，按照国家的规定和要求开齐开足艺术课程。职业学校应当开设满足不同学生需要的艺术课程。普通高等学校应当开设艺术类必修课或者选修课。

第七条 小学、初级中学、普通高级中学开设的艺术课程，应当按照国家或者授权的省级教育行政部门颁布的艺术课程标准进行教学。教学中使用经国家或者授权的省级教育行政部门审定通过的教材。

职业学校、普通高等学校应当结合实际情况制定艺术类必修课或选修课的教学计划（课程方案）进行教学。

第八条 小学、初级中学、普通高级中学的艺术课程列入期末考查和毕业考核科目。

职业学校和普通高等学校的艺术课程应当进行考试或者考查，考试或者考查方式由学校自行决定。实行学分制的学校应将成绩计入学分。

课外、校外艺术教育活动是学校艺术教育的重要组成部分。学校应当面向全体学生组织艺术社团或者艺术活动小组，每个学生至少要参加一项艺术活动。学校每年应当根据自身条件，举办经常性、综合性、多样性的艺术活动，与艺术课程教学相结合，扩展和丰富学校艺术教育的内容和形式。

第三章 课外、校外艺术教育活动

第九条 课外、校外艺术教育活动是学校艺术教育的重要组成部分。学校应当面向全体学生组织艺术社团或者艺术活动小组，每个学生至少要参加一项艺术活动。

第十条 学校每年应当根据自身条件，举办经常性、综合性、多样性的艺术活动，与艺术课程教学相结合，扩展和丰富学校艺术教育的内容和形式。

省、地、县各级教育行政部门应当定期举办学生艺术展演活动。各级各类学校在艺术教育中应当结合重大节日庆典活动对学生进行爱国主义和集体主义教育。

全国每三年举办一次中学生（包括中等职业学校的学生）艺术展演活动，每三年举办一次全国大学生（包括高等职业学校的学生）艺术展演活动。

国务院教育行政部门根据需要组织学生参加国际学生艺术活动。

第十一条 学校应当充分利用社会艺术教育资源，补充和完善艺术教育活动内容，促进艺术教育活动质量和水平的提高，推动校园文化艺术环境建设。

任何部门和学校不得组织学生参与各种商业性艺术活动或者商业性的庆典活动。

学校组织学生参加社会团体、社会文化部门和其它社会组织举办的艺术比赛或活动，应向上级主管部门报告或者备案。

第十二条 学校应当为学生创造良好的校园文化艺术环境。校园的广播、演出、展览、展示以及校园的整体设计应当有利于营造健康、高雅的学校文化艺术氛围，有利于对学生进行审美教育。

校园内不得进行文化艺术产品的推销活动。

第四章 学校艺术教育的保障

第十三条 各级教育行政部门应当明确学校艺术教育管理机构，配备艺术教育管理人员和教研人员，规划、管理、指导学校艺术教育工作。

学校应当有一位校级领导主管学校艺术教育工作，并明确校内艺术教育管理部门。

学校应当注意发挥共青团、少先队、学生会在艺术教育活动中的作用。

第十四条 各级教育部门和学校应当根据国家有关规定配备专职或者兼职艺术教师，做好艺术教师的培训、管理工作，为艺术教师提供必要的工作条件。

学校的艺术教师必须具备教师资格，兼职教师应当相对稳定，非艺术类专业毕业的兼职教师要接受艺术专业的培训。

各级教育行政部门和学校应当在年度工作经费预算内保证艺术教育经费。

艺术教师组织、指导学校课外艺术活动，应当计入教师工作量。

第十五条 学校应当设置艺术教室和艺术活动室，并按照国务院教育行政部门制定的器

第十六条 材配备目录配备艺术课程教学和艺术活动器材。

第十六条 各级教育行政部门和学校应当在年度工作经费预算内保证艺术教育经费。

鼓励社会各界及个人捐资支持学校艺术教育事业。

第五章 奖励与处罚

第十七条 教育行政部门和学校对于在学校艺术教育工作中取得突出成绩的单位和个人，应当给予表彰和奖励。

第十八条 对违反本规程，拒不履行艺术教育责任的，按照隶属关系，分别由上级教育行政部门或者所属教育行政部门、学校给予批评教育并责令限期改正；经教育不改的，视情节轻重，对直接负责人给予行政处分。

第十九条 对侵占、破坏艺术教育场所、设施和其他财产的，依法追究法律责任。

第六章 附则

第二十条 工读学校、特殊教育学校、成人学校的艺术教育工作参照本规程执行；中等、高等专业艺术学校（学院）的艺术教育工作另行规定。

第二十一条 省级教育行政部门可根据本规程制定实施细则。

第二十二条 本规程自公布之日起 30 日后施行。

中共中央国务院关于深化教育改革，全面推进素质教育的决定

1999-06-13

（1999 年 6 月 13 日发布）

实施素质教育，就是全面贯彻党的教育方针，以提高国民素质为根本宗旨，以培养学生的创新精神和实践能力为重点，造就“有理想、有道德、有文化、有纪律”的、德智体美等全面发展的社会主义事业建设者和接班人。

当今世界，科学技术突飞猛进，知识经济已见端倪，国力竞争日趋激烈。教育在综合国力的形成中处于基础地位，国力的强弱越来越取决于劳动者的素质，取决于各类人才的质量和数量，这对于培养和造就我国二十一世纪的一代新人提出了更加迫切的要求。我国正处在建立社会主义市场经济体制和实现现代化建设战略目标的关键时期。新中国成立 50 年来特别是改革开放以来，教育事业的改革与发展取得了令人瞩目的巨大成就。但面对新的形势，由于主观和客观等方面的原因，我们的教育观念、教育体制、教育结构、人才培养模式、教育内容和教学方法相对滞后，影响了青少年的全面发展，不能适应提高国民素质的需要。全党、全社会必须从我国社会主义事业兴旺发达和中华民族伟大复兴的大局出发，以邓小平理论为指导，全面贯彻落实党的十五大精神，深化教育改革，全面推进素质教育，构建一个充满生机的有中国特色社会主义教育体系，为实施科教兴国战略奠定坚实的人才和知识基础。

一、全面推进素质教育，培养适应二十一世纪现代化建设需要的社会主义新人

1. 实施素质教育，就是全面贯彻党的教育方针，以提高国民素质为根本宗旨，以培养学生的创新精神和实践能力为重点，造就“有理想、有道德、有文化、有纪律”的、德智体美等全面发展的社会主义事业建设者和接班人。

全面推进素质教育，要面向现代化、面向世界、面向未来，使受教育者坚持学习科学文化与加强思想修养的统一，坚持学习书本知识与投身社会实践的统一，坚持实现自身价值与服务祖国人民的统一，坚持树立远大理想与进行艰苦奋斗的统一。

全面推进素质教育，要坚持面向全体学生，为学生的全面发展创造相应的条件，依法保障适龄儿童和青少年学习的基本权利，尊重学生身心发展特点和教育规律，使学生生动活泼、积极主动地得到发展。

2. 实施素质教育应当贯穿于幼儿教育、中小学教育、职业教育、成人教育、高等教育等各级各类教育，应当贯穿于学校教育、家庭教育和社会教育等各个方面。在不同阶段和不同方面应当有不同的内容和重点，相互配合，全面推进。在不同地区还应体现地区特点，尤其是少数民族地区的特点。

实施素质教育，必须把德育、智育、体育、美育等有机地统一在教育活动的各个环节中。学校教育不仅要抓好智育，更要重视德育，还要加强体育、美育、劳动技术教育和社会实践，使诸方面教育相互渗透、协调发展，促进学生的全面发展和健康成长。

3. 各级各类学校必须更加重视德育工作，以马克思列宁主义、毛泽东思想和邓小平理论为指导，按照德育总体目标和学生成长规律，确定不同学龄阶段的德育内容和要求，在培养学生的思想品德和行为规范方面，要形成一定的目标递进层次。要加强辩证唯物主义和历史唯物主义教育，使学生树立科学的世界观和人生观。要有针对性地开展爱国主义、集体主义和社会主义教育，中华民族优秀文化传统和革命传统教育，理想、伦理道德以及文明习惯养成教育，中国近现代史、基本国情、国内外形势教育和民主法制教育。把发扬中华民族优良传统同积极学习世界上一切优秀文明成果结合起来。高等学校要进一步加强邓小平理论“进教材、进课堂、进学生头脑”工作。职业学校要加强职业道德教育。

实施素质教育，必须把德育、智育、体育、美育等有机地统一在教育活动的各个环节中。学校教育不仅要抓好智育，更要重视德育，还要加强体育、美育、劳动技术教育和社会实践，使诸方面教育相互渗透、协调发展，促进学生的全面发展和健康成长。

进一步改进德育工作的方式方法，寓德育于各学科教学之中，加强学校德育与学生生活和社会实践的联系，讲究实际效果，克服形式主义倾向。针对新形势下青少年成长的特点，加强学生的心理健康教育，培养学生坚韧不拔的意志、艰苦奋斗的精神，增强青少年适应社会生活的能力。加强民族团结教育，规范国防教育，提高学生的国家安全意识，继续搞好军训工作并使之制度化。加强校园的精神文明建设，严禁一切封建迷信和其他有害于学生身心健康的活动及物品传入校园。加强共青团、少先队和学生会工作，在培养和提高学生素质方面发挥更大的作用。社会各方面要为青少年提供优秀的精神文化产品和德育活动基地，形成学校、家庭和社会共同参与德育工作的新格局。

4. 智育工作要转变教育观念，改革人才培养模式，积极实行启发式和讨论式教学，激发学生独立思考和创新的意识，切实提高教学质量。要让学生感受、理解知识产生和发展的过程，培养学生的科学精神和创新思维习惯，重视培养学生收集处理信息的能力、获取新知识的能力、分析和解决问题的能力、语言文字表达能力以及团结协作和社会活动的能力。高等教育要重视培养大学生的创新能力、实践能力和创业精神，普遍提高大学生的人文素养和科学素质。职业教育和成人教育要使学生在掌握必需的文化知识的同时，具有熟练的职业技能和适应职业变化的能力。减轻中小学生课业负担已成为推行素质教育中刻不容缓的问题，要切实认真加以解决。各级政府都要建立健全减轻学生课业负担的监督检查机制。要重视婴幼儿的身体发育和智力开发，普及婴幼儿早期教育的科学知识和方法。

5. 健康体魄是青少年为祖国和人民服务的基本前提，是中华民族旺盛生命力的体现。学校教育要树立健康第一的指导思想，切实加强体育工作，使学生掌握基本的运动技能，养成坚持锻炼身体的良好习惯。确保学生体育课程和课外体育活动时间，不准挤占体育活动时间和场所。举办多种多样的群体性体育活动，培养学生的竞争意识、合作精神和坚强毅力。地方各级人民政府要统筹规划，为学校开展体育活动提供必要条件。培养学生的良好卫生习惯，了解科学营养知识。根据农村的实际条件和需要，有针对性地加强农村学校的体育和卫生工作。

6. 美育不仅能陶冶情操、提高素养，而且有助于开发智力，对于促进学生全面发展具有不可替代的作用，要尽快改变学校美育工作薄弱的状况，将美育融入学校教育全过程。中小学要加强音乐、美术课堂教学，高等学校应要求学生选修一定学时的包括艺术在内的人文学科课程。开展丰富多采的课外文化艺术活动，增强学生的美感体验，培养学生欣赏美和创造美的能力。地方各级人民政府和各有关部门要为学校美育工作创造条件，继续完善文化经济政策，各类文化场所（博物馆、科技馆、文化馆、纪念馆等）要向学生免费或优惠开放，鼓励文化艺术团体到学校演出高雅健康的节目。农村中小学也要充分利用当地文化资源，因地制宜地开展美育活动。

美育不仅能陶冶情操、提高素养，而且有助于开发智力，对于促进学生全面发展具有不可替代的作用，要尽快改变学校美育工作薄弱的状况，将美育融入学校教育全过程。

7. 教育与生产劳动相结合是培养全面发展人才的重要途径。各级各类学校要从实际出发，加强和改进对学生的生产劳动和实践教育，使其接触自然、了解社会，培养热爱劳动的习惯和艰苦奋斗的精神。建立青少年参与社区服务和社区建设的制度。中小学要鼓励学生积极参加形式多样的课外实践活动，培养动手能力；职业学校要实行产教结合，鼓励学生在实践中掌握职业技能；高等学校要加强社会实践，组织学生参加科学研究、技术开发和推广活动以及社会服务活动。利用假期组织志愿者到城乡支工、支农、支医和支教。社会各方面要为学校开展生产劳动、科技活动和其他社会实践活动提供必要的条件，同时要加强学生校外劳动和社会实践基地的建设。

二、深化教育改革，为实施素质教育创造条件

8. 基本普及九年义务教育和基本扫除青壮年文盲（简称“两基”），是全面推进素质教育的基础。地方各级人民政府要继续将“两基”作为教育工作的“重中之重”，确保2000年“两基”目标的实现和达标后的巩固与提高。各地要从实际出发，改造薄弱学校，提高义务教育阶段的整体办学水平。2000年后要继续实施“国家贫困地区义务教育工程”，加大对贫困地区和少数民族地区的扶持力度，继续加强发达地区对少数民族贫困地区的教育对口支援工作，切实解决农村初中辍学率偏高的问题，同时大力提高义务教育阶段残疾儿童少年的入学率。

9. 调整现有教育体系结构，扩大高中阶段教育和高等教育的规模，拓宽人才成长的道路，减缓升学压力。通过多种形式积极发展高等教育，到2010年，我国同龄人口的高等教育入学率要从现在的百分之九提高到百分之十五左右。要在确保“两基”的前提下，积极发展包括普通教育和职业教育在内的高中阶段教育，为初中毕业生提供多种形式的学习机会。在城市和经济发达地区要有步骤地普及高中阶段教育。

高等职业教育是高等教育的重要组成部分。要大力发展高等职业教育，培养一大批具有必要的理论知识和较强实践能力，生产、建设、管理、服务第一线和农村急需的专门人才。现有的职业大学、独立设置的成人高校和部分高等专科学校要通过改革、改组和改制，逐步调整为职业技术学院（或职业学院）。支持本科高等学校举办或与企业合作举办职业技术学院（或职业学院）。省、自治区、直辖市人民政府在对当地教育资源的统筹下，可以举办综合性、社区性的职业技术学院（或职业学院）。

10. 构建与社会主义市场经济体制和教育内在规律相适应、不同类型教育相互沟通相互衔接的教育体制，为学校毕业生提供继续学习深造的机会。职业技术学院（或职业学院）可采取多种方式招收普通高中毕业生和中等职业学校毕业生。职业技术学院（或职业学院）毕业生经过一定选拔程序可以进入本科高等学校继续学习。

高等学校和中等职业学校要创造条件实行弹性的学习制度，放宽招生和入学的年龄限制，允许分阶段完成学业。大力发展现代远程教育、职业资格证书教育和其他继续教育。完善自学考试制度，形成社会化、开放式的教育网络，为适应多层次、多形式的教育需求开辟更为广阔的途径，逐渐完善终身学习体系。

11. 进一步简政放权，加大省级人民政府发展和管理本地区教育的权力以及统筹力度，促进教育与当地经济社会发展紧密结合。今后3年，继续按照“共建、调整、合作、合并”的方式，基本完成高等教育管理

体制和布局结构的调整，形成中央和省级人民政府两级管理、以省级人民政府管理为主的新体制，合理配置教育资源，提高教育质量和办学效益。经国务院授权，把发展高等职业教育和大部分高等专科教育的权力以及责任交给省级人民政府，省级人民政府依法管理职业技术学院（或职业学院）和高等专科学校。高等职业教育（包括高等专科学校）的招生计划改由省级人民政府制定，其招生考试事宜由省级人民政府自行确定。

继续完善基础教育主要由地方负责、分级管理的体制。根据各地实际，加大县级人民政府对教育经费、教师管理和校长任免等方面的统筹权。地方各级人民政府要加强对职业教育和成人教育的统筹。学历教育由教育行政部门负责管理。在高中及其以上教育的办学水平评估、人力资源预测和毕业生就业指导等方面，进一步发挥非政府的行业协会组织和社会中介机构的作用。

按照《中华人民共和国高等教育法》的规定，切实落实和扩大高等学校的办学自主权，增强学校适应当地经济社会发展的活力。加强对高等学校的监督和办学质量检查，逐步形成对学校办学行为和教育质量的社会监督机制以及评价体系，完善高等学校自我约束、自我管理机制。进一步扩大高等学校招生、专业设置等自主权，高等学校可以到外地合作办学。深化学校内部管理体制改革，进一步精简机构，减员增效。改革分配和奖励制度，实行多劳多得、优劳优酬。加大学校后勤改革力度，逐步剥离学校后勤系统，推动后勤工作社会化，鼓励社会力量为学校提供后勤服务，发展教育产业。

12. 进一步解放思想、转变观念，积极鼓励和支持社会力量以多种形式办学，满足人民群众日益增长的教育需求，形成以政府办学为主体、公办学校和民办学校共同发展的格局。凡符合国家有关法律法规的办学形式，均可大胆试验。在发展民办教育方面迈出更大的步伐。鼓励社会力量以各种方式举办高中阶段和高等职业教育。经国家教育行政主管部门批准，可以举办民办普通高等学校。在保证适龄儿童、少年均能就近进入公办小学和初中的前提下，可允许设立少数民办小学和初中，在这个范围内提供择校机会，但不搞“一校两制”。积极发展以社区为依托的、公办与民办相结合的幼儿教育。要因地制宜地制定优惠政策（如土地优惠使用、免征配套费等），支持社会力量办学。

各级人民政府要加强对民办教育的管理、引导和监督，国家要加快民办教育的立法，促进民办教育的健康发展。各级各类民办学校都要依法办学，不断提高办学水平。

13. 加快改革招生考试和评价制度，改变“一次考试定终身”的状况。改革高考制度是推进中小学全面实施素质教育的重要措施，按照有助于高等学校选拔人才、中小学实施素质教育和扩大高等学校办学自主权的原则，积极推进高考制度改革。进行每年举办两次高等学校招生考试的试点。高考科目设置和内容的改革应进一步突出对能力和综合素质的考查。鼓励有条件的省级人民政府进行多种形式的高考制度改革试验，扩大学校的招生自主权和考生的选择机会。逐步建立具有多种选择的、更加科学和公正的高等学校招生选拔制度。

在普及九年义务教育的地区，实行小学毕业生免试就近升学的办法。鼓励各地中小学自行组织毕业考试，采取多种形式改革高中阶段学校的招生办法，改革高中会考制度。建立符合素质教育要求的对学校、教师和学生的评价机制。地方各级人民政府不得下达升学指标，不得以升学率作为评价学校工作的标准。鼓励社会各界、家长和学生以适当方式参与对学校工作的评价。

14. 调整和改革课程体系、结构、内容，建立新的基础教育课程体系，试行国家课程、地方课程和学校课程。改变课程过分强调学科体系、脱离时代和社会发展以及学生实际的状况。抓紧建立更新教学内容的机制，加强课程的综合性和实践性，重视实验课教学，培养学生实际操作能力。要增强农村特别是贫困地区义务教育的课程、教材与当地经济社会发展的适应性。促进教材的多样化，进一步完善国家对基础教育教材的评审制度。积极推进教学改革，提高课堂教学的质量，国家和地方要奖励并推广符合素质教育要求的优秀教学成果。

职业教育要增强专业的适用性，开发和编写体现新知识、新技术、新工艺和新方法的具有职业教育特色的课程及教材。高等教育要加快课程改革和教学改革，继续调整专业结构和设置，使学生尽早地参与科技研究开发和创新活动，鼓励跨学科选修课程，培养基础扎实、知识面宽、具有创新能力的高素质专门人才。

15. 大力提高教育技术手段的现代化水平和教育信息化程度。国家支持建设以中国教育科研网和卫星视频系统为基础的现代远程教育网络，加强经济实用型终端平台系统和校园网络或局域网络的建设，充分利用现有资源和各种音像手段，继续搞好多样化的电化教育和计算机辅助教学。在高中阶段的学校和有条件的初中、小学普及计算机操作和信息技术教育，使教育科研网络进入全部高等学校和骨干中等职业学校，逐步进入中小学。采取有效措施，大力开发优秀的教育教学软件。运用现代远程教育网络为社会成员提供终身学习的机会，为农村和边远地区提供适合当地需要的教育。

16. 努力改变教育与经济、科技相脱节的状况，促进教育和经济、科技的密切结合。高等教育实施素质教育，要加强产学研结合，大力推进高等学校和产业界以及科研院所的合作，鼓励有条件的高等学校建立科技企业，企业在高等学校建立研究机构，高等学校在企业建立实习基地。采用多种形式，使高等学校科研机构进入企业，提高高等学校科技成果的转化率，加快实用科技成果向企业的转移，增强企业的技术创新能力，培育新的经济增长点。要创建若干所具有世界先进水平的一流大学和一批一流学科，在高等学校建设一批既出人才、又出成果的基础研究和应用研究基地，为国家创新体系建设和现代化建设作出贡献。继续推进城市教育综合改革。职业教育和成人教育要通过多种方式，为加快提高劳动者素质，为转岗、分流、下岗职工再就业提供教育和培训。

进一步推进农科教结合，全面推进农村教育综合改革，促进农村普通教育、成人教育和职业教育的统筹协调发展，使农村教育切实转变到主要为农村经济和社会发展服务上来。要把文化知识教育和扫除青壮年文盲与实用生产技术培训结合起来，与农民脱贫致富结合起来。要采取灵活多样的教育培训形式，抓紧培养一大批农村急需的实用技术推广人才、乡镇企业管理人才和医疗卫生人才。

三、优化结构，建设全面推进素质教育的高质量的教师队伍

17. 建设高质量的教师队伍，是全面推进素质教育的基本保证。教师要热爱党，热爱社会主义祖国，忠诚于人民的教育事业；要树立正确的教育观、质量观和人才观，增强实施素质教育的自觉性；要不断提高思想政治素质和业务素质，教书育人，为人师表，敬业爱生；要有宽广厚实的业务知识和终身学习的自觉性，掌握必要的现代教育技术手段；要遵循教育规律，积极参与教学科研，在工作中勇于探索创新；要与学生平等相处，尊重学生人格，因材施教，保护学生的合法权益。

18. 把提高教师实施素质教育的能力和水平作为师资培养、培训的重点。加强和改革师范教育，大力提高师资培养质量。调整师范学校的层次和布局，鼓励综合性高等学校和非师范类高等学校参与培养、培训中小学教师的工作，探索在有条件的综合性高等学校中试办师范学院。2010 年前后，具备条件的地区力争使小学和初中阶段教育的专任教师的学历分别提升到专科和本科层次，经济发达地区高中阶段教育的专任教师和校长中获硕士学位者应达到一定比例。提高高等学校教师中具有博士学位教师的比例。

开展以培训全体教师为目标、骨干教师为重点的继续教育，使中小学教师的整体素质明显提高。中小学专任教师以及师范学校在校生都要

接受计算机基础知识和技能培训。注意吸收企业优秀工程技术和管理人员到职业学校任教，加快建设兼有教师资格和其他专业技术职务的“双师型”教师队伍。地方各级人民政府要多渠道筹资设立骨干教师专项资金，在大中小学培养一批高水平的学科带头人和有较大影响的教书育人专家，造就一支符合时代要求、能发挥示范作用的骨干教师队伍。

19. 建立优化教师队伍的有效机制，提高教师队伍的整体素质。全面实施教师资格制度，开展面向社会认定教师资格工作，拓宽教师来源渠道，引入竞争机制，完善教师职务聘任制，提高教育质量和办学效益。中小学根据学校编制聘用教师，可面向社会公开招聘，经县以上教育行政部门审批；高等学校依法自主聘任教师，吸引优秀人才从教。继续关心和改善教师的工作条件和生活待遇。

加强编制管理，精简富余人员，富余人员原则上在教育系统内部进行培训和安排。各地要认真做好各级各类学校转岗教师的管理服务工作，进一步建立和完善人才流动的社会化服务体系，搞好人才供求信息的收集和发布工作，开展转岗前职业培训，协调和促进教师的合理流动。地方各级人民政府的人事、劳动和社会保障、财政部门要提供必要的政策指导和经费支持。

20. 合理配置教师资源。各地要制定政策，鼓励大中城市骨干教师到基础薄弱学校任教或兼职，中小城市（镇）学校教师以各种方式到农村缺编学校任教，加强农村与薄弱学校教师队伍建设。城镇中小学教师原则上要有一年以上在薄弱学校或农村学校任教经历，才可聘为高级教师职务。采取优惠政策，吸引和鼓励教师到经济不发达地区、边远地区和少数民族地区任教。经济发达地区和城市也要采取多种形式，帮助少数民族地区和农村提高教师队伍水平。

21. 努力造就能够带领广大教师和教育工作者积极实施素质教育的学校领导以及管理干部队伍。学校校长在推进素质教育中具有特殊作用，要率先转变教育观念，把领导教职工创造性地实施素质教育作为重要职责。要继续巩固和完善中小学校长岗位培训和持证上岗制度，试行校长职级制，逐步完善校长选拔和任用制度，鼓励优秀校长到薄弱学校任职。对于富余的学校管理人员要转岗分流。

四、加强领导，全党、全社会共同努力开创素质教育的新局面

22. 全面推进素质教育，必须切实加强党和政府的领导。邓小平同志指出：“我们要千方百计，在别的方面忍耐一些，甚至于牺牲一点速度，把教育问题解决好。”各级党委和人民政府要切实落实教育优先发展的战略地位。全面推进素质教育是党和政府的重要职责，各级领导干部要转变观念，充分认识素质教育的重要性和紧迫性，把思想统一到中

央的决定上来，认真贯彻落实。建立自上而下的素质教育评估检查体系，逐级考核省、市、县、乡各级党委和政府及其主要领导干部抓素质教育工作的情况。各级党委和政府及其有关部门要通力协作，为实施素质教育创造良好的政策环境，注意研究新情况和新问题，鼓励大胆实践，尊重群众的首创精神。重视和加强教育科学研究，提高政府决策和管理的科学性。

23. 全面推进素质教育，根本上要靠法治、靠制度保障。各级人民政府和各部门要切实做到依法行政，保证教育方针的全面贯彻执行。各级党政领导和广大教育工作者要深入进行教育法律法规的学习、宣传活动，提高法律意识，严格履行保护少年儿童和学生身心健康发展的法律职责，坚决制止侵犯学生合法权益的行为，抵制妨碍学生健康成长的各种社会不良影响。各地要依法保障教师的合法权益，不得拖欠教师工资。要整治校园内部和周边环境，维护学校正常秩序。

继续完善国家教育立法，加大教育执法力度，加强教育法制机构和队伍建设，完善教育行政执法监督机制。制定有关素质教育的制度和法规，逐步实现素质教育制度化、法制化。

进一步健全教育督导机构，完善教育督导制度，在继续进行“两基”督导检查的同时，把保障实施素质教育作为教育督导工作的重要任务。

24. 努力采取有效措施，切实加大教育投入，逐步实现国家财政性教育经费支出占国民生产总值百分之四的目标。各级人民政府必须按照《中华人民共和国教育法》的规定，确保教育经费有较大增长。中央决定，自 1998 年起至 2002 年的 5 年中，提高中央本级财政支出中教育经费所占的比例，每年提高 1 个百分点。各省、自治区、直辖市人民政府也要根据本地实际，增加本级财政中教育经费的支出。要进一步依法加强城乡教育费附加的征收和管理，农村教育费附加实行乡征、县管、乡用，确保完全用于教育。

进一步完善教育经费拨款办法，充分发挥教育拨款在宏观调控中的作用，不断提高教育经费的使用效益。政府的教育拨款主要用于保证普及义务教育和承担普通高等教育的大部分经费。地方各级人民政府要确保义务教育的资金投入并做到专款专用。在非义务教育阶段，要适当增加学费在培养成本中的比例，逐步建立符合社会主义市场经济体制以及政府公共财政体制的财政教育拨款政策和成本分担机制。加强教育经费的管理，严格禁止乱收费。认真组织实施教育储蓄、教育保险和助学贷款制度，完善奖学金制度。积极运用财政、金融和税收政策，继续鼓励社会、个人和企业投资办学和捐（集）资助学，不断完善多渠道筹措教育经费的体制。

25. 社会用人制度对于实施素质教育有着重要的导向作用，改革用人制度是全面推进素质教育的当务之急。要依法抓紧制定国家职业（技能）标准，明确对各类劳动者的岗位要求，积极推行劳动预备制度，坚持实行“先培训、后上岗”的就业制度，继续改革大中专毕业生就业制度，使学生树立正确的择业观。地方政府教育部门要与人事、劳动和社会保障部门共同协调，在全社会实行学业证书、职业资格证书并重的制度。转变传统的人才观念，形成使用人才重素质、重实际能力的良好风气。

26. 全面推进素质教育，是我国教育事业的一场深刻变革，是一项事关全局、影响深远和涉及社会各方面的系统工程。要进一步加强学校党的工作，充分发挥党员在实施素质教育中的模范带头作用。要通过新闻媒体的正确舆论导向，深入动员社会各界关心、支持和投身素质教育。学校、家庭和社会要互相沟通、积极配合，共同开创素质教育工作的新局面。

要继续认真落实国务院批转的《面向二十一世纪教育振兴行动计划》。全面推进素质教育，是党中央和国务院为加快实施科教兴国战略作出的又一重大决策，各级党委和人民政府要结合本地实际情况，创造性地把素质教育落到实处，在以江泽民同志为核心的党中央的领导下，高举邓小平理论伟大旗帜，为实现社会主义现代化建设宏伟目标和中华民族伟大复兴作出更大的贡献。

军队系统学校如何落实本文件精神，由中央军委作出决定。

教育部关于印发《全国学校艺术教育发展规划（2001 － 2010 年）》的通知

教体艺〔2002〕6 号

紧紧围绕《总体规划》提出的各项工作任务，针对学校艺术教育存在的薄弱环节，从端正学校艺术教育的思想认识，建立行政和教研管理机构、健全规章制度、开设艺术教育课程、培养和培训教师队伍，配备教学器材、开展科学研究等一系列基础性工作入手，狠抓《总体规划》的落实工作，从根本上改变了学校艺术教育的落后状况，使我国学校艺术教育进入了稳步发展的新阶段，取得了显著的成绩。

自《全国学校艺术教育总体规划（1989 年— 2000 年）》（以下简称《总体规划》）颁布实施以来，各地教育行政部门以贯彻落实《总体规划》为工作主线，紧紧围绕《总体规划》提出的各项工作任务，针对学校艺术教育存在的薄弱环节，从端正学校艺术教育的思想认识，建立行政和教研管理机构、健全规章制度、开设艺术教育课程、培养和培训教师队伍，配备教学器材、开展科学研究等一系列基础性工作入手，狠抓《总体规划》的落实工作，从根本上改变了学校艺术教育的落后状况，使我国学校艺术教育进入了稳步发展的新阶段，取得了显著的成绩。

在认真总结《总体规划》实施的基础上，我部制定了《全国学校艺术教育发展规划（2001 — 2010 年）》，现印发给你们。请从本地区的实际出发，切实做好本规划的贯彻实施工作，并及时总结经验，将实施情况报我部。

2002 年 5 月 13 日

全国学校艺术教育发展规划（2001－2010年）

从新世纪开始，我国已进入加快推进社会主义现代化建设的新阶段。世界经济全球化和科学技术的迅猛发展，使国与国之间综合国力竞争日趋激烈。教育在综合国力的形成中处于基础地位。新的形势对教育在培养和造就我国21世纪的一代高素质新人方面提出了新的、更加迫切的要求。切实加强学校美育工作，是当前全面推进素质教育，促进学生全面发展和健康成长的一项迫切任务。学校艺术教育是学校实施美育的主要途径和内容。自《全国学校艺术教育总体规划（1989－2000年）》颁布实施以来，我国学校艺术教育在法规建设、行政管理、教学活动、教师队伍、设备器材、科学研究等方面，取得了显著的成绩。但是，学校艺术教育目前还处于相对薄弱的地位，要尽快改变这个状况。为适应21世纪人才培养的需求，贯彻落实《中共中央国务院关于深化教育改革全面推进素质教育的决定》和《国务院关于基础教育改革与发展的决定》以及《学校艺术教育工作规程》的精神，特制定本规划，作为新世纪第一个10年这一阶段学校艺术教育的奋斗目标和行动纲领。

切实加强学校美育工作，是当前全面推进素质教育，促进学生全面发展和健康成长的一项迫切任务。

一、指导思想

高举邓小平理论伟大旗帜，认真贯彻江泽民同志“三个代表”重要思想，面向现代化、面向世界、面向未来，以全面推进素质教育为目标，深化课程教学改革为核心，加强教师队伍建设为关键，普及和发展农村学校艺术教育为重点，大力弘扬中华民族的优秀文化艺术，积极学习世界的优秀文化艺术，坚持积极进取、因地制宜、分区规划、分类指导的原则，依法治教，真抓实干，切实提高工作质量和管理水平，使我国学校艺术教育再上新的台阶。

二、发展目标

至2005年，九年义务教育阶段城市学校艺术课程开课率达到100%，农村学校达到90%，处境不利地区的学校达到70%；至2010年，农村学校开课率达到100%，处境不利地区的学校达到80%；高中阶段所有学生按规定修满艺术课程的学分；所有普通高等学校均在2005年前普遍开设艺术类选修和限定性选修 课程，并逐步纳入教学计划，计入学分。深化艺术课程教学改革，加强科学研究，大幅度地提高学校艺术教育的教学质量。建设一支能基本满足各级各类学校艺术教育需要，又具有实施素质教育能力和水平的教师队伍。积极开展面向全体学生的经常性的丰富多彩的课外、校外艺术活动，并逐步使其规范化、制度化。逐步加大经费投入，普及现代化的艺术教育技术手段，使学校艺术教育需要的器材和设施达到教育部规定的要求。至2010年前，建立符合素质教育要求的大、中、小学相衔接的，具有中国特色的学校艺术教育体系。

三、主要任务

（一）课程与教学

学校艺术教育要以全面推进素质教育为目标，以深化课程教材改革为核心，更新教育思想和教育观念，大力改革教学内容和教学方法，使学生

学校艺术教育要以全面推进素质教育为目标，以深化课程教材改革为核心，更新教育思想和教育观念，大力改革教学内容和教学方法，使学生在学习艺术基础知识和基本技能的同时，注重培养爱国主义精神和集体主义精神，树立终身学习的愿望，培养创新精神和实践能力，提高审美能力和文化素养，开发自身的潜能，促进学生全面和谐发展。

1、中等以下学校艺术教育课程改革的主要任务是：实验、推广和实施国家艺术课程标准。中小学2005年将全部使用根据课程标准编写的教科书，高中从2003年起以省（自治区、直辖市）为单位逐步进入新课程标准的实验工作。为了保证艺术教育课程改革的顺利进行，应坚持民主参与、层层推进的原则。各级教育行政部门要认真组织高等师范学校、教研科研机构及中小学艺术教师积极参与艺术类课程教材改革实践，提高对艺术教育的认识，做好舆论宣传，引导社会各界关心支持艺术课程改革。

九年义务教育阶段的艺术课程改革，应强调使学生形成积极主动的学习态度，培养对学习的兴趣，倡导探索性学习，让学生学会学习，为终身学习储备必要的基础知识和基本技能。

高中阶段艺术课程和教材的改革应体现多样性、选择性的特点。使学生在普遍达到艺术课程基本要求的前提下，实现对艺术课程各个学习领域的自主选择。中等职业学校应按照教育部有关教学计划开足艺术课程。

各地要充分利用我国基础教育改革和课程标准实施的契机，开足开齐艺术课程，大面积提高教学质量。

2、普通高等学校艺术教育的主要任务是：通过艺术课程和开展丰富多彩的课外文化艺术活动，培养和提高学生的审美能力和文化素养。在艺术课程的开设和教学内容的选择上，高等学校既要结合本校的实际，又要努力创造条件，开设各种艺术类选修和限定性选修课程，满足学生的不同需求。要重视和加强高校艺术教育教学的管理和研究，逐步使艺术课教学规范化，不断提高教学质量。力争经过3－5年时间，推出一批质量较高、特色鲜明的艺术课程。

3、要加强艺术课教材的建设和管理工作。通过教材审查和评选推出若干套符合素质教育要求的、高质量的艺术课教材，供各地学校选用。至2010年，基本实现基础教育阶段艺术课教材的现代化、多样化。要重视普通高等学校艺术教材建设，逐步建立高校艺术教材的评审制度，积极推荐一批质量高、特色鲜明、深受学生欢迎的艺术教材。

4、各级各类学校艺术课的教师要积极探索、勇于改革教学内容和教学方法。根据艺术教育的规律和学生生理心理发展的特点，结合本校的实际情况创造性地组织教学。艺术教师应充分利用和开发本地区、本民族的文化艺术教育资源，重视现代教育技术和手段的学习和应用，逐步实现教学形式的现代化、多样化，拓展艺术教育的空间，提高艺术教学的质量。

课外、校外艺术活动是学校艺术教育的重要组成部分。它既与艺术课教学相互联系，又具有与学科教学相区别的独特的教育价值。

5、加强艺术课程教学评价的改革。不仅要评价学生，也要对教师的教学行为和学校的教学决策进行评价。不仅要评价学生对艺术技能的掌握和认知的水平，更重要的是评价学生在情感态度、审美能力和创新精神等领域的发展水平，要把静态的评价教学结果与动态的对课程实施过程进行分析评价结合起来，通过改革逐步建立起能够促进学生素质全面发展的艺术课程评价体系。

（二）课外艺术活动

课外、校外艺术活动是学校艺术教育的重要组成部分。它既与艺术课教学相互联系，又具有与学科教学相区别的独特的教育价值。因此，在内容和形式上，必须考虑学校教育以及学生的心理和生理特点，面向全体学生，遵循学生的主体性和自主选择性原则，鼓励学生积极参与，大胆表现和创造，并在普及的基础上，尽可能满足学生提高的愿望。

1、各级教育行政部门要加强对课外、校外艺术活动的管理和指导，制定相应的法规，使之逐步规范化、制度化。教育部将根据《学校艺术教育规程》，制定《学校课外艺术活动指导纲要》和与之相配套的实施细则。各地要认真组织实施课外文体活动工程，教育部将在全国评选出30个地（市）或县（市）级学校文体活动示范基地，以推动此项工作的健康发展。至2005年，全国中心小学以上学校课外、校外艺术活动覆盖率达到100%，农村小学的覆盖率达到80%。

2、各级各类学校开展课外、校外艺术活动，要做到有计划、有措施、有师资、有制度。要因地制宜，充分利用一切有利条件，普遍成立各种艺术活动小组和社团。要充分发挥社会文艺团体和艺术家的作用，帮助学校开展艺术活动，指导教师提高业务水平。除单项艺术活动外，学校应定期举办综合性的艺术节。全国每三年举办一次中小学生艺术节，每四年举办一次大学生艺术节。各地也要形成相应的制度。

3、课外、校外艺术活动要和校园文化建设、社区文化建设相结合，发动和组织学生积极参与美化学校与社区文化环境的活动。农村学校也要利用当地的文化艺术资源，发挥学校文化环境对村镇文化建设的辐射作用。要严禁以赢利为目的的艺术活动进入学校。

4、各地教育行政部门和学校要加大学校文化艺术设施建设的投入，为学校开展学生艺术活动提供必要的条件。同时要充分利用校外教育场地设施，并争取社会各界和家长的支持，积极开展有关艺术教育方面的比赛、演出、展览等活动，为学生健康成长创造良好的社会文化环境。

（三）教师队伍建设

建设一支以专职教师为主，数量和质量都能够满足学校艺术教育需要的艺术教师队伍，是提高艺术教育教学质量的关键。各级教育行政部门和学校要予以高度重视，切实采取有效措施加强艺术教师队伍的建设。

建设一支以专职教师为主，数量和质量都能够满足学校艺术教育需要的艺术教师队伍，是提高艺术教育教学质量的关键。各级教育行政部门和学校要予以高度重视，切实采取有效措施加强艺术教师队伍的建设。

1、至2005年，乡（镇）中心校以上小学、初中，以及高中阶段教育各类学校和普通高等学校，都应配齐专职艺术教师，规模较大的学校应设立艺术教研组织。至2010年，除处境不利地区外，乡（镇）中心校以下小学也要配齐专职艺术教师或能胜任艺术教学工作的兼职教师。

2、深化高等艺术师范教育课程教材改革。至2005年，推出一批已经实施“学科课程方案”的专科艺术师范教育专业的课程、教材改革成果；同时采取立项、招标的办法，启动并推出一批本科艺术师范教育专业课程、教材改革的试验，总结推广典型经验。

高等艺术师范专业要从基础教育改革与发展的实际出发，改革课程设置、结构和内容，减少课程门类，拓宽专业口径，增强课程的综合性和实用性。在课程的实施过程中，要特别注意正确处理文化理论课程与艺术技法课程、教育实践课程与艺术实践课程之间的关系，将德育和美育渗透到文化和专业教学中，加强对学生思想品德、审美能力、文化素养和教育教学能力的培养。

针对我国广大农村中小学艺术教师严重匮乏，艺术教育水平相对落后的实际情况，将推广音乐、美术主辅修教学的成功经验，进一步探索培养复合型农村中小学艺术教师的新模式、新途径。

要采取有效措施，加大艺术学科研究生的培养力度，尽快提高各级各类学校艺术教师的学历层次，至2010年达到国家要求的学历标准。

3、认真实施“园丁工程”，加大艺术教师的培训力度。培训应以全体艺术教师为目标，以骨干教师为重点，至2005年通过全国、省、地三级的培训工作，使艺术教师队伍整体素质有明显提高。同时，加强艺术教师培训基地的建设，在全国12所高等师范院校建立艺术教师培训基地。至2010年培养出一批大中小学艺术教育学科带头人，形成一支符合时代要求，能发挥示范作用的骨干艺术教师队伍。

4、各级教育行政部门和学校对艺术教师的工作条件和生活待遇要给予足够的关注。专职艺术教师在职称评聘、工资、住房、奖励等方面，应享有与其他学科教师的同等待遇。

（四）科学研究与国际交流

科学研究与国际交流是不断提高艺术教育教学质量的重要条件，也是目前学校艺术教育中急需加强的薄弱环节。各级教育行政部门及学校对艺术教育的科研工作应给予充分的重视。

1、艺术教育科研要抓住学校艺术教育改革发展中的热点、难点问题进行深入研究。在重视理论研究的同时，更要在应用研究上下工夫。各级教育行政部门和高等学校下属的教育科研机构，应对学校艺术教育的研究工作进行总体规划，并设立相应的研究室或课题组，配备专职或兼职科研人员，逐步建立具有较高水平的学校艺术教育研究队伍。同时，应加强对艺术教育研究项目的管理，及时推广优秀成果，并用于艺术教育实践。在科研中，应充分发挥艺术教育社团、学术刊物的作用，广泛交流和展示研究成果，推动学校艺术教育的发展。

艺术教育科研要抓住学校艺术教育改革发展中的热点、难点问题进行深入研究。

2、应充分发挥广大艺术教师从事科学研究的积极性，引导并鼓励他们多渠道争取和自筹经费，积极申报并努力完成研究课题。要及时对教师的科研工作进行指导和帮助，有效地提高他们的研究能力和科研素质，做到既出成果又出人才。

3、加强对农村学校艺术教育实验性研究的领导，通过3－5年的实验研究，探索出一条适合发展我国农村学校艺术教育的途径。

4、开展国际交流，学习、借鉴各国艺术教育的先进理念和经验，扩大中国学校艺术教育的国际影响。

国际交流采取官方和民间多渠道的方式进行。教育行政部门、教研部门、各级学校、研究机构、学术团体乃至教学与科研人员，都应积极建立交流渠道，充分发挥学术团体的作用，鼓励他们参加国际性艺术教育的学术组织，举办国际学术研讨会等。要充分发挥国际互联网和多媒体的作用，使交流的范围更加广泛。

国际交流包括留学进修、参观考察、访问演出、学术研讨等。除选派和组织艺术教育管理干部、科研人员、教师、学者、学生出国交流外，还应该有计划地邀请外国专家来华访问、讲学。要加强外国艺术教育理论、艺术教材以及专著的翻译、出版工作，及时介绍并引进国外艺术教育研究的最新成果。

（五）现代教育技术

大力提高艺术教育现代化水平和信息化程度，促进信息技术和艺术课程的整合，拓展教师和学生获取艺术及相关信息的手段及选择的范围，是大幅度提高教育质量，在艺术教育领域全面实施素质教育的必要条件。

大力提高艺术教育现代化水平和信息化程度，促进信息技术和艺术课程的整合，拓展教师和学生获取艺术及相关信息的手段及选择的范围，是大幅度提高教育质量，在艺术教育领域全面实施素质教育的必要条件。

1、充分应用现代化教育技术，提高艺术教育教学质量及艺术教师计算机辅助教学水平。至2005年，城市及经济比较发达地区的大中小学艺术教师，全部能够利用网上及远程教育艺术教育资源，并能使用计算机进行辅助教学；2010年，除少数处境不利地区的学校教师以外，所有教师均能利用网上及远程教育艺术教育资源、使用计算机进行辅助教学。

2、根据学校艺术教育发展的需要，研究开发并推出若干套艺术教育计算机辅助教学软件，供大中小学艺术教师和学生选用，为学生的学习和发展提供丰富多彩的教育环境和学习工具。

3、建立国家艺术教育资源库，以国内现有的教育网站为平台建立艺术教育网站，卫星网和互联网结合起来进行传输。通过艺术教育网站，介绍国内外优秀艺术教育教学理论，发布教师艺术教育示范课，大范围开展网络教研活动，为艺术教师用多媒体备课提供素材。同时，开发教师电子备课平台，帮助教师快速制作具有特色的艺术教育的电子课件。

四、管理与保障

建立健全学校艺术教育管理机构，不断提高学校艺术教育的管理水平，坚持依法行政，确保学校艺术教育政策、法规的落实，加大对学校艺术教育经费的投入和器材配备，是保证学校艺术教育快速、健康发展的重要条件。各级教育行政部门要采取有效措施切实加强此项工作。

1、省、地级教育行政部门应设有专门机构管理学校艺术教育，并配有专人负责学校艺术教育的管理工作。县级教育行政部门要配备专职或兼职干部负责学校艺术教育的管理工作。学校要有一名校级领导负责学校的艺术教育工作。高等学校要成立艺术教育委员会或艺术教育领导小组。

2、要进一步建立并完善省、地、县三级教科研网络，省、地级教研机构应配备专职音乐、美术教研员，县级教研机构配备专职艺术学科教研员，以加强对本地区学校艺术教育教学的业务指导。

3、加强学校艺术教育法规建设。教育部将制定与《学校艺术教育规程》相配套的规章制度和实施细则。各地教育行政部门也要根据各自的实际情况和职责范围，制定并完善学校艺术教育规章制度，并将学校艺术教育工作纳入到各级政府的教育督导评估工作之中。

4、各级教育行政部门和学校要加大对学校艺术教育的经费投入，确保学校艺术教育工作的开展。普通中小学校应按教育部制定的艺术器材配备目录配齐艺术课教育器材。中等职业学校、普通高等学校也应对艺术课器材给予保证。学校应设置符合教学需要的音乐、美术专用教室。加强艺术课程学生用品的管理，逐步完善审查推荐制度。

本规划的贯彻实施，是深化教育改革，全面推进素质教育的一项繁重而又艰巨的任务，是一项规模宏大的系统工程。各级教育行政部门和各级各类学校的广大教育工作者要以饱满的热情、坚强的毅力和高度的责任感，为实现本规划提出的发展目标和各项任务而不懈努力，为开创我国学校艺术教育的新局面作出积极的贡献！

教育部办公厅关于印发《全国普通高等学校公共艺术课程指导方案》的通知

教体艺厅 [2006]3 号

各省、自治区、直辖市教育厅（教委），新疆生产建设兵团教育局，部属各高等学校：

为全面贯彻教育方针，落实《学校艺术教育工作规程》（教育部令第 13 号），推动普通高等学校公共艺术教育的课程设置和教学工作步入规范化、制度化的轨道，促进普通高等学校艺术教育工作健康开展，我部成立课题组研制了《全国普通高等学校公共艺术课程指导方案》（以下简称《课程方案》）。课题组在总结我国高等学校公共艺术课程建设和教育教学改革经验的基础上，起草了《课程方案》。现将经广泛征求意见和我部艺术教育委员会审议修订的《课程方案》印发给你们。《课程方案》从 2006 年秋季开始在全国普通高等学校中实施。

公共艺术课程是我国高等教育课程体系的重要组成部分，是普通高等学校实施美育的主要途径，公共艺术课程教学是普通高等学校艺术教育工作的中心环节。各地教育行政部门和高校要加强对《课程方案》实施工作的领导，及时总结经验，对《课程方案》实施过程中存在的问题，要认真研究解决，并将有关意见和建议及时告我部体育卫生与艺术教育司。

请将本通知转发给本地区所属普通高等学校。

教育部办公厅

二○○六年三月八日

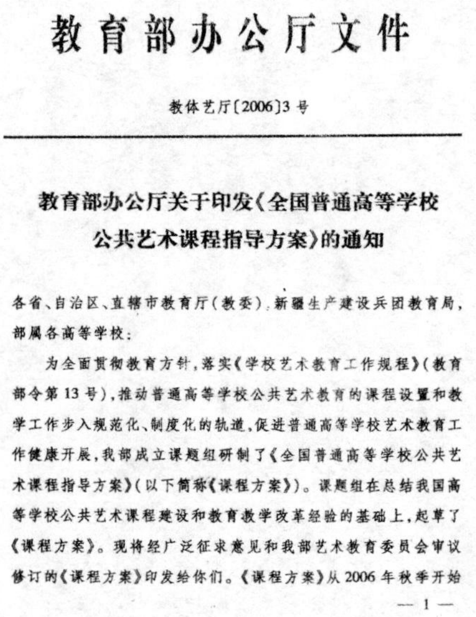

教育部办公厅文件

教体艺厅〔2006〕3 号

教育部办公厅关于印发《全国普通高等学校公共艺术课程指导方案》的通知

各省、自治区、直辖市教育厅（教委），新疆生产建设兵团教育局，部属各高等学校：

为全面贯彻教育方针，落实《学校艺术教育工作规程》（教育部令第 13 号），推动普通高等学校公共艺术教育的课程设置和教学工作步入规范化、制度化的轨道，促进普通高等学校艺术教育工作健康开展，我部成立课题组研制了《全国普通高等学校公共艺术课程指导方案》（以下简称《课程方案》）。课题组在总结我国高等学校公共艺术课程建设和教育教学改革经验的基础上，起草了《课程方案》。现将经广泛征求意见和我部艺术教育委员会审议修订的《课程方案》印发给你们。《课程方案》从 2006 年秋季开始

— 1 —

全国普通高等学校公共艺术课程指导方案

为全面贯彻教育方针，大力推进素质教育，加强普通高等学校公共艺术课程建设，促进普通高等学校艺术教育工作健康开展，根据《中共中央国务院关于深化教育改革全面推进素质教育的决定》的精神和《学校艺术教育工作规程》(教育部令第13号)的要求，在总结普通高等学校公共艺术课程建设和教育教学改革经验的基础上，特制定本方案，作为普通高等学校设置公共艺术课程、制订课程教学大纲的依据。

本方案适用于全国普通高等学校非艺术类专业。

一、课程性质

公共艺术课程是为培养社会主义现代化建设所需要的高素质人才而设立的限定性选修课程，对于提高审美素养，培养创新精神和实践能力，塑造健全人格具有不可替代的作用。

公共艺术课程与高等学校其他公共课程同样是我国高等教育课程体系的重要组成部分，是高等学校实施美育的主要途径。公共艺术课程教学是高等学校艺术教育工作的中心环节。

公共艺术课程是为培养社会主义现代化建设所需要的高素质人才而设立的限定性选修课程，对于提高审美素养，培养创新精神和实践能力，塑造健全人格具有不可替代的作用。公共艺术课程与高等学校其他公共课程同样是我国高等教育课程体系的重要组成部分，是高等学校实施美育的主要途径。

二、课程目标

在普通高等学校公共艺术课程的学习实践中，通过鉴赏艺术作品、学习艺术理论、参加艺术活动等，树立正确的审美观念，培养高雅的审美品位，提高人文素养；了解、吸纳中外优秀艺术成果，理解并尊重多元文化；发展形象思维，培养创新精神和实践能力，提高感受美、表现美、鉴赏美、创造美的能力，促进德智体美全面和谐发展。

三、课程设置

普通高等学校应将公共艺术课程纳入各专业本科的教学计划之中，专科可参照执行。

每个学生在校学习期间，至少要在艺术限定性选修课程中选修1门并且通过考核。对于实行学分制的高等学校，每个学生至少要通过艺术限定性选修课程的学习取得2个学分；修满规定学分的学生方可毕业。

艺术限定性选修课程包括《艺术导论》、《音乐鉴赏》、《美术鉴赏》、《影视鉴赏》、《戏剧鉴赏》、《舞蹈鉴赏》、《书法鉴赏》、《戏曲鉴赏》。

教育部部属学校、“211工程”学校，以及省属重点学校应开足开齐上述课程。其他学校应该努力创造条件，通过2到3年的努力尽快予以开设。

各高等学校可根据本校学科建设、所在地域等教育资源的优势以及教师的特长和研究成果，开设各种具有特色的艺术任意性选修课程或系列专题讲座，以满足学生的不同兴趣和需求。有条件的学校，应将任意性选修课程纳入学分管理。

任意性选修课程包括：作品赏析类，如《交响音乐赏析》、《民间艺术赏析》等；艺术史论类，如《中国音乐简史》、《外国美术简史》等；艺术批评类，如《当代影视评论》、《现代艺术评论》等；艺术实践类，如《合唱艺术》、《dv 制作》等。

四、保障

为保证艺术选修课程的开设和教学质量，普通高等学校应设立专门的公共艺术课程管理部门和教学机构，加强公共艺术教育师资队伍建设。

各校担任公共艺术课程教学的教师人数，应占在校学生总数的0.15%–0.2%，其中专职教师人数应占艺术教师总数的50%。

各校应按照《学校艺术教育工作规程》的要求，配备公共艺术课程教学所需的专用教室和器材。

目前尚未达到上述要求的学校，要通过多种渠道尽快予以解决。‘